O Carácter Excepcional
do Acto Administrativo Contratual
NO CÓDIGO DOS CONTRATOS PÚBLICOS

O Carácter Excepcional do Acto Administrativo Contratual

NO CÓDIGO DOS CONTRATOS PÚBLICOS

2012

Ana Luísa Guimarães
Mestre em Direito

O CARÁCTER EXCEPCIONAL
DO ACTO ADMINISTRATIVO CONTRATUAL
no Código dos Contratos Públicos
AUTOR
Ana Luísa Guimarães
EDITOR
EDIÇÕES ALMEDINA, S.A.
Rua Fernandes Tomás, nºs 76, 78, 80
3000-167 Coimbra
Tel.: 239 851 904 · Fax: 239 851 901
www.almedina.net · editora@almedina.net
DESIGN DE CAPA
FBA.
PRÉ-IMPRESSÃO
EDIÇÕES ALMEDINA, S.A.
IMPRESSÃO E ACABAMENTO

Setembro, 2012
DEPÓSITO LEGAL
....

Apesar do cuidado e rigor colocados na elaboração da presente obra, devem os diplomas legais dela constantes ser sempre objecto de confirmação com as publicações oficiais.
Toda a reprodução desta obra, por fotocópia ou outro qualquer processo, sem prévia autorização escrita do Editor, é ilícita e passível de procedimento judicial contra o infractor.

 GRUPOALMEDINA

BIBLIOTECA NACIONAL DE PORTUGAL – CATALOGAÇÃO NA PUBLICAÇÃO
GUIMARÃES, Ana Luísa
O carácter excepcional do acto administrativo contratual
no Código dos Contratos Públicos. – (Monografias)
ISBN 978-972-40-4917-5
CDU 342

A meus Pais,

NOTA PRÉVIA

O trabalho que agora se publica corresponde, no essencial, à dissertação de Mestrado em Direito (Orientado para a Investigação), apresentada na Faculdade de Direito da Universidade Católica Portuguesa (Lisboa) em Agosto de 2011, sob a orientação da Senhora Professora Doutora Filipa Calvão, e defendida em provas públicas, em 7 de Novembro de 2011, perante um Júri constituído pelo Senhor Professor Doutor Pedro Gonçalves, que presidiu, pelo Senhor Professor Doutor Luís Fábrica, que arguiu, e pela Senhora Professora Doutora Filipa Calvão.

    A alteração mais significativa desta publicação em face do trabalho final de mestrado apresentado foca-se no ponto 4.3 (*"Tentativa de clarificação de alguns casos aparentemente nebulosos"*), agora mais extenso do que o texto apresentado no âmbito do Programa de Mestrado e Doutoramento da Faculdade de Direito da Universidade Católica Portuguesa, pois inclui texto que, embora produzido ao longo da investigação, optámos por não submeter a avaliação por razões exclusivamente associadas ao limite de caracteres fixado no Regulamento do Programa de Mestrado. No trabalho final de mestrado, o aludido ponto 4.3 incluía apenas a análise da decisão de execução da caução, correspondente ao ponto 4.3.2.1. do trabalho que agora se publica.

    As demais diferenças relativamente à dissertação de mestrado resultam de um ligeiro alargamento da base bibliográfica com a introdução da referência a algumas obras a que só acedemos posteriormente, do apuramento pontual de alguns argumentos na sequência de ulterior reflexão, também suscitada pela arguição, e, essencialmente, de aprimoramentos de índole estilística e formal.

AGRADECIMENTOS

A publicação deste trabalho proporciona-me uma oportunidade para reafirmar a minha gratidão por diversos contributos recebidos, em diferentes momentos da sua preparação.

Começo por agradecer aos membros do Júri constituído para as provas públicas, ocorridas em 7 de Novembro de 2011, a disponibilidade para o integrarem e a intervenção que, nesse contexto, protagonizaram: o Senhor Professor Doutor Pedro Gonçalves, que ao mesmo presidiu e cujos ensinamentos muito me auxiliaram na reflexão necessária à elaboração deste trabalho; o Senhor Professor Doutor Luís Fábrica, meu Professor na parte lectiva do mestrado, ainda no modelo pré-Bolonha, cujos conselhos encorajadores ao longo da fase que antecedeu o início do trabalho de investigação muito contribuíram para a sua concretização e a quem agradeço ainda a apreciação académica que, no âmbito da arguição, fez do trabalho de mestrado, incluindo, muito particularmente, as críticas que nesse contexto me dirigiu; e a Senhora Professora Doutora Filipa Calvão, a quem, para além das valiosas orientações científicas, reconheço profundamente a presença constante e a dedicação absoluta, fosse para a discussão e partilha de inquietações científicas, fosse para a leitura crítica, já em período estival, das muitas páginas escritas durante o entusiasmo da investigação.

Devo também expressar o meu justo reconhecimento ao Senhor Professor Doutor Rui Medeiros, meu Professor na parte lectiva do Mestrado, contexto em que nos conhecemos. Para além do contributo originário, e decisivo, de sugestão do tema deste trabalho e de outras preciosas indicações, a disponibilidade constante para diversas discussões em torno de alguns pontos da investigação e a mensagem amiga de incentivo revelaram-se auxílios fundamentais.

É ainda com elevado apreço que agradeço à *Sérvulo & Associados* ter-me proporcionado excelentes condições facilitadoras da investigação, tanto no acesso ao rico acervo doutrinal disponível como na concessão do indispensável recato, físico e intelectual. Ainda no plano profissional, e recuando a um horizonte temporal mais distante mas ainda relacionado com este trabalho, é também devido um agradecimento à sociedade de advogados agora designada *Cuatrecasas, Gonçalves Pereira*, onde iniciei e concluí a parte lectiva do Mestrado diante do incentivo marcante do Senhor Dr. Duarte Abecasis.

ANA LUÍSA GUIMARÃES
Lisboa, 10 de Junho de 2012

PLANO

CAPÍTULO I Introdução e posicionamento do problema
1. O problema e a delimitação do tema
2. A "exorbitância" da forma acto administrativo

CAPÍTULO II O acto administrativo contratual no direito português
              e no direito comparado
1. A evolução do tratamento do acto administrativo contratual em Portugal até ao CCP
2. O CCP
2.1. A opção fundamental
2.2. O seu confronto com as tendências mais recentes nos direitos estrangeiros
2.3. Traços de continuidade e de rompimento com o passado
   2.3.1. Em geral
   2.3.2. No domínio das empreitadas e concessões de obras públicas

CAPÍTULO III O carácter excepcional do acto administrativo contratual
               à luz do CCP
1. A afirmação formal de princípio: o acto administrativo como excepção
2. A matização material do carácter excepcional do acto administrativo contratual
2.1. A amplitude dos poderes cujo exercício se consubstancia na prática de actos administrativos contratuais
   2.1.1. A faculdade de densificação no contrato
   2.1.2. As múltiplas referências expressas na lei
2.2. O carácter genérico da solução (o conceito amplo de contrato administrativo)

3. Tópicos para uma reconstrução sistemática, material e dogmaticamente sustentada do âmbito do acto administrativo contratual
3.1. Uma tentação a evitar: a aplicação acrítica do disposto no artigo 11º do Código Civil
3.2. Os comandos constitucionais e a necessidade da sua harmonização à luz de parâmetros constitucionalmente fundados
    3.2.1. A *dialéctica* entre exigências opostas
    3.2.2. Síntese: a ponderação de bens e o princípio da proporcionalidade
    3.2.3. O acto administrativo contratual e a reserva de lei
3.3. A interpretação sistemática do artigo 307º do CCP à luz do disposto no artigo 120º do CPA
3.4. A importante ressalva que se extrai do artigo 302º do CCP
4. Algumas concretizações para a delimitação do âmbito do acto administrativo contratual
4.1. A delimitação dos poderes de conformação contratual – alguns exemplos
    4.1.1. Poderes de direcção e fiscalização
    4.1.2. Poder de resolução unilateral
    4.1.2.1. Em geral
    4.1.2.2. A resolução com fundamento em alteração anormal e imprevisível das circunstâncias
    4.1.2.3. A resolução com fundamento em *factum principis*
4.2. A delimitação teleológica da base de incidência substantiva do regime da conformação contratual: os contratos "paritários"
4.3. Tentativa de clarificação de alguns casos aparentemente nebulosos
    4.3.1. Casos de actos administrativos contratuais
    4.3.1.1. Pedidos de informação e marcação de inspecções e vistorias
    4.3.1.2. Notificação para cumprir e realização coactiva da prestação de natureza fungível
    4.3.2. Casos de declarações negociais
    4.3.2.1. Decisão de execução da caução
    4.3.2.2. Oposição à excepção de não cumprimento e ao direito de retenção invocados pelo co-contratante
    4.3.2.3. Decisões acerca da prorrogação da vigência do contrato
    4.3.2.4. Recusa de autorização à subcontratação e à cessão de posição contratual
    4.3.3. Breve apreciação conclusiva
5. A Fechar

BIBLIOGRAFIA
ÍNDICE

LISTA DE ABREVIATURAS

ac.	acórdão
acs.	acórdãos
AD	Acórdãos Doutrinais
AJDA	*Actualité Juridique, Droit Administratif*
BFDUC	Boletim da Faculdade de Direito da Universidade de Coimbra
BMJ	Boletim do Ministério da Justiça
CC	Código Civil
CCP	Código dos Contratos Públicos
CJA	Cadernos de Justiça Administrativa
CPA	Código do Procedimento Administrativo
CPC	Código de Processo Civil
CPTA	Código de Processo nos Tribunais Administrativos
DGCI	Direcção-Geral das Contribuições e Impostos
DJAP	Dicionário Jurídico da Administração Pública
DVBL	*Deutsches Verwaltungsblatt*
ECP	Estudos de Contratação Pública
ETAF	Estatuto dos Tribunais Administrativos e Fiscais
INA	Instituto Nacional de Administração
LPTA	Lei de Processo nos Tribunais Administrativos
NVwZ	*Neues Verwaltungszeitschrift*
REDA	*Revista Española de Derecho Administrativo*
RAP	*Revista de Administración Pública*
RCP	*Revista dos Contratos Públicos*
RFDA	*Révue Française de Droit Administratif*
ROA	Revista da Ordem dos Advogados
RPCC	Revista Portuguesa de Ciência Criminal

STA Supremo Tribunal Administrativo
 TC Tribunal Constitucional
TCA Tribunal Central Administrativo
TJCE Tribunal de Justiça das Comunidades Europeias
Vol. Volume

Capítulo I
Introdução e Posicionamento do Problema

1. O problema e a delimitação do tema
1. Ao envolver duas figuras que são, não só desde as origens do direito administrativo como ainda hoje, em si mesmas mutuamente exclusivas, a figura do acto administrativo contratual encerra em si um indesmentível paradoxo. Mesmo que não possa já dizer-se que a aplicação destas figuras convoca objectos e domínios necessariamente distintos, reconhecendo-se que se assume actualmente uma certa intercambialidade entre as duas (veja-se, como exemplo paradigmático, a figura dos contratos sobre o exercício de poderes públicos[1])[2], a verdade é que

---

[1] Acerca dos contratos sobre o exercício de poderes públicos, cfr. FILIPA URBANO CALVÃO, "Contratos sobre o exercício de poderes públicos", in ECP, I, Cedipre, Coimbra Editora, pp. 327 e ss.; MARK KIRKBY, *Contratos sobre o Exercício de Poderes Públicos, o Exercício Contratualizado do Poder Administrativo de Decisão Unilateral*, Coimbra Editora, 2011; FRANCISCO DELGADO PIQUERAS, *La Terminación Convencional del Procedimiento Administrativo*, Arazandi Editorial, 1995; ALEJANDRO HUERGO LORA, *Los Contratos sobre los Actos y las Potestades Administrativas*, Universidad de Oviedo, Civitas, 1998.

[2] Hoje (cfr. artigo 278º do CCP), como já na vigência do CPA (cfr. artigo 179º do CPA), é unanimemente aceite que a Administração está, ali onde a lei não o proíba expressamente nem a natureza das relações a estabelecer o proscreva, dotada de discricionariedade na avaliação e na escolha da forma de actuação em vista da realização do interesse público. Já antes da vigência do CPA e na falta de norma expressa nesse sentido, SÉRVULO CORREIA advogava esta mesma posição [cfr. *Legalidade e Autonomia Contratual nos Contratos Administrativos*, Almedina, Coimbra, Março 2003 (reimpressão da edição de 1987), p. 613]. Sobre a referida alternatividade entre as duas formas e o respectivo impacto em termos de disponibilidade do poder administrativo, cfr. PAULO OTERO, *Legalidade e Administração Pública, O Sentido da Vinculação Administrativa à Juridicidade*, Almedina, Coimbra, 2007 (reimpressão da edição de 2003), pp. 834 e ss.. No sentido de que o princípio da alternatividade entre acto e contrato pode fazer ressuscitar a tendência do passado no sentido de uma categorização unitária entre acto administrativo e contrato, ao menos para efeitos da estabilização de uma base prin-

a existência de poderes unilaterais no espaço do contrato arrepia aos traços mais marcantes deste instituto jurídico, precisamente a consensualidade e a bilateralidade.

Se a celebração de contratos pela Administração implica um atenuar do seu poder autoritário – que assim *desce do seu pedestal* de poder público, colocando-se ao nível do particular, ali onde seja possível satisfazer, sob forma pactícia, e em igual medida, os interesses que a Administração só acautelaria realizando directamente, sem a colaboração dos particulares, as suas próprias atribuições ou dirigindo-se aos cidadãos de forma imperativa e autoritária –, materializado, em certo sentido, numa "renúncia" às prerrogativas unilaterais típicas, como sejam a autotutela declarativa e a executiva[3], já a introdução de momentos de imperatividade e executividade no âmago de uma relação previamente estabilizada num título contratual constitui um movimento inverso.

É justamente nesse movimento de publicização de uma relação pactícia que se posiciona o acto administrativo contratual, transportando o exercício de um poder imperativo e executivo para o palco do consenso e da paridade. E é neste sentido que se reconhece que o acto administrativo «representa um elemento de distúrbio na lógica do pacto e no próprio conceito de partes», que se querem «ligadas por vínculos contratuais subjectivos, num esquema relacional de direitos (incluindo os potestativos) e deveres, não de poderes públicos e sujeições»[4].

Ainda que o conteúdo dos poderes exercidos mediante a forma de acto administrativo – e que o legislador, a jurisprudência e a ciência administrativa foram historicamente moldando – não repugne à esfera dos direitos subjectivos em geral e ao regime comum de direito privado[5], o que mais perturba o esquema

---

cipial comum, cfr. FILIPA URBANO CALVÃO, *Cláusulas Acessórias em Direito Administrativo*, Dissertação de doutoramento, Coimbra, 2008, policopiado, p. 11. No direito italiano, afirmando a funcionalização como pressuposto lógico da atipicidade contratual administrativa, cfr. MARCO DUGATO, *Attipicità e Funzionalizzazione Nell'attività Amministrativa per Contratti*, Seminário Giuridico della università di Bologna, CLXII, Giuffrè Editore, Milão, 1996, em especial pp. 31 e ss..

[3] Cfr. PAULO OTERO, *Legalidade...*, cit., p. 837 e ss.. O Autor chega mesmo a falar, a este título, de uma preferência do texto constitucional pelo contrato administrativo, com base, entre outros fundamentos, no comando constitucional de aprofundamento da democracia participativa.

[4] Cfr. RODRIGO ESTEVES DE OLIVEIRA, *Autoridade e Consenso no Contrato Administrativo*, Dissertação para a obtenção do grau de mestre em Ciências Jurídico-políticas, Faculdade de Direito da Universidade de Coimbra, Coimbra, 2001, policopiado, p. 162.

[5] O princípio do *pacta sunt servanda*, comprometido no âmbito dos poderes públicos de modificação unilateral e de resolução unilateral por motivos de interesse público, também não é absolutizado no direito privado, como o demonstra a aceitação pacífica da cláusula *rebus sic stantibus*. Sobre o princípio *pacta sunt servanda* no direito dos contratos administrativos, cfr. PAULA MACEDO WEISS, Pacta Sunt Servanda *in Verwaltungsvertrag*, Peter Lang, Frankfurt, 1999 e FRANCESCA CANGELLI, *Potere Dis-*

contratual é a atribuição da natureza de acto administrativo a algumas das pronúncias da Administração. O elemento verdadeiramente exorbitante surpreende-se no regime que a forma acto administrativo acarreta para o contrato, o qual comporta uma desigualdade de armas[6] entre as partes em termos do exercício das respectivas posições jurídicas contratuais. Sendo certo que tal desigualdade de armas se encontra, de certo modo, abafada em situações de paz jurídica, isto é, de aceitação pelo co-contratante dos efeitos das pronúncias do contraente público – caso em que, aliás, as diferenças entre aquela forma e a declaração negocial são porventura imperceptíveis –, é quando há contestação que o contraste entre aquelas formas de actuação emerge com nitidez, pois «só o acto administrativo-título executivo (e às vezes executório) permite à Administração, tutora das necessidades colectivas, ultrapassar (ou ultrapassar mais célere e eficazmente) os obstáculos que o seu parceiro entenda opor-lhe»[7].

2. Não sendo esta a sede própria para curar da extensa e complexíssima matéria do direito administrativo que é a autonomia do contrato administrativo (o verdadeiro «enigma do contrato administrativo», na feliz expressão de Ariño Ortiz[8]) – já profundamente tratada pela doutrina administrativista portuguesa[9], de resto –, não pode ignorar-se que a figura do acto administrativo contratual, atendendo sobretudo ao modo como vem sendo historicamente concebida nos ordenamentos que assimilaram a figura do "contrat administratif", põe em evidência o problema da autonomia dos contratos administrativos em face do regime matriz da autonomia contratual (o contrato de direito privado). Arriscando algum excessivo simplismo na afirmação, não andará muito longe da verdade que a figura dos poderes autoritários ao serviço do interesse público na execução dos contratos vem sendo historicamente considerada como a *pedra de toque* que corporiza a própria autonomia do contrato administrativo[10], pois é um facto

---

crezionale e Fattispecie Consensuali, Università degli studi di Foggia, Facoltá di Giurisprudenza, Giuffrè Editore, Milão, 2004, pp. 280 e ss..
[6] Usando a expressão de Heiko Faber, *Verwaltungsrecht*, 4ª edição, J.C.B. Mohr (Paul Siebeck) Tubingen, 1995, p. 287.
[7] Cfr. Rodrigo Esteves de Oliveira, *Autoridade...*, cit., p. 163.
[8] Cfr. Gaspar Ariño Ortiz, "El enigma del contrato administrativo", *in RAP*, 172, 2007, pp. 79 e ss..
[9] Destaca-se, entre a vasta literatura publicada, as obras de Sérvulo Correia, *Legalidade...*, cit. e de Maria João Estorninho, Requiem *pelo Contrato Administrativo*, Almedina, Coimbra, 2003 (reimpressão da edição de 1988).
[10] Marcelo Rebelo de Sousa e André Salgado de Matos, não obstante considerarem ser este regime o cerne da autonomia do contrato administrativo, estendem-no contudo aos contratos privados da Administração – cfr. *Contratos Públicos, Direito Administrativo Geral*, Tomo III, Dom Quixote, 2008, pp. 35 e 36. Para uma crítica à posição destes Autores, defendendo que estes poderes apenas

que «hoje, como há mais de cem anos, o contrato administrativo caracteriza-se essencialmente a partir do regime específico que está reservado para a respectiva fase de execução, marcado pelo reconhecimento ao contraente público de um conjunto de poderes de autoridade, exercíveis por acto administrativo, destinados a assegurar a permanente adequação da relação contratual ao interesse público que justificou a sua constituição»[11-12].

3. A figura do acto administrativo contratual é, de resto, compatível com a moderna concepção do relacionamento entre a Administração e os particulares no quadro de uma "Administração paritária" por contraposição a uma "Administração autoritária".

Em causa está, por um lado, perspectivar-se essa relação como uma "relação de poder", à luz da doutrina de MARCELLO CAETANO, na qual a Administração é sempre olhada como autoridade e os cidadãos como pólos em situação de permanente subordinação jurídica[13], ou, noutro sentido, adoptar-se um modelo pari-

---

têm lugar nos contratos administrativos, cfr. MARK KIRKBY, "Conceito e critérios de qualificação do contrato administrativo: um debate académico com e em homenagem ao Senhor Professor Sérvulo Correia, Do artigo 178º do CPA ao artigo 1º, nº 6, do CCP – uma alteração do paradigma de qualificação?", in *Estudos de Homenagem ao Prof. Doutor Sérvulo Correia*, Vol. II, Faculdade de Direito da Universidade de Lisboa, Coimbra Editora, Coimbra, 2010, p. 773, em nota. Ainda no sentido de que estes poderes apenas existem nos contratos administrativos, cfr. PEDRO GONÇALVES, *O Contrato Administrativo, Uma Instituição do Direito Administrativo do Nosso Tempo*, Almedina, reimpressão da 1ª Edição de Janeiro de 2003, 2004, pp. 104 e 105; MÁRIO ESTEVES DE OLIVEIRA, "A necessidade de distinção entre contratos administrativos e privados da Administração Pública no projecto do CCP", in *CJA*, nº 64, Julho/Agosto 2007, p. 32.

[11] Cfr. MARK KIRKBY, "Conceito...", cit., p. 760. É oportuno aqui recordar a conhecida formulação de RAMÓN PARADA segundo a qual o contrato administrativo é o *contrato civil deformado pelo privilégio da decisão executória* (cfr. *Derecho Administrativo I*, Parte general, 18ª edição, Marcial Pons, Madrid, 2010, p. 300).

[12] Mas deve ter-se em mente que a experiência do direito comparado demonstra que a autonomia do contrato administrativo não depende da existência de actos administrativos na fase da respectiva execução. Veja-se o exemplo paradigmático, no direito alemão, do *Verwaltungsvertrag*. Sobre este ponto, cfr.: PEDRO GONÇALVES, *O Contrato...*, cit., pp. 115 e 116; AROSO DE ALMEIDA, "Contratos administrativos e poderes de conformação do contraente público no novo Código dos Contratos Públicos", in *CJA*, nº 66, Novembro/Dezembro 2007, p. 12.

[13] Nas palavras de GARCÍA DE ENTERRÍA /TOMÁS FERNÁNDEZ «la potestad no se genera en relación jurídica alguna, ni en pactos, negocios jurídicos o actos o hechos singulares, sino que procede directamente del ordenamiento» e «frente a esas potestades nadie está en una situación de deber u obligación, sino en la abstracta de sujeción que vincula a soportar los efectos jurídicos que dimanan del ejercicio de las potestades y su eventual incidencia sobre la propia esfera jurídica» (cfr. *Curso de Derecho Administrativo*, I, Civitas, 15ª edição, 2011, pp. 466 e 467, respectivamente).

tário de relacionamento entre o Estado e os cidadãos, fundado na ideia de relação jurídica e baseado na «(...) perspectiva de legalidade democrática em que a Administração, tal como os particulares, apenas pode exercer os poderes jurídicos que normativamente lhe hajam sido concedidos: aquela e estes estão, todos, e em igual medida, subordinados à lei e ao direito»[14].

Desta concepção "paritária" não pode, contudo, inferir-se que no actual quadro constitucional não possa haver lugar ao exercício pela Administração de poderes jurídicos unilaterais e esta não possa praticar actos administrativos e que a prossecução do interesse público se reconduza necessariamente a um modelo de actuação consensual[15]. A possibilidade de actuação unilateral existe «desde que corresponda a uma faculdade juridicamente prevista», o que significa que «a igualdade ou paridade jurídica da Administração e dos particulares é, por conseguinte, estrutural-formal no sentido de se tratar de uma subordinação ao direito do mesmo tipo, tanto no caso daquela, como no caso destes»[16], não significando «condenar ao abandono o instituto do acto administrativo»[17], o qual, aliás, reconhece-se, «continua, pois, a ser necessário, em nosso dias», atenta a sua importância quer do ponto de vista jurídico-material, quer do ponto de vista procedimental e, ainda, contencioso[18].

Qualquer que seja o modelo de que se parta, não vem posta em causa a possibilidade de exercício pela Administração das suas competências, nos termos legalmente definidos, através de acto administrativo[19] – seria caso para dizer que *o direito constitucional passa e o acto administrativo permanece*. Em qualquer caso, o princípio do respeito pelos direitos fundamentais dos cidadãos, em especial, o princípio da igualdade e o princípio da participação democrática, na vertente de

---

[14] Cfr. PEDRO MACHETE, *Estado de Direito democrático e Administração Paritária*, Almedina, Coimbra, Maio de 2007, p. 457. Em sentido semelhante, cfr.: AROSO DE ALMEIDA (cfr. *Anulação de Actos Administrativos e Relações Jurídicas Emergentes*, Almedina, Coimbra, 2002, pp 89 e ss; *O Novo Regime do Processo nos Tribunais Administrativos*, Almedina, Coimbra, 4ª edição, p. 110; "Contratos administrativos e poderes...", cit., p. 12.); VASCO PEREIRA DA SILVA, *Em Busca do Acto Administrativo Perdido*, Almedina, Coimbra, 2003.
[15] Neste sentido, cfr. PEDRO MACHETE, *Estado de Direito...*, cit., p. 458.
[16] Cfr. PEDRO MACHETE, *Estado de Direito...*, cit., pp. 459 e 610.
[17] Cfr. VASCO PEREIRA DA SILVA, *Em Busca...*, cit., p. 204.
[18] Cfr. VASCO PEREIRA DA SILVA, *Em Busca...*, pp. 455 e 456.
[19] Cfr. PEDRO MACHETE, *Estado de Direito...*, cit., p. 556. No entanto, deve notar-se que, para o Autor, o acto administrativo configura «o exercício de uma posição jurídica subjectiva de natureza potestativa no quadro de uma relação jurídica preexistente» (cfr. *Estado de Direito...*, cit., pp. 443 e 557 e 558). VASCO PEREIRA DA SILVA põe a tónica no conceito de relação jurídica administrativa, embora não aprofundando a questão de saber como qualificar juridicamente as posições substantivas da Administração (cfr. *Em Busca...*, cit., p. 200).

participação na formação da decisão administrativa[20], ao apontarem indiscutivelmente no sentido da consensualização das decisões que afectam a esfera jurídica dos particulares, depõem outrossim a favor de uma solução de consagração, como regra, de uma relação de paridade entre as partes num contrato, determinando que qualquer compressão daqueles princípios haja de justificar-se no quadro constitucional.

4. O tema que nos propomos tratar neste trabalho tem justamente que ver com a delimitação do espaço concedido aos actos administrativos na fase da execução dos contratos. Partindo-se do direito positivo actual (isto é, do CCP), que adopta como regra a natureza de declaração negocial das pronúncias do contraente público na execução dos contratos, admitindo apenas excepcionalmente a presença do acto administrativo na execução da relação contratual, o objectivo que se persegue é simplesmente o de compreender o exacto alcance da configuração do acto administrativo contratual como excepção, avaliando em que medida da afirmação formal da sua excepcionalidade pelo legislador decorre uma excepcionalidade material e ensaiando algumas propostas para uma reconstrução sistemática, material e dogmaticamente sustentada do âmbito do acto administrativo contratual.

O centro da nossa análise é, por conseguinte, o artigo 307º do CCP. Não curaremos autonomamente dos preceitos seguintes que estabelecem um regime específico para o acto administrativo contratual em face do regime geral plasmado no CPA, nem dos poderes de conformação contratual a que se refere o artigo 302º, senão na estrita medida em que os aspectos desse regime e a delimitação desses poderes interfiram com a reflexão sobre o carácter excepcional do acto administrativo contratual.

2. A "exorbitância" da forma acto administrativo

5. Centrado o tema deste trabalho na forma de exercício pelo contraente público dos poderes de conformação contratual que detém na execução dos contratos administrativos, emerge, com naturalidade, a necessidade de contraposição de duas possibilidades que se apresentam em relação de alternatividade. Está a falar-se, evidentemente, do acto administrativo ou dos poderes públicos de autori-

---

[20] Cfr. Sérvulo Correia, "O direito à informação e os direitos de participação dos particulares no procedimento e, em especial, na formação da decisão administrativa", in Comunicações Portuguesas ao Colóquio Luso-espanhol sobre "Codificação do Procedimento Administrativo", Separata de LEGISLAÇÃO, Cadernos de Ciência de Legislação, INA, nº 9/10, Janeiro/Junho 1994.

dade por contraposição às posições jurídicas subjectivas exercidas através de declaração negocial[21].

Atendendo ao estádio actual da evolução científica sobre o tema, parece poder afirmar-se com segurança que as diferenças decisivas entre as duas figuras não passam pela sua distinção nem ao nível da posição relativa dos sujeitos envolvidos na relação, nem ao nível do objecto, nem sequer ao nível da respectiva funcionalização ao interesse público. Não é, portanto, a unilateralidade nem a subordinação em que se encontra o sujeito a quem o acto se dirige o que distingue, na sua essência, o acto administrativo da mera declaração negocial: também no direito privado existem actos unilaterais e poderes cujo exercício coloca a contraparte numa situação de sujeição semelhante à do administrado perante um acto administrativo. Está aqui a falar-se sobretudo, não tanto dos direitos subjectivos, mas sim dos direitos potestativos[22]. O carácter público ou privado do objecto do direito exercido também não permite operar a distinção, já que o objecto dos dois ramos de direito é, em muitas situações, transitivo. Finalmente, os fins de imediata utilidade pública não servem igualmente como critério definitivo, pois nem sempre é possível identificar o seu carácter imediato e, por outro lado, as declarações negociais públicas da Administração são também funcionalizadas à realização do interesse público[23].

O critério que, embora de índole sobretudo formal, permite, com rigor e em última análise, operar a distinção é o critério estatutário, que parte da norma habilitante – que há-de ser uma norma de direito público – e do sujeito titular

---

[21] Para PEDRO GONÇALVES, fundamental, a esse propósito, não é tanto o enfoque no acto administrativo e na declaração negocial propriamente ditos, enquanto resultado do exercício de determinados poderes, mas antes os próprios poderes que precedem esses resultados e que constituem as situações jurídicas em que os autores dos actos e das declarações se encontram investidos [cfr. *Entidades Privadas com Poderes Públicos, O Exercício de Poderes Públicos de Autoridade por Entidades Privadas com Funções Administrativas*, Almedina, Coimbra, 2008 (reimpressão da edição de 2005), p. 607].

[22] Os direitos subjectivos propriamente ditos originam, como é sabido, no pólo oposto da relação um dever jurídico, enquanto os direitos potestativos colocam o sujeito passivo da relação jurídica no estado de sujeição. À semelhança do poder de autoridade e do acto administrativo, que estão dotados de uma força de imperatividade, produzindo, por si mesmo, um efeito conformador na ordem jurídica, os direitos potestativos traduzem também o poder de alguém de, por acto seu, produzir determinados efeitos que inelutavelmente se impõem a outra pessoa, «direitos a uma modificação jurídica (*Rechte auf Rechtsänderung*)» (cfr. MANUEL DE ANDRADE, *Teoria da Relação Jurídica*, Vol. I, Sujeitos e Objecto, Almedina, Coimbra, 1974, pp. 3, 7 a 12), que, do mesmo modo, criam no sujeitado uma «necessidade fatal» de ver produzidos os efeitos jurídicos a que o direito potestativo tende.

[23] Neste sentido, mais especificamente a propósito dos direitos potestativos públicos, cfr. RODRIGO ESTEVES DE OLIVEIRA, "O acto administrativo contratual", *in CJA*, nº 63, Maio/Junho 2007, p. 5 e *Autoridade...*, cit., pp. 120 a 125.

do poder – que há-de ser um sujeito de direito administrativo ou, ao menos, um sujeito a quem incumba o exercício da função administrativa[24]. Aplicado este critério à execução dos contratos administrativos, estar-se-á diante de uma declaração do contraente público com natureza de acto administrativo sempre que haja uma norma de direito público que assim o estabeleça em razão do exercício pelo declarante da função administrativa. PEDRO GONÇALVES aceita que este aspecto corresponde à única idiossincrasia que, em determinados casos, permite distinguir o poder de autoridade de alguns poderes privados[25].

Esta conclusão está, evidentemente, associada ao próprio princípio da legalidade da Administração[26]. Efectivamente, o princípio da legalidade, na vertente de reserva de lei, impõe a existência de uma norma[27] que habilite a prática de actos administrativos, seja no âmbito agressivo seja na esfera prestacional[28], e é dele que decorre que «a regra geral – em matéria de actividade administrativa – não é o princípio da liberdade, é o princípio da competência»[29], segundo o qual pode fazer-se apenas aquilo que a lei permite e no respeito pela densificação normativa da actuação em causa (ideias de precedência de lei e de reserva de densificação normativa). Assim se vê que a reserva de lei implica sempre, quanto ao acto administrativo, uma *legalidade substancial*, que impõe que os respectivos efei-

---

[24] O critério estatutário foi, como é consabido, desenhado na doutrina portuguesa por SÉRVULO CORREIA a propósito da autonomia do contrato administrativo (cfr. *Legalidade...*, cit., em especial pp. 393 e ss.) e seguido, entre outros Autores, por PEDRO GONÇALVES, *O Contrato...*, cit., p. 36.

[25] Cfr. PEDRO GONÇALVES, *Entidades Privadas...*, cit., pp. 590 e ss..

[26] Sobre a evolução e sentido do princípio da legalidade da Administração, cfr. ROGÉRIO SOARES, "Princípio da legalidade e Administração constitutiva", *in Separata do BFDC*, Vol. LVII, 1982; SÉRVULO CORREIA, *Legalidade...*, cit., pp. 18 e ss.; MARIA DA GLÓRIA FERREIRA PINTO DIAS GARCIA, *Da Justiça Administrativa em Portugal. Sua origem e Evolução*, Lisboa, 1994, pp. 634 e ss.; PAULO OTERO, *Legalidade...*, cit., pp. 45 e ss..

[27] No sentido de que a reserva de lei é antes uma reserva de norma jurídica e o bloco de legalidade é enformado por todas as fontes de Direito Administrativo, cfr. SÉRVULO CORREIA, *Legalidade...*, cit., pp. 286 e 287, que dá conta da quase unanimidade na doutrina nesse mesmo sentido.

[28] Sobre a posição da doutrina portuguesa acerca do alcance da reserva de lei, que não é uníssona, cfr. MARCELO REBELO DE SOUSA e ANDRÉ SALGADO DE MATOS, *Direito Administrativo Geral*, Tomo I, Dom Quixote, 3ª edição, Lisboa, 2004, pp. 171 a 173. No sentido de que o acto administrativo está, por definição, sujeito a uma *reserva total de norma jurídica*, enquanto exigência de previsão normativa de todos os actos administrativos, sejam eles ablativos ou ampliativos, cfr. SÉRVULO CORREIA, *Legalidade...*, cit., p. 298; ROGÉRIO SOARES, "Princípio da...", cit., pp. 14 e ss., FREITAS DO AMARAL, *Curso de Direito Administrativo*, Vol. II (com a colaboração de Pedro Machete e Lino Torgal), Almedina, Coimbra, 2ª edição, 2011, pp. 64 e ss., em especial, pp. 69 e 70; GARCÍA DE ENTERRÍA / TOMÁS FERNÁNDEZ, *Curso...*, cit., p. 573. Em sentido contrário, porém, cfr. RAMÓN PARADA VASQUÉZ, *Derecho...*, cit., pp. 112 e 364.

[29] Cfr. FREITAS DO AMARAL, *Curso...*, cit., p. 51.

tos jurídicos estejam sempre previstos e especificados em norma e «pressupõe igualmente um *grau mínimo de densidade da norma na enunciação dos pressupostos do acto administrativo*»[30].

6. Certo é, em todo o caso, que as duas realidades distinguem-se inequivocamente pelo respectivo regime jurídico, seja a montante da emissão da declaração negocial e do acto administrativo, seja a jusante, pela força que o ordenamento atribui a cada uma das figuras.

Focando-nos no plano do regime jurídico do acto administrativo (a jusante da respectiva emissão), tem de concluir-se que a *força* que esse regime atribui à forma acto administrativo coloca o particular numa situação menos favorável do que aquela em que estaria caso tivesse diante de si uma declaração negocial, mesmo que emitida em exercício de um direito potestativo[31]. E é justamente esse regime legalmente estabelecido para o acto administrativo que encerra o interesse do tema a que se dedica este trabalho e acalenta a respectiva atractividade. Com efeito, «a qualificação de uma medida como acto administrativo significa decidir que para tal medida devem valer as consequências jurídicas que a lei prevê em conexão com o conceito de acto administrativo»[32].

Torna-se, por isso, inevitável estabelecer, em traços breves, um contraponto entre o regime do acto administrativo e o regime do direito potestativo, para que se compreenda cabalmente de que está afinal a falar-se quando se trata de fazer uma opção sobre a natureza das pronúncias do contraente público na execução dos contratos administrativos. E é no plano da designada "autotutela" do acto administrativo que a importância dessa opção mais se evidencia.

---

[30] Cfr. Sérvulo Correia, *Legalidade...*, cit., p. 770.

[31] Não deve ignorar-se que o regime do acto administrativo comporta também, em contrapartida, algumas vantagens para os particulares, quando comparado com o regime da declaração negocial. Está a falar-se, designadamente, do dever de fundamentação dos actos administrativos, aplicável aos actos administrativos contratuais, que não existe nas declarações negociais. Mesmo nos casos em que o acto não seja vinculado e seja meramente discricionário, onde, como se sabe, a Administração dispõe de uma margem de livre decisão – como é o caso dos actos administrativos contratuais, que são discricionários –, a decisão tomada pelo contraente público é objecto do controlo típico dos poderes públicos, o que determina que, ao contrário da esfera da autonomia contratual privada, a Administração, ou o contraente público, não possa simplesmente actuar à luz dos comandos da sua vontade. Ainda ao nível da tutela jurisdicional, não deixa de ser significativo notar que a presença de um acto administrativo numa relação jurídica confere uma maior intensidade de tutela jurisdicional, uma vez que «a sentença anulatória engendra uma alteração imediata na relação jurídica controvertida apreciada pelo tribunal» (cfr. Sérvulo Correia, "Impugnação de actos administrativos", *in CJA*, nº 16, p. 12).

[32] Cfr. P. Stelkens e U. Stelkens, em Stelkens, Bonk und Sachs, *Verwaltungsverfahrengesetzt*, Kommentar, 6. Auflage, Munique, 2001, p. 844 apud Pedro Machete, *Estado de Direito...*, cit., p. 42.

7. O regime do acto administrativo encontra-se regulado no CPA e é enformado pelas seguintes características que a doutrina vem, a partir do direito positivo, construindo e integrando na designada autotutela administrativa[33]: *(i)* a *imperatividade*, que decorre da sua unilateralidade, *(ii)* a *estabilidade*, comummente designada por força de caso decidido (a *Bestandskraft*, do direito alemão[34]), *(iii)* a *executividade* (muito embora nem todos os actos administrativos careçam de ser executados) e, finalmente, a *(iv) executoriedade*, a qual é tida, hoje em dia, pela doutrina dominante como característica excepcional, dependente de previsão legal específica. Estas notas resumem-se, nas palavras assertivas de GARCIA DE ENTERRÍA /TOMÁS FERNÁNDEZ, à circunstância de, através delas, «la Administración est[ar] exenta de la carga de someter sus pretensiones tanto a juicio declarativo como a juicio ejecutivo»[35].

Não sendo possível aqui espraiar um estudo mais aprofundado sobre a autotutela administrativa, limitar-nos-emos a uma breve comparação entre o acto administrativo e a declaração unilateral de exercício de um direito potestativo.

É ao nível da imperatividade que as semelhanças entre as duas figuras emergem. A nota de imperatividade está intrinsecamente associada à própria noção de acto administrativo, enquanto poder de conformação da ordem jurídica, com eficácia constitutiva[36], cujos efeitos jurídicos se mantêm obrigatórios (mesmo se anulável), evidenciando mesmo, no entender de alguns, «uma característica institucional da Administração que lhe empresta à partida uma qualidade de *"potentior persona"* face ao particular»[37]. Em termos semelhantes, essa ideia de produção imediata de efeitos jurídicos no plano do direito e da ordem jurídica – que, correspectivamente, coloca a outra parte numa situação de inelutabilidade e de sujeição face ao efeito jurídico produzido – está também presente no direito potestativo[38], cujo exercício importa uma modificação jurídica operada pelo seu titular sem o concurso da vontade ou colaboração de terceiros.

---

[33] No sentido de que o princípio da autotutela administrativa é um princípio geral de Direito Administrativo, cfr. SÉRVULO CORREIA, *Noções de Direito Administrativo*, I, Editora Danúbio Lda., Lisboa, 1982, p. 337; GARCIA DE ENTERRÍA /TOMÁS FERNÁNDEZ, *Curso...*, cit., pp. 533 e ss..
[34] Cfr. HARTMUT MAURER, *Allgemeines Verwaltungsrecht*, C.H. Beck, Munique, 17ª edição, 2009, p. 214.
[35] Cfr. GARCIA DE ENTERRÍA /TOMÁS FERNÁNDEZ, *Curso...*, cit., p. 517.
[36] Vai aqui pressuposto, evidentemente, um conceito restrito de acto administrativo, temática que será abordada adiante.
[37] Cfr. RUI MACHETE, "O privilégio da execução prévia", in *DJAP*, Vol. VI, Lisboa, 1994, p. 452. Contra, cfr. AROSO DE ALMEIDA, *Anulação...*, cit., pp. 89 a 92, em especial p. 92; VASCO PEREIRA DA SILVA, *Em Busca...*, cit., em especial pp. 186 e ss.; PEDRO MACHETE, *Estado de Direito...*, cit., pp. 457 e ss..
[38] É, aliás, este o aspecto em que o regime do direito potestativo difere do regime do direito subjectivo em sentido estrito que, como se sabe, é um direito a uma pretensão, a um comportamento da outra parte, que fica assim investida num dever jurídico.

Apesar da semelhança assinalada, o direito potestativo já não partilha, por natureza, com o acto administrativo as restantes vertentes da autotutela.

É o que sucede, desde logo, com a ideia de estabilidade e ao nível do ónus de reacção. Nos direitos potestativos, a regra é a de que, no caso de a outra parte não acatar voluntariamente o efeito jurídico ínsito na declaração emitida pelo titular do direito[39], este tem de recorrer aos meios judiciais com vista a obrigar a outra parte a respeitar o efeito jurídico daquela declaração[40]. É o regime típico das declarações negociais em geral, que se aplica igualmente ao direito potestativo. Há, aqui, pois, um *ónus de acção* que recai sobre o titular do direito[41]. Diferentemente, associada à imperatividade do acto administrativo está a nota de estabilidade, que comporta em si as ideias de inimpugnabilidade (se não exercido o ónus de impugnação judicial que recai sobre o particular dentro de determinado prazo) e de caso decidido de que gozam os actos administrativos válidos e os actos administrativos anuláveis, nos termos do disposto no artigo 136º do CPA conjugado com as disposições do CPTA. De acordo com o regime legal vigente, os actos anuláveis (e já não os actos nulos, a que se refere o artigo 133º do CPA) produzem efeitos idênticos aos dos actos válidos até ao momento em que sejam anulados e, decorrido o prazo fixado na lei processual (3 meses ou um ano, no caso de acção proposta pelo Ministério Público), o acto anulável torna-se inimpugnável e insusceptível de anulação, adquirindo, pois, força de "caso decidido"[42]. As consequências que da autotutela declarativa da Administração decor-

---

[39] Trata-se, em qualquer caso, como nota a doutrina civilista, não de uma violação pela outra parte do direito potestativo em si mesmo (já que o direito potestativo não comporta violação, pois gera no sujeitado uma necessidade inelutável de acatamento dos seus efeitos, não se lhe podendo opor), mas antes do direito subjectivo propriamente dito constituído em resultado do exercício do direito potestativo (cfr. MANUEL DE ANDRADE, *Teoria...*, cit., p. 17 e CARLOS ALBERTO DA MOTA PINTO, *Teoria Geral do Direito Civil*, Coimbra Editora, Coimbra, 2ª edição actualizada, 1983, p. 175).

[40] Só assim não será, *(i)* para além das hipóteses em que haja um regime legal específico, *(ii)* nos casos em que o efeito jurídico pretendido se basta com a declaração negocial, se produz *ipso iure*, não carecendo de concretização no plano dos factos, e *(iii)* nos casos em que, mesmo carecendo de concretização no plano dos factos, seja o titular do direito potestativo que, por dominar a realidade dos factos, está em condições de materializar, ele próprio, o efeito jurídico produzido pelo direito potestativo exercido (cfr. RODRIGO ESTEVES DE OLIVEIRA, "O acto...", cit., p. 7, e *Autoridade...*, cit., p. 127).

[41] Neste sentido, cfr. SÉRVULO CORREIA, *Legalidade...*, cit., pp. 736 e 737; PEDRO GONÇALVES, *O Contrato...*, cit., p. 118, RODRIGO ESTEVES DE OLIVEIRA, "O acto...", cit., pp. 6 e 7.

[42] Para uma posição crítica da utilização da expressão "caso decidido", com paralelismo ao caso julgado, cfr. AROSO DE ALMEIDA, "A execução das decisões administrativas no direito francês", in *O Poder de Execução Coerciva das Decisões Administrativas, nos Sistemas de Tipo Francês e Inglês e em Portugal*, (Coord. Freitas do Amaral), Almedina, Coimbra, 2011, p. 45, nota 47.

rem para os particulares a quem o acto se dirige e para os demais particulares que são por ele afectados ficam, pois, à vista.

A isto acresce que as declarações negociais não beneficiam, em geral, da nota de executividade – que traduz a função tituladora do acto administrativo (*Selbstitulierung*), de que se fala a doutrina alemã a partir da doutrina de Mayer[43] –, considerando que a definição do título executivo se encontra limitada aos casos previstos no artigo 46º do CPC. Efectivamente, quando o titular do direito potestativo se vê na contingência de recorrer ao tribunal para satisfazer o efeito jurídico produzido pelo direito exercido, em caso de não conformação da outra parte, não passa de imediato para uma acção executiva (como sucede em face de um acto administrativo), mas tem de preceder a acção executiva de uma acção declarativa de condenação que reconheça e ateste o seu direito e condene a outra parte à sua satisfação e, só depois, em caso de não acatamento da sentença condenatória, pode então munir-se dessa sentença como título executivo no âmbito de uma acção executiva[44]. Semelhante *via sacra* não tem, como se sabe, de passar o titular do "direito" quando emite um acto administrativo que seja susceptível de execução, podendo iniciar um procedimento administrativo ou um processo judicial de execução – justamente como decorrência da executividade reconhecida aos actos administrativos.

Aos actos administrativos executivos é ainda reconhecida, em certos casos, a característica de executoriedade[45], a qual constitui «a máxima afirmação de *potestas* da Administração» e «a prerrogativa mais gravosa para os particulares»[46]. Nas palavras de GARCÍA DE ENTERRÍA/TOMÁS FERNÁNDEZ, «así como la autotutela declarativa se manifiesta en una declaración o en un acto, la ejecutiva supone el paso al terreno de los hechos, del comportamiento u operaciones materiales, concretamente al uso de la coacción frente a terceros»[47]. Mesmo não sendo a

---

[43] No sentido de que este Autor desenvolveu o conceito de acto administrativo seguindo o modelo da sentença judicial, justamente por causa da função tituladora, cfr. PEDRO MACHETE, *Estado de Direito...*, cit., p. 25.

[44] A propósito da comparação entre os poderes públicos e os poderes privados, cfr. MÁRIO ESTEVES DE OLIVEIRA, "*A necessidade...*", cit., p. 32.

[45] A executividade não se confunde com a executoriedade. Repetindo as expressivas palavras de ROGÉRIO SOARES, «(...) uma coisa é a constituição autoritária de um dever, outra coisa a auto-titulação, que forja um título executivo pela própria Administração; e finalmente uma terceira coisa a utilização da força pela própria Administração para realizar a promessa que está contida no título (executoriedade). Estão aqui três planos diferentes que um jurista há-de saber distinguir» (cfr. ROGÉRIO SOARES, *Acto administrativo*, Scientia Iuridica, tomo XXXIV, nº 223-228, 1990, p. 31). No mesmo sentido, cfr. SÉRVULO CORREIA, *Noções...*, cit., pp. 337 e 338.

[46] Cfr. RUI MACHETE, "O privilégio...", cit., p. 459.

[47] Cfr. *Curso de Derecho Administrativo* I, Civitas, Madrid, 15ª edição, 2011, p. 540.

executoriedade hoje considerada uma característica geral dos actos administrativos[48], a verdade é que existe, ainda assim, a possibilidade de a Administração executar, ela própria e pelos seus próprios meios, o acto administrativo que emitiu, desde que se verifiquem os requisitos legais aplicáveis. Em linha com a ausência de executividade das declarações negociais, uma tal faculdade de execução coerciva não tem, claramente, o sujeito que emitiu uma declaração negocial em exercício de um direito potestativo.

8. São estas notas diferenciadoras do regime do acto administrativo, muito semelhantes aliás nos vários ordenamentos jurídicos europeus[49], que estão no centro da opção entre uma actuação da Administração através de actos administrativos ou através de direitos potestativos.

Os aspectos descritos permitem compreender que se trata de «"novos" poderes da Administração» que «"reforçam" ou "qualificam" o poder público da Administração Pública"», tratando-se de «dimensões que estão fora e para além do poder público de autoridade enquanto poder de tomar uma decisão, de emitir um acto imperativo, com força obrigatória e produtor de efeitos jurídicos imediatos», representando antes «algo de exorbitante em relação ao próprio poder público de autoridade e ao acto que ao abrigo dele poderia ser praticado», exorbitância que «resulta do regime jurídico que a lei define para o acto administrativo, qualquer que seja o seu conteúdo»[50].

---

[48] Acompanhando a tendência que nos restantes ordenamentos jurídicos de marca administrativista se fazia sentir, ROGÉRIO SOARES sempre exprimiu o seu forte cepticismo sobre o carácter geral da executoriedade (cfr. "Acto administrativo...", cit., p. 31.), o mesmo sucedendo com SÉRVULO CORREIA, MARIA DA GLÓRIA GARCIA e o próprio RUI MACHETE, no âmbito do projecto do CPA no início da década de 1980, e posteriormente VIEIRA DE ANDRADE, MARCELO REBELO DE SOUSA e ANDRÉ SALGADO MATOS e também VASCO PEREIRA SILVA.

[49] Sobre a matéria cfr. "O poder de execução coerciva das decisões administrativas" (Coord. Freitas do Amaral), Almedina, 2011 e VASCO PEREIRA DA SILVA, "Viagem pela Europa das formas de actuação administrativa", in CJA, nº 58, pp. 60 e ss..

[50] Cfr. PEDRO GONÇALVES, Entidades..., cit., p. 647.

Capítulo II
O acto administrativo contratual no direito português e no direito comparado

1. Evolução do tratamento do acto administrativo contratual em Portugal até ao CCP

9. Um breve olhar sobre os últimos cem anos da realidade jurídico-administrativa portuguesa autoriza a conclusão de que, até ao CPA, a história do acto administrativo contratual se desenvolveu num processo evolutivo progressivo, marcado por uma intervenção cautelosa do legislador, que permitiu que fosse a jurisprudência a ter a última palavra sobre o modo como as declarações da Administração na execução dos contratos administrativos eram perspectivadas.

10. Com o CPA, a natureza das declarações da Administração na execução dos contratos não foi, como se sabe, objecto de tratamento expresso[51], ainda que este diploma haja fornecido, como veremos, as pistas adequadas para um alargamento, pela jurisprudência, dos casos em que era aceite a intervenção contratual da Administração através do emprego da forma acto administrativo. No mesmo período, do lado processual, o CPTA, em linha com o anterior ETAF, refere-se à possibilidade da prática de actos administrativos de execução contratual em diversos preceitos[52], sem, contudo, tomar partido sobre as circunstâncias e os termos em que podem tais actos administrativos ser emitidos.

---

[51] Distinta foi a opção do legislador quanto às pronúncias da Administração em matéria de interpretação e validade dos contratos, domínio em que, claramente na linha da solução que vinha já do CA, optou por considerar tais actos como meros actos opinativos sem carácter definitivo e executório (artigo 186º do CPA). Cfr., a este respeito, o ac. do STA (Pleno) de 30.04.2002 (Proc. 40 317).

[52] Cfr. alínea g) do nº 2 do artigo 4º, alínea d) do nº 2 do artigo 47º e alínea a) do nº 1 do artigo 180º.

Numa perspectiva mais limitada, a disciplina do regime jurídico das empreitadas de obras públicas e das concessões de obras públicas, regulada, sucessivamente, no Decreto-Lei nº 405/93, de 10 de Dezembro, e no Decreto-Lei nº 59//99, de 2 de Março, mantém, nos artigos 225º e 254º destes diplomas legais, respectivamente, a linha da normação anterior[53], de acordo com a qual todos os litígios surgidos no plano da execução desse tipo contratual seriam resolvidos por meio da acção, o que permitiu à doutrina e à jurisprudência defender que as declarações do dono de obra na execução desses contratos tinham natureza de declaração negocial[54]. Contudo, na doutrina começaram a ouvir-se vozes críticas, sustentando que, a ser aquela a opção legislativa, estaria em causa o regresso à teoria da incorporação, em total contradição com o nº 3 do artigo 9º do ETAF, defendendo a possibilidade de emissão de actos administrativos com fundamento nos poderes públicos de autoridade previstos no CPA[55]. Também na jurisprudência aquela interpretação começou a ser debatida, emergindo posições que, mesmo em face de uma norma com o aludido teor, admitiam a possibilidade de serem praticados actos administrativos destacáveis em execução de contratos de empreitada de obras públicas, sobretudo em matéria de aplicação de multas contratuais[56]. À divergência jurisprudencial em causa foi, no entanto, posto termo pelo ac. do Pleno do STA de 15.05.2002 (Proc. 46 106) que firmou a jurisprudência que, desde então, vem sendo seguida, no sentido de os litígios surgidos na execução do contrato (como é o caso dos litígios em torno das multas contratuais) deverem seguir a forma de acção, atribuindo às declarações em causa a natureza de declarações negociais[57].

---

[53] Cfr. artigo 218º do Decreto-Lei nº 48.871, de 19 de Fevereiro de 1969 (cfr. artigo 218º).
[54] Cfr. SÉRVULO CORREIA, *Legalidade e autonomia contratual*, pp. 727 e seg.. Este Professor deixa, no entanto, alguma margem para a admissibilidade de actos destacáveis na execução do contrato de empreitada de obra pública quando escreve que o diploma não "[exclui] totalmente a existência de actos destacáveis para efeitos da sua impugnação pela via do recurso de anulação" (p. 738).
[55] Neste sentido, pronunciando-se ainda sobre o artigo 225º do Decreto-Lei nº 405/93, cfr. PEDRO MARTINEZ e MARÇAL PUJOL, *Empreitada de Obras Públicas*, Coimbra, 1995, p. 335, apud ac. do STA de 14/05/98, 1º secção, (Rec. 43 938). Em sentido semelhante, debruçando-se já sobre o Decreto-Lei nº 59/99, cfr. ALEXANDRA LEITÃO, *A Protecção Judicial dos Terceiros nos Contratos da Administração Pública*, Almedina, Coimbra, 2002, p. 272.
[56] Cfr. acs. do STA de 01.10.1996 (Rec. 37866), de 05.06.1997 (Rec. 39 947) e de 14.05.1998 (Rec. 42 938).
[57] Contudo, no aludido aresto, o Pleno não deixou de afirmar expressamente que «não exclui que a Administração, em casos muito contados, por razões exógenas à execução do contrato, não possa praticar actos administrativos que com ele directamente interfiram» como é o caso da rescisão unilateral por interesse público e da modificação unilateral do conteúdo das prestações, previsto no artigo 180º do CPA, que, por espelharem o exercício de um poder discricionário potenciado por

Muito embora o CPA não tenha, como se disse, tomado posição expressa sobre a natureza formal das declarações da Administração na execução dos contratos, o facto de o artigo 180º elencar os poderes próprios do contraente público na execução dos contratos administrativos – não sem a relevante previsão de uma excepção no caso de «*outra coisa resultar da lei ou da natureza do contrato*» –, poderes esses que, ainda que já conhecidos e aplicados na ciência administrativa da época, nunca haviam estado, como agora, elencados num diploma que disciplina o regime jurídico dos contratos administrativos com alcance geral, constituiu um forte avanço e abriu o caminho para a doutrina aí identificar a marca da autoridade e da exorbitância, própria da actuação dos entes públicos, e para a jurisprudência crescentemente reconhecer a possibilidade de emissão de actos administrativos quando se trate do exercício dos poderes ali previstos.

Adoptando a classificação de alguma doutrina, os poderes de modificação unilateral, de direcção, de rescisão unilateral por motivos de interesse público e de fiscalização, previstos, respectivamente, nas alíneas *a*) a *d*) do artigo 180º do CPA, traduzem poderes de origem legal, com natureza extracontratual, ou mesmo estatutária[58], ao passo que o poder sancionatório, a que se refere a alínea *e*) da mesma norma trata de um poder cujo exercício, legalmente habilitado, carece de ser especificamente previsto em cada título contratual. É justamente esta diferença de natureza ou de fundamento teórico dos poderes do contraente público que justifica que as maiores dúvidas e dificuldades que a jurisprudência sentiu tenham residido na natureza da decisão pela qual a Administração aplique sanções ao seu co-contratante, atendendo a que, se, por um lado, tal poder se encontra legalmente habilitado, não deixa de ser, por outro lado, verdade que tal poder tem de encontrar-se clausulado no próprio contrato, à semelhança do exercício dos demais poderes privados.

Em face do CPA, a doutrina facilmente fixou o entendimento segundo o qual as declarações pelas quais os poderes previstos no artigo 180º do CPA eram exercidos tinham natureza de acto administrativo[59]. Foi avançado, entre outros argu-

---

um interesse público de particular intensidade, mais facilmente se amoldam aos limites cognitivos do contencioso de anulação». Sobre esta temática, cfr. também acs. do STA de 14/07/2005 (1ª subsecção, Proc. 106/05) e de 14.12.2005 (2ª subsecção, Proc. 614/05).

[58] Neste sentido, cfr. LUÍS FÁBRICA, "Contrato Administrativo", § 7º do estudo colectivo (coord. Fausto de Quadros) *Procedimento Administrativo*, in *DJAP*, Vol. VI, 1994, pp. 325 e ss., em especial pp. 531 e ss.; RODRIGO ESTEVES DE OLIVEIRA, "O acto...", cit., p. 14. No mesmo sentido, na doutrina espanhola, cfr. GARCIA DE ENTERRÍA e TOMÁS-RAMÓN FERNANDEZ, *Curso...*, *cit.*, p. 719, EMÍLIO JIMÉNEZ APARÍCIO (coordinador), *Comentários a la Legislación de Contratación Pública*, Tomo II, Arazandi, Thomson Reuters, 2009, p. 786.

[59] Cfr. FREITAS DO AMARAL (com a colaboração de Lino Torgal), *Curso de Direito Administrativo*, 2ª reimpressão, 2003, pp. 615 e ss.; MÁRIO ESTEVES DE OLIVEIRA, PEDRO GONÇALVES e PEDRO PACHECO

mentos[60], o disposto no artigo 186º, que trata dos actos opinativos, sendo-lhe atribuída a virtualidade de esclarecer – ainda que em interpretação *a contrario sensu* – que a Administração pode, durante a execução dos contratos administrativos, praticar actos administrativos, em linha com a tradição do nosso direito, o que pode ocorrer no exercício dos poderes previstos no artigo 180º do CPA[61].

Ainda que não questionando a tendência, no plano do direito constituído, da restante doutrina, alguns administrativistas deixaram expressas as suas reservas relativamente à opção generalizada pela prática de actos administrativos no exercício dos poderes da Administração referidos no artigo 180º do CPA[62].

A jurisprudência apresentou maior resistência à aceitação de que quando actuava ao abrigo dos poderes previstos no artigo 180º do CPA a Administração exercia poderes autoritários através da forma de acto administrativo, o que se explica por, precisamente no período anterior, o entendimento jurisprudencial dominante ser o de que o acto administrativo na execução contratual era excepcional, apenas existindo onde a lei o previsse[63]. Tal resistência focou-se sobretudo nos actos de aplicação de multas contratuais e de rescisão dos contratos[64]. Se arestos houve em que aquela tese foi acolhida[65], outros foram emitidos também

---

DE AMORIM, *Código do Procedimento Administrativo Comentado*, reimpressão da 2ª edição de 1997, Almedina, 2005, p. 828; PEDRO GONÇALVES, *O Contrato...*, cit., em especial pp. 59, 113 a 155, 120 e 121; PEDRO GONÇALVES, *A Concessão de Serviços Públicos*, Almedina, Coimbra, 1999, pp. 242 a 262; MARIA JOÃO ESTORNINHO, *Direito Europeu dos Contratos Públicos*, Almedina, Coimbra, 2006, p. 242 e pp. 472 e 473; ALEXANDRA LEITÃO, *A Protecção Judicial...*, cit., pp. 228 e ss. e 271 e ss.; MARCELO REBELO DE SOUSA E ANDRÉ SALGADO DE MATOS, *Direito Administrativo Geral*, Tomo III, Dom Quixote, Fevereiro de 2007, p. 358; RODRIGO ESTEVES DE OLIVEIRA, "O acto...", cit., pp. 12 e 13.

[60] Cfr., por todos, PEDRO GONÇALVES, *O Contrato...*, cit., pp. 59, 113 a 155 e 120 e 121

[61] Cfr. MÁRIO ESTEVES DE OLIVEIRA (ET AL.), *Código...*, cit., p. 828.

[62] Foi o caso de SÉRVULO CORREIA, no III Seminário de Justiça Administrativa, organizado pela CEJUR (cfr. VIEIRA DE ANDRADE, "Relatório de síntese I", in *CJA*, nº 28, p. 61) e em *Legalidade...*, cit., na nota sobre a reimpressão, onde defendeu uma «solução de redução do desnível dos poderes das partes no âmbito do contrato administrativo». Foi igualmente o caso de VIEIRA DE ANDRADE (cfr. *A Justiça Administrativa*, Almedina, Coimbra, 7ª edição, 2005, p. 197, nota 379) e de AROSO DE ALMEIDA (cfr. *O Novo...*, cit., p. 111; "Implicações de direito substantivo da reforma do contencioso", in *CJA*, nº 34, pp. 78 e 79; *Anulação de Actos...*, cit., pp. 89 e ss.).

[63] Certo é, contudo, que alguma jurisprudência, minoritária, seguia o entendimento de Marcello Caetano (formado na vigência do CA, sublinhe-se), no sentido de que a possibilidade da prática pela Administração de actos administrativos definitivos e executórios se inferia dos princípios gerais de direito administrativo, não estando dependente de previsão legal específica.

[64] Para uma análise muito detalhada da jurisprudência do STA sobre a matéria, cfr. RODRIGO ESTEVES DE OLIVEIRA, "O acto...", cit., pp. 3 e ss..

[65] A posição desta jurisprudência fundamenta-se no entendimento de que aquelas decisões são sempre praticadas com fundamento na própria lei (ainda que intermediada por uma cláusula contratual) e nos próprios princípios gerais de direito administrativo. Cfr., a título de exemplo: quanto a decisões

em sentido contrário, isto é, sustentando que as declarações da Administração na execução contratual configuram sempre o exercício de direitos subjectivos, exercidos através de meras declarações negociais[66], e outros ainda, enquadrados por PEDRO GONÇALVES numa «corrente indecisa»[67], oscilavam entre uma e outra naturezas, consoante a análise do caso concreto[68], reconhecendo ser «questão deveras espinhosa» a da distinção entre as actuações da Administração na fase da execução contratual que configuram verdadeiros exercícios de autoridade e aquelas que mais não traduzem do que o exercício da autonomia contratual.[69]

Fora do domínio do artigo 180º do CPA, isto é, nos casos em que a actuação da Administração na execução do contrato não se reconduz a qualquer dos poderes previstos nesse preceito, a jurisprudência era também oscilante, tomando como referência o critério da fonte do poder exercido, bem como a presença de marcas de supremacia da Administração em face do co-contratante. Reconheceu-se, por um lado, carácter de acto administrativo aos actos de processamento de vencimentos do pessoal da função pública, de fixação do montante a atribuir a título de indemnizações compensatórias a empresas do sector empresarial do Estado concessionárias de serviços públicos, bem como à ordem de reposição de quantias atribuídas através de contrato administrativo. Já a decisão de cobrança de juros vencidos no cumprimento de prestação contratual pelo co-contratante, a decisão de não renovação do contrato, a decisão de accionamento da caução de bom e pontual cumprimento foram consideradas meras declarações negociais.

2. O CCP
2.1. A opção fundamental
11. Só com o CCP a questão volta a ser objecto de esclarecimento legislativo, nele se adoptando uma posição mais explícita. Já na vigência do CPA alguma doutrina pugnava pelo tratamento expresso da matéria[70].

---

de rescisão dos contratos, ac. do STA de 21.10.1997 (Proc. 34019); em matéria de aplicação de multas contratuais, ac. do STA de 26.02.1998 (Proc. 039046); em geral, quanto à aplicação de sanções, ac. do STA de 07.03.2006 (Proc. 1496/03).
[66] Estes arestos fazem assentar a sua posição na dicotomia entre poderes de origem legal e poderes de origem contratual (critério da fonte dos poderes a que alude RODRIGO ESTEVES DE OLIVEIRA). Cfr., quanto à rescisão, ac. do STA de 31.10.1989 (Proc. 259/84) e, quanto à aplicação de multa, ac. do STA de 25 de Março de 1999 (Proc. 41832).
[67] Cfr. PEDRO GONÇALVES, O Contrato..., cit., p. 114.
[68] Cfr. acs. do STA de 20.12.2000 (Proc. 46 372), de 04.10.2001 (Proc. 47 334), de 03.05.2007, do Pleno, (Procº 1050/03).
[69] Foram as palavras usadas no lúcido ac. do STA de 04.10.2001 (Rec. 47 334).
[70] Cfr. MÁRIO ESTEVES DE OLIVEIRA (ET AL.), Código..., cit., p. 850.

Com o CCP o legislador inverteu a tradição e avançou na estabilização legal do problema de saber qual a natureza das declarações da Administração ao longo da execução dos contratos, ainda que com base na produção jurisprudencial e doutrinal do período anterior. Arriscamos mesmo a afirmação de que a história do acto administrativo contratual conhece, em Portugal, não mais do que duas fases: uma primeira, longa e escrita pelo punho da doutrina e, sobretudo, da jurisprudência; e, desde 2008, uma segunda fase, marcada por uma solução frontal ditada pela voz do legislador.

Como é sabido, o CCP afirma que, em regra, as declarações do contraente público na execução dos contratos são meras declarações negociais (nº 1 do artigo 307º), sem prejuízo da natureza de acto administrativo das declarações que sejam emitidas no exercício dos poderes de conformação contratual, nos termos previstos no nº 2 do artigo 307º, correspondendo esses poderes àqueles que já constavam listados no CPA. Do quadro assim traçado parece decorrer, à primeira vista, que o legislador actual delineou o regime jurídico do acto administrativo contratual num plano virtualmente esgotante e, consequentemente, estabilizador de todos os problemas com que o aplicador do direito possa vir a debater-se, deixando (aparentemente) pouca margem de criação jurisgénica à jurisprudência e à doutrina quando confrontadas com estas questões. Veremos no Capítulo III deste nosso estudo se assim é exactamente.

12. Para além dessas duas normas e da própria elencagem e densificação dos poderes de conformação contratual, nos artigos 302º a 306º, o CCP estabelece, também pela primeira vez, um regime legal particular para o acto administrativo contratual nos artigos 308º a 310º, com o que procura adaptar o regime geral que decorre do CPA ao plano da execução contratual. De realçar é, sobretudo, a não sujeição destes actos ao regime do CPA sobre a marcha do procedimento (cfr. artigos 74º a 113º do CPA) e, por outro lado, a expressa previsão da possibilidade de celebração de acordos endocontratuais a respeito dos actos administrativos contratuais[71].

Não se focando o nosso trabalho no regime específico do acto administrativo contratual, conforme se adiantou, avance-se já para uma brevíssima evidenciação do impacto da solução do CCP, em termos comparativos com o direito anterior e ainda com referência a algumas soluções no direito comparado.

---

[71] Sobre a admissibilidade, regime e natureza dos acordos endoprocedimentais, cfr. DUARTE RODRIGUES SILVA, *A Negociação do Acto Administrativo. Os Acordos Procedimentais da Administração Pública* (no prelo).

2.2. O seu confronto com as tendências mais recentes nos direitos estrangeiros

13. Não havendo, na economia do presente trabalho, oportunidade para uma análise detida sobre o tratamento do acto administrativo contratual em cada uma das ordens jurídicas que visitámos, limitamo-nos a deixar algumas notas comparativas entre a solução plasmada no CCP e as tendências mais recentes desses ordenamentos de que pudemos aperceber-nos aquando da viagem realizada por Espanha, França, Itália e Alemanha.

14. Em *matéria de conteúdo dos poderes de conformação contratual*, pode dizer-se que os poderes que o CCP, na senda da longa tradição nacional, reconhece ao contraente público se encontram também genericamente reconhecidos nas ordens jurídicas referidas.

Assim sucede em França – berço do contrato administrativo, tal como em Portugal o conhecemos há mais tempo (isto é, como o contrato com objecto passível de direito privado) –, onde a matéria da execução contratual se encontra dividida entre o direito escrito e o direito jurisprudencial, sendo determinada, no que de mais relevante ele oferece, por via jurisprudencial[72]. Particular no direito administrativo francês, em claro contraste com a solução do CCP e com a evolução da doutrina nacional, é *(i)* o facto de as prerrogativas poderem ter origem tanto na lei como no contrato, o que é generalizadamente reconhecido pela doutrina e jurisprudência[73], e, bem assim, *(ii)* a circunstância de os poderes de fiscalização e de controlo serem, em rigor, mais admitidos pela doutrina do que propriamente pela jurisprudência, que tende a limitá-los aos casos especificamente previstos no contrato e a recusá-los como poderes decorrentes das regras gerais aplicáveis aos contratos administrativos[74].

Também em Espanha, que conheceu uma evolução histórica semelhante à portuguesa em termos de acolhimento das orientações francesas, se encontram previstos os poderes entre nós conhecidos. Mas deve notar-se que, em Espanha, para além de a jurisprudência vir entendendo os poderes da Administração na execução dos contratos de modo muito amplo, indo muitas vezes além da própria letra dos preceitos que os consagram e abrangendo todos os aspectos da relação

---

[72] Cfr. RENÉ CHAPUS, *Droit Administratif General*, Tome 1, Montschrestien, Paris, 15ª édition, 2001, p. 1183.
[73] Cfr. RENÉ CHAPUS, *Droit...*, cit., pp. 1202 e ss.; MARTINE LOMBARD, *Droit Administratif*, Dalloz, Paris, 4ª edição, 2001, pp. 245 e 246, LAURENT RICHER, *Droit des Contrats Administratifs*, L.G.D.J., Paris, 7ª edição, 2010, pp. 240 a 263, e jurisprudência referida pelos Autores citados. Cfr., ainda,
[74] Cfr. LAURENT RICHER, *Droit...*, cit., pp. 258 e 259.

contratual, o campo dos poderes unilaterais da Administração é muito mais vasto do que no direito português e nas restantes ordens jurídicas.

De destacar, a este título, na Ley 30/2007, de 20 de Outubro[75], que aprova o regime dos contratos do sector público[76], é o poder de interpretação unilateral das cláusulas contratuais, reconhecido como *potestad* administrativa[77] – enquanto actividade interpretativa autónoma e não meramente implícita e acessória (como é aceite em Portugal) –, ainda que, como se vem reconhecendo, se trate de um poder sujeito a limites, já que «deberá adecuarse a las normas de interpretación de los contratos de los artículos 1.281 a 1289 del Código Civil»[78]. Para além desse poder, prevê-se expressamente que a Administração ostenta a prerrogativa de *resolver as dúvidas que o cumprimento do contrato ofereça*. Apesar de este poder partilhar dos entendimentos cautelosos da doutrina e da jurisprudência assinalados quanto ao poder de interpretação, não deixa de ser inegável que a vocação altamente expansiva desta prerrogativa, assim enunciada pelo legislador, potencialmente extensível a quaisquer divergências entre a Administração e o co-contratante, configura um significativo – para não dizer total – alargamento dos poderes de decisão unilateral da Administração na esfera contratual, catapultando o co-contratante para uma situação de permanente subordinação em face da Administração. Ademais, o *poder de modificar o conteúdo do contrato* previsto na lei espanhola pode fundar-se, não apenas em razões de interesse público, mas também em necessidades novas ou causas imprevistas[79]. Nesta mesma linha de fortalecimento da posição da Administração contratante no direito espanhol posiciona-se o correspondente regime da resolução do contrato, nos termos do qual o *poder de resolver o contrato* é sempre e em qualquer caso da Administração, mesmo quando a iniciativa da resolução é do co-contratante e quando o respectivo fundamento seja o incumprimento contratual da própria Administração.

---

[75] Com a última alteração pela Ley 2/2011, de 4 de Março.
[76] Para uma apreciação crítica a esta lei, cfr. JOSÉ ANTÓNIO GARCÍA-TRAVIJANO GARNICA, "Paradojas y sorpresas de la Ley 30/2007, de 30 de Octobre, de Contratos del Sector Público", in REDA, Junio 2009; JOSÉ MANUEL DIAZ LEMA, Contratos públicos versus contratos administrativos: es conveniente mantener la duplicidad de la Ley de Contratos del sector Público?, in REDA, 141, 2009, pp. 18 e ss., em especial, pp. 46 e ss..
[77] Cfr. RAMÓN PARADA, Derecho..., cit., p. 305; GARCIA DE ENTERRÍA e TOMÁS-RAMÓN FERNANDEZ, Curso..., cit., p. 768.
[78] Cfr. RAMÓN PARADA, Derecho..., cit., p. 305.
[79] Sobre o fundamento do poder de modificação unilateral dos contratos no ordenamento jurídico espanhol, cfr., entre nós, ANA GOUVEIA MARTINS, "A modificação e os trabalhos a mais nos contratos de empreitada de obras públicas", in Estudos de homenagem ao Professor Sérvulo Correia, Vol. IV, Coimbra Editora, Setembro de 2010, pp. 39 e ss., em especial p. 65, em nota.

Também em termos procedimentais há diferenças que nos separam do direito vizinho. No direito espanhol, a regra geral é a da observância do dever de audiência prévia – que poderá justificar-se como uma contrapartida da maior amplitude dos poderes da Administração – e, além disso, é necessário, na maior parte dos casos, um parecer prévio vinculativo emitido pelo *Consejo del Estado* ou pelo órgão consultivo equivalente da Comunidade Autónoma em causa (cfr. nº 2 do artigo 194º da aludida *Ley*).

Verdadeiramente contrastante com os direitos português, francês e espanhol é o direito alemão. É sabido que o *Verwaltungsvertrag*, previsto desde 1976[80] na *Verwaltungsverfahrengesetzt* (VwVfG), que regula o procedimento administrativo alemão, assume um modelo distinto do *contrat administratif*, já que o contrato administrativo na Alemanha é unicamente configurado como uma alternativa, e, nesse sentido, como um "Konkurrent" ao acto administrativo[81]. Esclarecido esse ponto nuclear, pode dizer-se que o direito alemão é, em geral, avesso à figura dos poderes unilaterais exorbitantes na fase da execução contratual[82]. Em todo o caso, deve assinalar-se que o artigo 60º da VwVfG – que consagra, no âmbito do *Verwaltungsvertrag*, a conhecida cláusula *rebus sic stantibus* e o instituto da alteração das circunstâncias – prevê o direito de resolução pela Administração, com vista a evitar ou a eliminar consequências graves para o interesse público, direito que exorbita, sem dúvida, da bitola estritamente privatística[83].

Em Itália, sente-se nesta matéria uma forte inflência do direito alemão e da recusa de princípio na aceitação da figura do contrato administrativo. Assim, em contraste com os direitos francês, espanhol e português, evoluiu-se de um pan-

---

[80] O direito alemão, fortemente influenciado pela posição de Otto Mayer, manifestada na década de oitenta do século XIX, segundo a qual *"Der Staat paktiert nicht"*, tardou no reconhecimento legal expresso do contrato como um instrumento normal de actuação da Administração. Até 1976, ainda que a doutrina o reconhecesse como uma das formas de acção da Administração, a importância que era conferida ao contrato administrativo era pouco significativa – cfr. HARTMUT MAURER, "Der Verwaltungsvertrag – Probleme und Möglichkeiten", *in DVBL*, 15 de Agosto de 1989, p. 801.
[81] Cfr. HARTMUT MAURER, "Der Verwaltungsvertrag...", cit., pp. 801, 805 e 806. Quando se fala em *Verwaltungsvertrag* está, pois, a aludir-se a uma realidade diferente, e mais limitada, em face do contrato administrativo do direito português, centrada nos contratos com objecto público e sobre o exercício de poderes públicos.
[82] Cfr. HARTMUT MAURER, *Allgemeines...*, cit., pp. 244, 245, 405 e 505; HEIKO FABER, *Verwaltungsrecht*, cit., pp. 286 e 287; KOPP/RAMSAUER, Verwaltungsverfahrengesetz, 7. Uberarbeiteite Auflage, C.H. Beck, 2000, p. 1201.
[83] Sobre a figura da resolução contratual por interesse público no direito alemão, cfr. PAULA MACEDO WEISS, *Pacta Sunt Servanda...*, cit., pp. 91 e ss..; HARTMUT MAURER, *Allgemeines...*, cit., pp. 403 e 404; KOPP/RAMSAUER, *Verwaltungsverfahrensgesetzt*, Beck, Munique, 7ª edição, 2000, pp. 1280 e ss..

privatismo para uma maior publicização[84], sobretudo pela mão da doutrina, sendo certo que actualmente se vai aceitando a existência dos poderes que são entre nós conhecidos, estejam ou não previstos na legislação (o que sucede, por exemplo, em matéria de obras públicas e de contratos sobre o exercício de poderes públicos). Certo é que, em Itália, a jurisprudência se tem revelado bem menos permeável do que a doutrina, e mesmo do que a jurisprudência portuguesa, a este movimento publicizante e mais fiel à posição tradicional segundo a qual na execução dos contratos reina o direito privado[85]. De notar, aliás, é que o poder de modificação unilateral não é tradicionalmente aceite pela jurisprudência italiana, ainda que a mesma não ofereça, para tanto, uma fundamentação muito aturada, limitando-se a remeter para a regra civilística do *pacta sunt servanda*[86].

15. No que toca à *forma de exercício dos poderes*, as conclusões jus-comparatísticas não diferem muito das expostas quanto ao respectivo conteúdo.

Em Itália, a atribuição dos poderes é, em regra, acompanhada do reconhecimento da possibilidade de serem exercidos mediante *provvedimento* (acto administrativo). Sucede que, diferentemente da solução adoptada no CCP, o legislador italiano, mesmo quando prevê determinados poderes, não toma partido sobre a sua natureza jurídica, não assumindo em qualquer passagem dessas normas tratar-se de *provvedimenti* ou de *poteri amministrativi*. Esta é uma conclusão da doutrina e da jurisprudência italianas[87], fruto de uma hermenêutica histórica e teleologicamente fundada, mas não, sublinhe-se, directamente emanada da letra da lei.

Já em Espanha, o legislador esclarece a natureza da intervenção da Administração nos contratos, qualificando-a como decisória (mediante "acuerdos"), definitiva (em termos de pôr fim à via administrativa) e imediatamente executiva, o que equivale a dizer que tal actuação reveste a natureza de acto administrativo. Aliás, esta opção não constitui uma inovação da lei de 2007. A questão da natureza jurídica dos actos de exercício pela Administração dos poderes que lhe assistem enquanto parte em contratos administrativos há muito se encontra resolvida legislativamente, não havendo ecos de debate jurisprudencial aceso em torno dessa temática, nem sequer, como abundou em Portugal, relativamente ao poder

---

[84] Cfr. Francesca Cangelli, *Potere...*, cit., pp. 280 e ss.
[85] Cfr. Eugenio Bruti Liberati, *Consenso e Funzione nei Contratti di Diritto Pubblico, Tra Amministrazioni e Privati*, Milão, Giuffrè, 1996, pp. 163 e 165; Vincenzo Cerulli Irelli, *Corso di Diritto Amministrativo*, Giappicheli Editore, Turim, 1997, p. 669.
[86] Cfr. Eugenio Bruti Liberati, *Consenso...*, cit., pp. 223 e 224.
[87] Cfr. Francesca Cangelli, *Potere...*, cit., p. 316.

de aplicar penalidades, as quais, também em Espanha, devem estar previstas contratualmente para poderem ser aplicadas. Isto não significa, contudo, que a doutrina espanhola não discuta a legitimidade do alargamento das prerrogativas próprias dos actos administrativos às declarações contratuais da Administração[88], discussão que é imanente ao (eterno) debate sobre a autonomia do contrato administrativo. Para alguma doutrina, inspirada na ideia de que a existência de prerrogativas da Administração não tem cariz substancial, sendo antes resultado de normas circunstanciais ou instrumentais, fruto de situações históricas determinadas[89], a aplicação das prerrogativas da Administração, consubstanciais ao exercício de poderes através de acto administrativo, implica uma limitação ao direito à tutela jurisdicional efectiva dos co-contratantes, o que justificaria que o legislador tivesse limitado «la ejecutividad administrativa solo en aquellos casos en que existan razones de interés público que justifiquen, de manera proporcionada, la limitación de dicho derecho»[90]. Outros autores, como GARCIA DE ENTERRÍA e TOMÁS-RAMÓN FERNANDEZ, tendem a mitigar a circunstância de a Administração beneficiar de tão *"formidables"* poderes, sublinhando que os mesmos se referem tão só ao plano de exercício dos direitos e não propriamente à respectiva substância, configurando, por outras palavras, um específico modo formal de exercício dos direitos, por meio da decisão unilateral executiva, mas que deixa absolutamente intactas as regras de fundo que definem o conteúdo de tais obrigações, que são, em última instância, declaradas pelos tribunais administrativos[91].

Em França, os poderes unilaterais da Administração contratante são exercidos mediante actos administrativos, mas tais actos não são, por princípio, actos destacáveis, isto é, actos de autoridade susceptíveis de impugnação jurisdicional. Apelando aos conceitos do direito francês, esta circunstância significa que a sindicância de tais poderes pertence ao "juge du contrat"[92] – cujos poderes em termos de anulação e de injunção à entidade pública são muito limitados e a legitimidade para tanto é apenas acessível às partes no contrato – e não ao "juge de l'excès du pouvoir", o que equivale a dizer que não é permitido ao co-contratante pôr em causa a respectiva validade, mas apenas efectivar a responsabilidade contratual da Administração, exigindo indemnização pelos danos que tais decisões lhe tenham causado[93].

---

[88] Cfr. RAMON PARADA, *Derecho...*, cit., pp. 300 e ss..
[89] Cfr. GASPAR ARIÑO ORTIZ, "El enigma...", cit., pp. 79 e ss., em especial, pp. 94 e 95.
[90] Cfr. JOSÉ MANUEL DIAZ LEMA, "Contratos públicos...", cit., pp. 50 e 51.
[91] Cfr. *Curso...*, cit., p. 720.
[92] Corresponde ao juiz administrativo de direito comum no âmbito do contencioso de plena jurisdição, através do qual uma das partes pretende fazer valer os seus direitos contratuais.
[93] Cfr. RENÉ CHAPUS, *Droit...*, cit., p. 1205.

Desta idiossincrasia do direito francês dos contratos administrativos decorre, de certo modo, que a força e a autoridade dos poderes da Administração na execução dos contratos são mais fortes do que aqueles que vimos existirem no direito português e no direito espanhol. A jurisprudência evoluiu, contudo, no sentido da admissão de uma "destacabilidade relativa" dos actos de execução dos contratos, para possibilitar a sua impugnação contenciosa por terceiros, embora, relativamente ao co-contratante, continue a valer a teoria da incorporação[94]. Não obstante a jurisprudência vir mantendo, como princípio, a posição da não destacabilidade dos actos de execução relativamente ao co-contratante – solução que é muito criticada pela doutrina com base na ausência de fundamento racional que a justifique[95] –, a verdade é que lhe vai reconhecendo mais e mais excepções, de analogia em analogia, essencialmente no domínio do poder de resolução contratual[96], tornando o princípio da não anulação dos actos administrativos contratuais cada vez mais irreal e ilógico[97]. Assim sucede sobretudo, como vem sendo notado, sempre que estejam em causa contratos em que haja ocorrido investimentos significativos por parte do co-contratante[98], contratos entre duas pessoas públicas celebrados para a organização de um serviço público[99] e contratos de ocupação do domínio público[100].

Uma última palavra para a forma de exercício dos poderes na Alemanha. A regra que emerge do sistema alemão é a de que a forma de execução das cláusulas contratuais é a declaração negocial, própria do direito privado, ao ponto de dizer-se que, na execução dos contratos administrativos, existe uma verdadeira

---

[94] Cfr. LAURENT RICHER, *Droit...*, cit., p. 325.

[95] Cfr. L. FOLLIOT, *Pouvoirs des Juges Administratifs et Distinction des Contentieux en Matière Contractuelle*, Paris, 1994, pp. 445 e ss *apud* LAURENT RICHER, *Droit...*, cit., p. 328.

[96] Cfr. LAURENT RICHER, *Droit...*, cit., p. 328 e STÉPHANE DEWAILY, "Quand un tier peut demander l'annulation d'un contrat", anotação ao acórdão do Tribunal Administratif de Melun, de 22 de Dezembro de 2006, *in AJDA*, nº 13/2007, p. 696.

[97] No sentido de que em França, o juiz tem uma concepção cada vez mais ampla da noção de acto destacável, cfr. JEAN-DAVID DREYFUS, " Le refus d'intenter une action en déclaration de nullité d'un contrat constitue-t-il un acte détachable?", anotação ao acórdão do Conseil d'État de 17 de Dezembro de 2008 (*Association pour la protection de l'environnement du Lunellois*), in AJDA, nº 10/2009, p. 543; LAURENT RICHER, *Droit...*, cit., p. 328.

[98] Cfr. jurisprudência referida em RENÉ CHAPUS, *Droit...*, cit., p. 1206 e em LAURENT RICHER, *Droit...*, cit., p. 328. Cfr. também JEAN-DAVID DREYFUS, "Le contrôle par le juge du contrat, de la résiliation unilatérale d'une délégation de service public", anotação ao acórdão do Tribunal Administratif de Lille, de 14 de Maio de 2003, *in AJDA*, nº 34/2003, p. 1825.

[99] Cfr. decisão do Conseil d'Etat de 31 de Março de 1989 (Départ de la Moselle, p. 105), *in AJDA*, 1989, p. 315.

[100] Cfr. LAURENT RICHER, *Droit...*, cit., p. 328.

igualdade de armas (*Waffengleichheit*) entre as partes e que, consequentemente, o meio adequado para as partes num *Verwaltungsvertrag* fazerem valer as suas pretensões contratuais é a acção declarativa de condenação (*Leistungsklage*)[101]. Mesmo o direito de resolução por interesse público, que se viu estar previsto na lei, é exercido através de declaração unilateral, eficaz a partir da notificação da contraparte, que configura um direito potestativo, impondo-se, mesmo, à contraparte o ónus de reagir contra essa declaração[102]. Mas o certo é que aquele princípio conhece algumas excepções, mesmo para além dos casos em que a possibilidade de emitir acto administrativo esteja especialmente consagrada em instrumento legislativo[103]. Uma é admitida pela jurisprudência no âmbito dos contratos administrativos com funcionários e com militares, no qual se admite a possibilidade de exercício de direitos contratuais através de acto administrativo[104], baseada, de acordo com a jurisprudência, não directamente no contrato, mas nas *especificidades normativas dessas relações*[105], mas, ainda assim, recusada pela doutrina dominante, precisamente com fundamento na reserva de lei[106]. Por outro lado, começa a sentir-se alguma erosão naquela posição tradicional do direito alemão, havendo quem sustente que deva ser distinguido consoante o contrato se limite a reconhecer e a assimilar obrigações que já resultavam da lei, caso em que é admitida a prática de actos administrativos, ou o contrato crie novas obrigações e deveres, hipótese em que a actuação por esta forma não deve ser já admitida[107].

Deve, ainda, salientar-se o disposto no artigo 61º da VwVfG, que reconhece a possibilidade de qualquer das partes, no caso de contratos de subordinação, se submeter a um *regime de execução imediata (sofortige Vollstreckung)*. Nesse casos, a

---

[101] Cfr. HEIKO FABER, *Verwaltungsrecht*, cit., pp. 286 e 287. Cfr. jurisprudência citada pelo Autor.
[102] Cfr. HARTMUT MAURER, *Allgemeines...*, cit., pp. 403 e 404; PAULA MACEDO WEISS, *Pacta sunt servanda...*, cit., p. 72.
[103] Cfr. HARTMUT MAURER, *Allgemeines...*, cit., p. 245 e jurisprudência aí citada.
[104] Trata-se, contudo, de uma mera possibilidade oferecida à Administração, que não fica, portanto, obrigada a fazer uso da forma acto administrativo nesses casos, podendo usar as vias comuns do direito privado – cfr. HARTMUT MAURER, *Allgemeines...*, cit., p. 246.
[105] Cfr. HEIKO FABER, *Verwaltungsrecht*, cit., p. 287.
[106] Como dá conta HARTMUT MAURER, *Allgemeines...*, cit., p. 245. Em qualquer caso, a posição deste Autor alemão parece apontar no sentido da admissibilidade da emissão de actos administrativos pela Administração na execução deste tipo de contratos, por estar aí em causa uma situação, não de igualdade, como é próprio dos direitos contratuais, mas de supra-infra ordenação (*Über-unterordnung*) –, cfr. pp. 245 e 246.
[107] Cfr. HARTMUT MAURER, *Allgemeines...*, cit., p. 244, que dá conta desta posição proposta por alguma doutrina, embora este Autor recuse um tal entendimento, mantendo-se fiel ao princípio de que na execução dos contratos a Administração não pratica actos administrativos.

declaração de sujeição (*Unterwerfungserklarung*) à execução transforma o contrato em título executivo (*Vollstreckungstitel*), permitindo à entidade pública executar, ela própria, a sua pretensão de acordo com as normas previstas para a execução de actos administrativos e ao co-contratante executar a sua pretensão nos termos previstos para a execução de uma sentença dos tribunais administrativos[108]. Ainda que o regime da *Unterwerfungserklarung* se estenda às duas partes no contrato, não sendo privativo apenas da Administração, implicando o reconhecimento às duas partes de uma auto-tutela declarativa (a cláusula contratual de sujeição funciona como título executivo), a verdade é que acaba por ser conferida uma verdadeira auto-tutela executiva à Administração. É que, sendo os actos administrativos executórios no direito alemão[109], a Administração, através da equiparação do contrato a um acto administrativo para efeitos da sua execução, passa a poder executar, ela própria, as suas pretensões contratuais, diferentemente do que sucede com o co-contratante particular, que tem de recorrer à acção executiva para obter a satisfação da sua pretensão em caso de não cumprimento voluntário pela outra parte. Esta circunstância, conjugada com o facto de a Administração alemã recorrer com alguma frequência a esta possibilidade, incluindo esta cláusula nos contratos, permite concluir que à Administração alemã é oferecida a possibilidade de, na execução de contratos administrativos, agir em termos muito próximos àquela que seria a sua actuação através de acto administrativo[110].

2.3. Traços de continuidade e de rompimento com o passado
2.3.1. Em geral

16. O CCP trata, pela primeira vez em Portugal de modo expresso, a questão da *forma* a empregar no exercício dos poderes em que se encontra investida a Administração na fase de execução contratual.

---

[108] Cfr. HARTMUT MAURER, *Allgemeines*..., cit., pp. 405 e 507; KOPP/RAMSAUER, *Verwaltungsverfahrengesetz*..., cit., p. 1293.

[109] No direito alemão, «[a] Administração pública tem direito a usar, em benefício da definição do direito que empreendeu através do acto, a própria máquina organizativa, a fim de, na realidade dos factos, obter a sua execução» (cfr. MARIA DA GLÓRIA F. P. D. GARCIA, "A execução das decisões administrativas no direito alemão", in AA.VV., *O Poder de Execução Coerciva das Decisões Administrativas* (Coord. Diogo Freitas do Amaral), Almedina, 2011, p. 83). «O perigo de um poder exagerado está, porém, afastado», pois na Alemanha vigora uma Lei de Execução dos Actos Administrativos, que regula o procedimento de execução dos actos administrativos e que «confere aos que se sintam afectados tantas garantias que – afirma HEIKO FABER – a Administração Pública nem sequer tem a possibilidade de se regozijar com o "privilégio" que possui» cfr. MARIA DA GLÓRIA F. P. D. GARCIA, "A execução das decisões...", cit., p. 84.

[110] Tirando esta conclusão, cfr. JOSÉ MANUEL DÍAZ LEMA, "Contratos públicos...", cit., p. 50.

E fá-lo também de modo directo, não se usando, como em momentos anteriores se havia feito, o direito adjectivo como instrumento para caracterizar a qualidade substantiva da pronúncia da Administração (isto é, não esclarecendo a natureza da declaração através da indicação do meio processual próprio de reacção contra a mesma). Não se ignora, a este propósito, o disposto na segunda parte do nº 1 do artigo 307º, em que o legislador se refere ao plano adjectivo, indicando que, na falta de acordo do co-contratante relativamente às declarações negociais emitidas pelo contraente público, este último «apenas pode obter os efeitos pretendidos através do recurso à acção administrativa comum»[111]. Mas esta referência legislativa não serve, como se dizia, o intuito de esclarecer a natureza das declarações da Administração, como algumas vezes sucedera no passado. É agora inverso o posicionamento dos pólos adjectivo e substantivo: não é da estatuição adjectiva da norma que se infere a natureza daquelas declarações, mas é antes dessa mesma natureza, agora expressamente afirmada pelo legislador, que decorre, como consequência, o meio processual a utilizar.

É notório, neste quadro, que o legislador quis resolver a matéria da natureza formal das pronúncias da Administração na fase de execução contratual, o que permite que se considere que «a *vexatio questio* de saber se são actos negociais ou actos administrativos (...) está hoje tendencialmente ultrapassada»[112]. Em causa está, assim, uma intervenção diferente, e muito mais activa, do legislador na abordagem desta temática, corporizando, nessa medida, uma nota de rompimento com o passado.

17. Mas é também verdade que, numa certa perspectiva, como se disse já, a solução do CCP alinha em continuidade com a solução contida no artigo 180º do CPA e com as construções doutrinária e jurisprudencial anteriores, a respeito da generalidade dos contratos administrativos, continuidade que se evidencia na própria solução material que brota do CCP.

---

[111] Este segmento normativo é desnecessário e, por isso, criticável. Ainda que a intenção meramente esclarecedora seja perfeitamente apreensível, trata-se, a nosso ver, de uma opção infeliz, do ponto de vista técnico-legislativo, pois não cabe no espaço do CCP pronunciar-se sobre os meios processuais de reacção em matéria de contratos, domínio que é próprio das leis processuais. Em sentido próximo, cfr. Vieira de Andrade, "A propósito do regime do contrato administrativo", in *Estudos comemorativos dos 10 anos da faculdade de Direito da Universidade Nova*, Vol. I, Almedina, 2008, p. 347, que aduz ainda que o segmento normativo a que nos referimos, «além de dispensável, acaba por não ser sequer exacto, se não se pretende excluir a arbitragem».

[112] Cfr. Carla Amado Gomes, "A conformação da relação contratual", in *ECP I*, Cedipre, Coimbra Editora, 2008, p. 557.

Efectivamente, em matéria de prerrogativas da Administração na execução dos contratos, a solução do CCP é, quanto ao conteúdo material do acto administrativo contratual, praticamente decalcada do artigo 180º do CPA[113], embora o CCP denote um maior aprofundamento do tratamento legislativo conferido a cada um desses poderes, como testemunham os artigos 303º a 306º.

A própria solução ditada, agora de modo expresso e directo, quanto à forma e natureza das pronúncias administrativas na fase de execução dos contratos, alinha com aquela que era tendencial e maioritariamente preconizada pela jurisprudência e doutrina a partir do texto legal anterior, no que respeita à generalidade dos contratos, limitando-se – o que, por si só, já não é pouco e não é isento de implicações de fundo – a positivar o entendimento maioritário que se vinha sedimentando. Nas palavras de alguma doutrina, tratou-se mesmo de um «importante avanço clarificador»[114] ou, mais simplesmente, de «uma opção clarificadora»[115].

18. Mas, como se intui das considerações anteriores, não é inteiramente justo considerar que a solução do CCP é uma solução de *total continuidade* com o passado, mesmo que não se atribua muita relevância à nova abordagem legislativa do tema e nos concentremos apenas no sentido material da opção.

É que, ao avançar com a solução rígida de cristalizar, no plano legal, a natureza das declarações emitidas em todos os casos de exercício dos poderes de conformação contratual, o legislador de 2008 quis fechar qualquer discussão na matéria. Deste modo, a solução legal tem como efeito proscrever entendimentos que, na linha de parte da jurisprudência anterior a propósito da generalidade dos contratos administrativos, considerem que nem sempre o exercício daqueles poderes corresponde a uma actuação autoritária por parte da Administração, como muitas vezes acontecia quando a jurisprudência era chamada a pronunciar-se sobre decisões de aplicação de multas contratuais ou decisões de resolução contratual por incumprimento. Os defensores de uma posição de acordo com a qual os poderes

---

[113] No sentido de que o CCP amplia os poderes sancionatórios do contraente público que decorriam do artigo 180º do CPA, em matéria de poder sancionatório, cfr. AROSO DE ALMEIDA, "Contratos administrativos e poderes...", cit., p. 10.

[114] Cfr. PEDRO GONÇALVES, "A relação fundada em contrato administrativo", *in CJA*, nº 64, Julho/Agosto 2007, p. 42. Para o Autor, «afigura-se boa opção a de configurar como actos administrativos os actos praticados no exercício dos poderes do contraente público» e «tem a vantagem de remeter o intérprete para uma figura conhecida, disciplinada por um regime consolidado» (cfr. pp. 42 e 43).

[115] Cfr. CARLA AMADO GOMES, "A conformação...", cit., p. 557.

de aplicar sanções (incluindo a resolução do contrato por incumprimento) podem ser exercidos mediante meras declarações negociais, verificadas determinadas condições, carecem agora de base normativa para essa solução de direito.

19. Certo é, portanto, que o CCP vai para além da legislação anterior, revelando, neste particular, um tópico de inovação. Onde antes não havia discussão, o CCP mantém a solução estabilizada no direito anterior (com excepção do regime das empreitada e concessão de obras públicas, como se verá já de seguida); onde, porém, as dúvidas se colocavam (aplicação de sanções e resolução do contrato), o CCP esclarece, tomando o partido da facção publicística, ao prescrever aí a natureza de acto administrativo.

2.3.2. No domínio das empreitadas e concessões de obras públicas

20. Importa ainda perspectivar a solução do CCP a partir de um outro ângulo, precisamente o dos contratos de empreitada e de concessão de obras públicas que, como se sabe, sempre foram no direito português objecto de tratamento legislativo especial[116].

Sendo inequívoco que o CCP rompeu, em várias vertentes, com a tradição do direito português no que respeita à empreitada e concessão de obras públicas[117], aludindo-se mesmo, a esse propósito, a uma «profunda mudança» ou «revolução»[118], importa focar a lente na matéria dos poderes de conformação contratual do contraente público nesses contratos e averiguar *quão revolucionária* é, a esse título, a solução do CCP.

Apesar de não se ter sentido, no âmbito destes contratos, um *reforço* tão nítido das garantias do co-contratante como aquele a que alude a doutrina a propósito do regime geral dos contratos administrativos avançado pelo CCP, em virtude de tradicionalmente este ser o contrato administrativo com um regime mais próximo do direito privado[119], a verdade é que, em aparente contraciclo, as soluções do CCP em matéria de poderes de conformação contratual do empreiteiro de

---

[116] Cfr. LINO TORGAL, "A empreitada de obras públicas no Código dos Contratos Públicos", *in CJA*, nº 64, Julho/Agosto 2007, p. 55.

[117] Sobre as vertentes de inovação do CCP no domínio da empreitada e concessão de obras públicas, cfr. LINO TORGAL, "A empreitada...", cit. pp. 55 e ss.; RUI MEDEIROS, "O controlo de custos nas empreitadas de obras públicas através do novo regime de trabalhos de suprimento de erros e omissões e de trabalhos a mais", in *ECP* II, Coimbra Editora, Cedipre, Coimbra, 2010, pp. 417 e ss. e LICÍNIO LOPES, "Alguns aspectos sobre a empreitada de obra pública", *in ECP* II, Coimbra Editora, Cedipre, Coimbra, 2010, pp. 345 e ss..

[118] Cfr. RUI MEDEIROS, "O controlo...", cit., pp. 417 e 425, respectivamente.

[119] Cfr. RUI MEDEIROS, "O controlo...", cit., p. 423.

obras públicas parecem «rompe[r] com as soluções mais paritárias acolhidas na legislação revogada»[120] em matéria de empreitada de obras públicas.

Efectivamente, o CCP eliminou do regime material da empreitada e da concessão de obras públicas a norma que, ao longo dos tempos, vinha funcionando como pretexto justificativo do entendimento de que as declarações do empreiteiro eram sempre declarações negociais, donde resulta que, sempre que se trate do exercício dos poderes descritos no artigo 302º do CCP, o empreiteiro e o concessionário passam a ter diante de si actos de autoridade do dono de obra e do concedente onde antes figuravam meras declarações negociais. Ocorre, contudo, que o quadro assim descrito como o resultante do CCP não reflecte, com inteira justeza, as mudanças sentidas pelo empreiteiro e pelo concessionário fruto da nova normação criada em 2008, que são, afinal, bem menores do que, à primeira vista, pode parecer.

Se do regime legal antecedente se inferia a regra das declarações do dono de obra ou concedente como declaração negocial, submetendo-as ao meio processual de reacção acção, a verdade é que o legislador conferia às declarações negociais da Administração (pelo menos, seguramente, as que corporizam o exercício daqueles que são hoje designados poderes de conformação contratual) uma força muito especial que vai além do regime comum dos direitos subjectivos, outorgando, em muitos casos, ao dono de obra verdadeiros direitos potestativos[121].

Associado a essa nota, mas para além dela, deve registar-se ainda que não era sobre a Administração que impendia, na generalidade das situações, o ónus de propor uma acção sobre contratos ou uma acção comum para fazer valer as suas pretensões, exercidas mediante declarações negociais. O empreiteiro, caso não concordasse com as posições contratuais assumidas pelo dono de obra, tinha, *ele próprio*, de reclamar e reagir, e não o contrário, como é próprio das declarações negociais, mesmo aquelas que são manifestação de direitos potestativos, como se viu. Mas, as semelhanças do regime anterior com o regime do acto administrativo não ficam por aí. O Decreto-Lei nº 59/99, de 2 de Março, previa, ainda, um prazo de caducidade (132 dias úteis) para a propositura da competente acção[122] em reac-

---

[120] Cfr. RUI MEDEIROS, "O controlo...", cit., p. 425.
[121] Registem-se alguns exemplos: *(i)* a ordem de execução de trabalhos a mais que, como se sabe, é obrigatória para o empreiteiro; *(ii)* a suspensão dos trabalhos pelo dono da obra; *(iii)* os poderes da fiscalização; *(iv)* a aplicação das multas contratuais por violação dos prazos (artigo 201º); *(v)* a liquidação e o pagamento (são feitos com base nos montantes sobre os quais não existe divergência); *(vi)* rescisão pelo dono de obra (artigo 235º).
[122] Este prazo é também aplicável à arbitragem, na medida em que o artigo 255º prevê que «no caso de as partes optarem por submeter o diferendo a tribunal arbitral, o respectivo compromisso deverá ser assinado antes de expirado o prazo de caducidade».

ção às decisões do dono de obra, o que contrastava com a ausência de prazo que, em geral, decorria da LPTA e, depois, do CPTA. Além disso, o referido prazo aplicava-se relativamente a todas as decisões do dono de obra, independentemente da sanção que lhes estivesse associada, e a quaisquer pretensões do empreiteiro (era o caso, por exemplo, de uma pretensão indemnizatória em consequência do incumprimento do contrato[123]). São, pois, notórias as semelhanças deste regime com o regime de impugnação dos actos administrativos anuláveis.

Neste quadro, pode afirmar-se que, à luz do Decreto-Lei nº 59/99, de 2 de Março, a especificidade do regime jurídico das empreitadas de obras públicas em matéria dos designados poderes públicos de autoridade se resumia, naquilo que é essencial, a dois aspectos apenas. Desde logo, ao meio processual de reacção adequado, que era a acção e não o recurso contencioso de anulação. Em segundo lugar, digna de nota é a ausência de executividade das referidas declarações negociais, o que significa que, não sendo auto-executivas, o dono de obra necessitava de obter uma sentença declarativa do seu direito antes mesmo de as executar. Contudo, esta ausência de executividade não era, em todos os casos, penalizadora para o dono de obra e concedente, porque em algumas dessas situações[124], seja através do domínio fáctico de que ele próprio dispunha sobre a realidade em jogo e objecto do direito exercido, seja em virtude do regime legal específico que lhe conferia essa vantagem, ele próprio materializava o direito, não estando para tanto dependente do empreiteiro e do concessionário.

Se assim é, tudo leva a crer que o CCP não foi tão revolucionário quanto possa à primeira vista parecer no que toca a estes dois tipos contratuais quando expressamente prevê a natureza de acto administrativo das pronúncias do contraente público em exercício dos poderes de conformação contratual. Colocado o intérprete na posição do empreiteiro e do concessionário e confrontados, a partir daí, os dois regimes, vê-se, afinal, que, apesar do *nomen* associado à forma acto administrativo que passa com o CCP a estar presente em certos momentos da relação contratual, a situação material do empreiteiro e concessionário, quando confrontados com o exercício desses mesmos poderes pelo dono de obra, não é, afinal, tão diferente do que já era antes do CCP.

A isso acresce que, sempre que não esteja em causa o exercício desses poderes, a posição contratual do empreiteiro e do concessionário saiu até beneficiada:

---

[123] Cfr. ac. do STA, de 04.03.1992, *in Revista Direito Público*, VI, 12ª, p. 104, e ac. STA, de 06.01.1999, em *www.dgsi.pt*, referidos por JORGE ANDRADE E SILVA, *Regime Jurídico da Empreitada de Obras Públicas*, Almedina, Coimbra, 7ª edição, 2001, p. 639 e p. 642, respectivamente.

[124] Seria o caso, nomeadamente, das divergências quanto à revisão de preços, quanto aos autos de medição e pagamentos, aplicação de multas e rescisão do contrato.

a) Em matéria de exercício dos poderes de conformação contratual, o que o CCP veio impor é que o empreiteiro e concessionário tenham um prazo de 3 meses (mais curto do que o prazo de 132 dias úteis[125] fixado no Decreto-Lei nº 59/99) para impugnar os actos administrativos, mas apenas daqueles que padeçam de vícios determinantes da sua anulabilidade[126], pois, tratando-se de actos nulos, o regime processual vigente não prescreve qualquer prazo para a propositura da acção administrativa especial. Constata-se, assim, que a posição jurídica do empreiteiro saiu, em matéria de exercício dos poderes de conformação contratual, beneficiada sempre que tenha diante de si um acto administrativo nulo. Em contrapartida, as pronúncias da Administração que assumam a forma acto administrativo beneficiam da auto-executividade, o que não sucedia no regime anterior (muito embora, por outra via, o resultado prático acabasse por ser semelhante).

b) Fora do plano do exercício dos poderes de conformação contratual, o que importa salientar é que o prazo de caducidade para reacção judicial do empreiteiro previsto no Decreto-Lei nº 59/99 foi afastado pelo CCP, pelo que o empreiteiro fica agora desonerado dessa carga. Em todo o caso, não obstante a diferente configuração processual dos meios de reacção do empreiteiro, não pode deixar de reconhecer-se que, à luz do regime substantivo do contrato de empreitada previsto no CCP, uma parte significativa das declarações do dono de obra, que não são actos administrativos, continuam a ser configurados, como antes, como direitos potestativos e, para além disso, o regime legal aplicável, tal como antes também sucedia, coloca o empreiteiro na posição de ter de ser ele, caso não concorde com a declaração negocial emitida, a impugná-la (ónus de impugnação).

---

[125] Não se ignora que este prazo acabava, na realidade, por ser mais longo, uma vez que a apresentação de requerimento tendente à abertura da tentativa de conciliação junto do Conselho Superior de Obras Públicas, que era obrigatória, interrompia o prazo de caducidade de 132 dias úteis (no sentido de que a tentativa de conciliação constitui um pressuposto processual objectivo do procedimento judicial, cuja não realização consubstancia uma excepção dilatória inominada, de conhecimento oficioso, cfr. ac. STA de 19/11/1998, AD, 452º-453º, p. 1007 e ac. STA de 15/06/2000, www.dgsi.pt).

[126] Chamando já a atenção para este aspecto, cfr. RUI MEDEIROS, "O controlo...", cit., p. 423.

Capítulo III
O Carácter Excepcional do Acto Administrativo Contratual à Luz do CCP

1. A afirmação formal de princípio: o acto administrativo como excepção
21. Centrando-nos agora no artigo 307º do CCP, constata-se que o mesmo segue uma construção do tipo regra-excepção.

No nº 1 estabelece-se a regra segundo a qual as pronúncias do contraente público em matéria de interpretação, validade e execução do contrato configuram meras declarações negociais. Apenas assim não será, conforme prevê o nº 2, quando, tratando-se da execução do contrato (e não já da sua interpretação ou validade), esteja em causa o exercício dos poderes de conformação contratual, caso em que a Administração actua mediante acto administrativo. O posicionamento do acto administrativo na fase de execução contratual assume assim, em termos formais, contornos excepcionais. Isto mesmo é evidenciado pelo legislador quando, logo no nº 1 do artigo 307º, salvaguarda da aplicação da regra que enuncia a «excepção dos casos previstos no número seguinte».

Detecta-se ainda, como aliás ocorre em algumas outras normas do CCP, que o legislador recorreu no nº 2 do artigo 307º a uma *enumeração tipológica* das pronúncias do contraente público a que o legislador atribui a natureza de acto administrativo: as várias alíneas desse preceito correspondem a esses diversos *tipos*. Quais as consequências e ilações metodológicas susceptíveis de serem inferidas da utilização dessa técnica legislativa é tema de que mais adiante se tratará.

E desta configuração resulta, em termos práticos, que: *(i)* sempre que em causa esteja a expressão da posição do contraente público acerca da validade de cláusulas contratuais ou da respectiva interpretação, tais pronúncias valem, em qualquer caso, como declarações negociais; *(ii)* tratando-se da execução do contrato, há que fazer a destrinça entre as actuações no exercício dos poderes de conformação contratual elencados no artigo 302º e as actuações que caem fora do âmbito desses poderes, pois *só* no primeiro caso a actuação do contraente público se assume como acto administrativo (só «no tocante àquele mínimo que o exercício dos poderes de conformação exige»[127]).

22. Apesar de a aparência apontar nesse sentido, uma identificação substantiva entre as situações elencadas nas alíneas a) a d) do nº 2 do artigo 307º e os poderes de conformação contratual referidos no artigo 302º do CCP não é inteiramente rigorosa. Efectivamente, se o estabelecimento desse paralelismo se afigura correcto na maior parte dos casos, a verdade é que tal asserção conhece uma excepção no que toca aos poderes de direcção e de fiscalização. Sem prejuízo de uma análise mais detida sobre o modo como o CCP configura os poderes de direcção e fiscalização, a mera leitura da alínea a) do nº 2 da artigo 307º denota uma compressão desses poderes para efeitos da adopção da forma acto administrativo, dali resultando literalmente que apenas quando as declarações do contraente público se traduzam em *ordens, directivas* ou *instruções,* emanadas no exercício desses poderes, a actuação do contraente público se apresenta como um acto administrativo[128].

23. Seja como for, o que deve sublinhar-se é que o legislador tomou, clara e expressamente, partido acerca da natureza formal das pronúncias da Administração ao abrigo dos poderes de conformação contratual descritos no artigo 302º do CCP e que correspondem, como vem sendo sublinhado, àqueles que eram já assim reconhecidos pela legislação, doutrina e jurisprudência anteriores. E fê-lo, disse-se já, configurando a respectiva natureza autoritária – sob a forma de acto administrativo – como uma *excepção*.

Se, a um tempo, se avançou no sentido de um maior autoritarismo (*rectius*, de uma maior publicização), enfrentando-se o problema do tempo anterior e

---

[127] Cfr. FREITAS DO AMARAL, *Curso...*, cit., 2011, p. 605.
[128] Não é, no entanto, absolutamente evidente a delimitação conceptual entre as três formas de actuação referidas pelo legislador, a qual, atendendo à tipicidade da solução escolhida, deveria ser absolutamente clara, rigorosa e assertiva. Se, por um lado, se nos afigura relativamente fácil distinguir as directivas (correspondentes a um poder genérico de orientar, através do estabelecimento de princípios de actuação, objectivos ou *guidelines*, em paralelismo com o poder administrativo da superintendência) das ordens e instruções, já a diferença entre estas duas últimas formas de actuação se afigura menos nítida, sendo difícil eleger um critério de delimitação entre ambas. Cremos que o legislador terá acolhido a formulação tradicional da doutrina, que se refere a ordens e instruções em sentido aparentemente indistinto (cfr. MARCELLO CAETANO, *Manual de Direito Administrativo*, I, Almedina, Coimbra, 10º edição, 3ª reimpressão, 1984, p. 617), embora ao legislador – no pressuposto de que inexistem diferenças substantivas entre ordens e instruções – fosse exigível, sobretudo num contexto de tipicidade, um maior rigor semântico.

optando-se claramente pela forma acto administrativo, exclusiva do direito administrativo, quanto ao exercício de todos os poderes de conformação contratual, é patente, noutro compasso, que o legislador imprimiu a essa actuação publicizada um pendor claramente excepcional, vincando, com esta construção regra-excepção, o *carácter residual da opção autoritária*.

Efectivamente, quem leia o artigo 307º absorve a ideia de que as pronúncias do contraente público na execução dos contratos administrativos têm a natureza de meras[129] declarações negociais, avultando as hipóteses de solução diferente, justamente as elencadas no nº 2 do preceito, como hipóteses típicas e excepcionais[130].

Porém, a verdade é que desta afirmação formal de princípio «não fica a certeza de que o resultado normativo seja uma definição clara dos espaços de autoridade, nem que daí decorra um alargamento dos espaços de consenso em detrimento da intervenção unilateral da Administração»[131]. É justamente o alcance material da excepcionalidade formalmente assumida que nos propomos estudar de seguida.

2. A matização material do carácter excepcional do acto administrativo contratual

2.1. A amplitude dos poderes cujo exercício se consubstancia na prática de actos administrativos contratuais

24. Os poderes de conformação contratual[132] do contraente público encontram-se listados nas quatro alíneas do artigo 302º do CCP e repetidos – com a compressão, a que já se aludiu, no plano dos poderes de direcção e de fiscalização –, para efeitos da delimitação do acto administrativo contratual, no artigo 307º. A circunscrição dos poderes públicos do contraente público ao universo delimitado nesses preceitos deu já origem a que se falasse de *acantonamento* da administratividade naqueles poderes[133].

---

[129] Não deixa de ser curiosa a formulação usada pelo legislador, nitidamente sublinhando o cariz paritário da solução avançada e tornando mais notória a excepcionalidade dos casos em que essas pronúncias adoptam a natureza de acto administrativo.
[130] Referindo-se justamente à tipicidade da solução do CCP, cfr. CARLA AMADO GOMES, "A conformação...", cit., p. 558.
[131] Cfr. VIEIRA DE ANDRADE, "A propósito do regime...", cit., p. 347.
[132] Para uma análise da designação escolhida pelo legislador e no sentido de que a conformação da relação contratual começa com a abertura do procedimento para a celebração do contrato, cfr. CARLA AMADO GOMES, "A conformação...", cit., p. 522 e ss.
[133] Cfr. CARLA AMADO GOMES, "A conformação...", cit., pp. 557 e 558.

Não obstante a configuração legislativa de tais poderes num quadro de excepcionalidade – susceptível de inculcar a ideia de que, na execução de um contrato, serão raríssimas as declarações do contraente público que assumem a natureza de acto administrativo –, uma análise materialmente perspectivada do âmbito do acto administrativo contratual deixa evidente que não são poucas, nem de diminuta relevância, as pronúncias do contraente público que, ao longo da execução dos contratos administrativos, são susceptíveis de ser reconduzidas ao exercício de algum desses poderes.

2.1.1. A faculdade de densificação no contrato

25. Focando-nos nos poderes que o legislador elegeu atribuir ao contraente público, depara-se, de imediato, com a alusão, no artigo 302º, a que esses poderes são exercitáveis «nos termos do disposto no contrato e no presente Código», referência que importa analisar, sobretudo no seu primeiro segmento, justamente aquele que admite que o contrato regule os termos do respectivo exercício.

Em homenagem ao princípio da legalidade, não pode interpretar-se a referência ao contrato como uma deslegalização da determinação desses poderes, mas antes como uma autorização para as partes desenvolverem, densificando, o respectivo conteúdo, ajustando-o, no respeito pelo estabelecido no CCP, ao objecto e aos contornos concretos de cada contrato.

Tem de reconhecer-se, neste contexto, que essa faculdade de densificação é atribuída primacialmente ao contraente público e não tanto ao co-contratante privado, na medida em que a celebração do contrato seja, como será na maior parte dos casos[134], precedida de um procedimento pré-contratual, no âmbito do qual é o contraente público quem no caderno de encargos desenha os termos da relação contratual.

26. Excluídos desta faculdade de densificação contratual parecem estar, por natureza, os poderes de modificação unilateral do conteúdo e do modo de execução das prestações contratuais por razões de interesse público e o poder de resolver unilateralmente o contrato com fundamento em interesse público, uma vez que estes se encontram fixados, de modo definitivo, no CCP, sem que o legislador deixe espaço para qualquer concretização.

Mas dúvidas já não há sobre o facto de às partes ser dado desenvolver no contrato o conteúdo concreto dos poderes de direcção, de fiscalização e de aplicação de sanções – este dependente, por natureza, de expressa previsão contra-

---

[134] Embora se possa imaginar situações em que, nos termos do Código, um contraente público não sejam uma entidade adjudicante, para efeitos do disposto no artigo 2º.

tual[135] –, para além do conteúdo do próprio poder de resolução sancionatória, que o CCP desde logo esclarece, no artigo 333º, estar sujeito a densificação contratual.

27. Em suma, sem prejuízo de ter de tratar-se sempre de uma densificação dos poderes delimitados no CCP, e não da criação de novos poderes, não deixa de ser verdade que o contrato pode multiplicar num número quase ilimitado de faculdades, adaptadas ao conteúdo concreto de cada contrato, os poderes elencados no CCP.

2.1.2. As múltiplas referências expressas na lei

28. Para além da possibilidade de o contrato densificar e desenvolver esses poderes, a excepcionalidade do acto administrativo contratual é também amenizada se se tiver em linha de conta a lista de pronúncias da Administração, expressamente previstas na Parte III do CCP, que inequivocamente se encaixam no exercício dos poderes de conformação contratual.

Comprove-se, directamente a partir do texto do CCP e sem preocupação de exaustividade, como são muitas as consagrações expressas de poderes de conformação contratual do contraente público no regime substantivo do contrato administrativo, quer no Título I da Parte III, que se refere precisamente ao regime comum de todos os contratos administrativos[136], quer no Título II, que regula os designados contratos administrativos em especial[137].

29. Começando pelo regime comum a todos os contratos administrativos[138], e para além das disposições gerais relativas à matéria da conformação contratual constantes do Capítulo V do Título I, referem-se a actos administrativos contratuais os artigos 298º, 329º, 333º e 334º do CCP, por ali estarem em causa poderes de conformação do contraente público.

---

[135] Neste sentido também, cfr. PEDRO GONÇALVES, "A relação...", cit., pp. 39 e 40; CARLA AMADO GOMES, "A conformação...", pp. 550 e 551.

[136] Deve ressalvar-se as regras especiais previstas para os contratos sobre o exercício de poderes públicos, os contratos interadministrativos e as parcerias público-privadas, previstas no Capítulo IX do Título I da Parte III.

[137] Trata-se dos contratos de empreitada de obras públicas, concessão de obras e serviços públicos, locação e aquisição de bens móveis e aquisição de serviços.

[138] Este regime pode, como se sabe, ser derrogado pelo regime aplicável a cada um dos contratos em especial, na medida em que haja incompatibilidade entre a aplicação dos dois regimes.

30. Entrando no regime dos contratos administrativos em especial, avulta, com grande relevância, não apenas a respeito do domínio que nos ocupa, mas também por ser o contrato que maior atenção mereceu por parte do legislador, o contrato de empreitada de obras públicas.

A primeira referência feita a um acto administrativo contratual pode encontrar-se no nº 3 do artigo 362º, a respeito da pronúncia do dono de obra sobre os elementos de projecto entregues pelo empreiteiro numa empreitada de concepção-construção[139]. Semelhante solução se deve aplicar à matéria vertida no nº 2 do artigo 364º, no nº 5 do artigo 361º, no artigo 365º e no nº 1 do artigo 366º e no artigo 367º. São também actos administrativos contratuais as ordens a que se referem os artigos 371º e 376º, o artigo 396º, o nº 6 do artigo 397º e o nº 1 do artigo 404º. Concretizações legais do poder sancionatório do dono de obra encontram-se no nº 1 do artigo 403º, no nº 3 do artigo 404º e no artigo 405º.

Em matéria de concessões de obras e serviços públicos, deve assinalar-se, para o efeito que nos ocupa, o disposto nos nºs 3 e 4 do artigo 419º e na alínea a) do artigo 420º, no artigo 421º, no artigo 422º e no artigo 423º.

Finalmente, a respeito dos contratos de locação e aquisição de bens móveis, há referências expressas na lei a actos administrativos contratuais nos artigos 436º, 448º e no nº 2 do artigo 442º.

2.2. O carácter genérico da solução (o conceito amplo de contrato administrativo)

31. A matéria respeitante aos poderes de conformação contratual (constante dos artigos 302º a 310º) encontra-se regulada no Título I da Parte III do CCP, dedicado aos «contratos administrativos em geral», por oposição ao Título II, onde se cura dos «contratos administrativos em especial». Desta inserção sistemática da matéria decorre que a disciplina atinente aos poderes de conformação contratual do contraente público e ao regime do respectivo exercício é susceptível de poder vir a ser aplicada a todos os contratos administrativos que o CCP regula.

Duas precisões se impõem a este respeito.

Em primeiro lugar, é evidente que a regulação da conformação contratual estabelecida no referido Título I pode ser afastada ou complementada na parte respeitante aos contratos em especial, podendo aí o legislador introduzir pontualmente algumas regras especiais ditadas pela especificidade de cada um dos contratos aí regulados. É o que sucede, nomeadamente, em matéria de obras

---

[139] Neste sentido, cfr. RODRIGO ESTEVES DE OLIVEIRA, *Autoridade...*, cit., p. 155, ainda que no período anterior à vigência do CPA.

públicas, a respeito da modificação objectiva do contrato, da suspensão dos trabalhos, da resolução contratual, e, nas concessões de obras e serviços públicos, com o tratamento específico do sequestro, resgate e da resolução das concessões.

Em segundo lugar, ainda no Título I da Parte III, isto é, ainda no âmbito dos «contratos administrativos em geral», o legislador prevê algumas regras especiais atinentes aos contratos sobre o exercício de poderes públicos[140], nos artigos 336º e 337º, bem como aos contratos interadministrativos[141], no artigo 338º. Este último preceito adquire especial importância no contexto do presente trabalho, aí se prevendo que as disposições da Parte III do Código, isto é, as respeitantes ao regime substantivo do contrato administrativo, não sendo «directamente aplicáveis aos contraentes públicos que contratam entre si num plano de igualdade jurídica, segundo uma óptica de harmonização do desempenho das respectivas atribuições», podem, contudo, ser aplicadas, com as necessárias adaptações, «aos contratos celebrados entre contraentes públicos pelos quais um deles se submeta ao exercício de poderes de autoridade do outro». Daqui decorre, portanto, que o regime substantivo do contrato administrativo, abrangendo-se aí naturalmente o regime da conformação contratual, não é directamente aplicável a estes contratos, especialmente por aí não se justificar, à partida, o exercício de poderes de autoridade de um dos contraentes públicos sobre o outro.

Feitas estas ressalvas, retoma-se o ponto de partida deste tópico: o regime da conformação contratual estabelecido no CCP é potencialmente aplicável à generalidade dos contratos administrativos. Tendo em conta as precisões assinaladas, esta asserção corresponde a afirmar que o regime da conformação contratual pode vir a aplicar-se directamente aos contratos administrativos celebrados entre um contraente público e uma entidade privada (*rectius*, uma entidade que não seja contraente público).

---

[140] Trata-se de contratos que, por oposição à categoria dos contratos com objecto passível de contrato de direito privado, cuja designação foi introduzida por Sérvulo Correia, são susceptíveis de integrar o conteúdo de um acto administrativo – cfr. *Legalidade...*, cit., p. 428. A contratualização do exercício de poderes públicos abrange principalmente, de acordo com o CCP, os *«contratos substitutivos de actos administrativos (contratos decisórios)*, através dos quais a Administração no final do procedimento administrativo celebra um contrato com o destinatário do projectado acto administrativo em vez de tomar a decisão unilateralmente»* e os *«contratos obrigacionais*, que configuram contratos pelo quais a Administração se vincula à emissão (ou não emissão) de um acto administrativo antes ou no decurso de um determinado procedimento administrativo»* (cfr. Filipa Urbano Calvão, "Contratos sobre...", cit., p. 334).

[141] Sobre o tema, monograficamente, cfr. Alexandra Leitão, "Os contratos interadministrativos", in *ECP* I, Coimbra Editora, Cedipre, Coimbra, 2008, pp. 173 e ss. e Alexandra Leitão, *Contratos Interadministrativos*, Almedina, Coimbra, 2011.

32. A cabal compreensão do alcance do *acantonamento* dos poderes de conformação contratual aos contratos administrativos celebrados com co-contratantes privados não pode lograr-se sem uma visita ao modo como o CCP configura o contrato administrativo, isto é, uma visita ao conceito e fronteiras desta figura.

É sabido que o CCP rompeu com a solução do CPA a respeito da administratividade dos contratos, abandonando a definição de contrato administrativo através da cláusula geral que constava do nº 1 do artigo 178º do CPA, optando antes por apresentar um elenco categorial, que vem sendo designado por factores de administratividade[142], de contratos administrativos[143]. Surpreende-se, assim, mais uma vez, a tendência do legislador do CCP para o emprego de elencos enumerativos, à semelhança da técnica usada no artigo 302º e no nº 2 do artigo 307º, a respeito, respectivamente, dos poderes de conformação contratual e do acto administrativo contratual, tendência que se compreende atenta a necessidade de segurança jurídica experienciada em todos esses casos.

Não sendo este o lugar próprio para uma exegese profunda e detida do nº 6 do artigo 1º do CCP[144], interessa, todavia, chamar a atenção para as ilações que daí se podem inferir em termos de potencial erosão material da ideia de excepcionalidade do acto administrativo contratual. A esse respeito, é notório que o CCP alargou substancialmente o conceito de contrato administrativo, quando comparado com a solução que emergia do CPA. Neste sentido, estando hoje, como antes, os poderes de conformação contratual estabelecidos por referência ao contrato administrativo, um alargamento do conceito de contrato administrativo faz, à partida, com que os poderes de conformação contratual do contraente público se perfilem hoje, em função da maior extensão da sua base substantiva de incidência, com um cariz bem menos excepcional do que antes patenteavam.

Esta ilação arvora-se, essencialmente, no factor de administratividade que figura na alínea a) do nº 6 do artigo 1º do CCP, em parte associado ao critério estatutário que alguma doutrina vinha sustentando como critério de autonomização do contrato administrativo.

Atentemos, para já, na parte em que expressamente autoriza a administratividade de um contrato através da qualificação legal. Se a solução em si mesma não merece críticas, acolhendo mesmo a realidade de inúmeros contratos trata-

---

[142] Cfr. PEDRO GONÇALVES, "A relação...", cit., p. 38.
[143] Esta opção vem sendo justificada pela doutrina com base na «experiência de mais de um século», a qual permitiu concluir pela «impossibilidade de identificar um critério que permita apreender numa categoria pretendidamente unitária o universo das relações contratuais que se justifica submeter a regimes específicos de direito público» – cfr. AROSO DE ALMEIDA, "Contratos administrativos e poderes...", cit., p. 5.
[144] Remete-se, a esse respeito, para MARK KIRKBY, "Conceito...", cit., pp. 792 e ss..

dos por leis específicas como contratos administrativos, a verdade é que este factor de administratividade, conjugado com a Parte III do Código, encerra um alargamento não despiciendo da base de aplicação do regime substantivo dos contratos administrativos. Tradicionalmente considerados como contratos de direito privado[145] e, por isso, não submetidos ao regime substantivo que o CPA e, em geral, o "bloco de legalidade" reservavam para os contratos administrativos, os contratos de locação de bens e de aquisição de bens e serviços são hoje expressamente qualificados pelo CCP como contratos administrativos[146]. Daqui decorre necessariamente, portanto, que, estando estes contratos sujeitos ao regime da Parte III do Código, onde se encontra o regime da conformação da relação contratual pelo contraente público, todo e qualquer contrato de aquisição de bens e serviços e de locação de bens celebrado por um contraente público – e serão muitos, como se imagina – passa a estar (potencialmente) sujeito a esse regime, ficando, pois, os operadores privados em causa a estar (potencialmente) sujeitos aos poderes de conformação contratual do contraente público, aspecto que é especialmente relevante no âmbito dos contratos de prestação de serviços e de aquisição de bens, que podem, como se sabe, ter uma duração de até três anos.

O outro segmento da norma prevista na alínea a) do nº 6 do artigo 1º diz respeito aos contratos administrativos por mera vontade das partes. Não constituindo propriamente uma inovação do CCP, já que essa possibilidade era admitida na vigência do CPA, sobretudo após o ETAF (que, como se sabe, no nº 1 do artigo 4º admite a submissão à jurisdição administrativa de litígios sobre a interpretação, validade e execução de contratos que as partes hajam submetido a um regime substantivo de direito público), não pode deixar de reconhecer-se, para o que aqui nos interessa, que fica com isto, aparentemente, aberta a porta para uma generalização do exercício de poderes de conformação contratual a todos os contratos celebrados por um contraente público[147], independentemente da respectiva conexão substantiva com o direito administrativo[148].

33. As observações tecidas, a propósito de, hoje, todos os contratos de aquisição de bens e serviços e de locação de bens, bem como todos os contratos que

---

[145] Estes contratos não eram qualificados pelo nº 2 do artigo 178º do CPA como contratos administrativos nem eram enquadráveis na cláusula geral do nº 1 do mesmo preceito.
[146] Criticando a solução, MARK KIRKBY, "Conceito...", cit., p. 794.
[147] A qualidade de contraente público de uma determinada entidade deve ser aferida à luz do disposto no artigo 3º do CCP.
[148] Manifestando dúvidas relativamente a esta opção, cfr. MARK KIRKBY, "Conceito...", cit., p. 777; AROSO DE ALMEIDA, "Contratos administrativos e regime...", cit., p. 818, embora apenas na medida em que esse alargamento se associa ao regime da conformação contratual.

as partes qualifiquem como contrato administrativo, ficarem sujeitos ao regime substantivo do contrato administrativo e também (potencialmente) à aplicação do regime da conformação da relação contratual, ilustram, inegavelmente, um tópico de matização material do carácter pretensamente excepcional do acto administrativo contratual.

Ver-se-á, adiante, se é possível reconhecer a existência de uma *válvula de escape* tendente a amenizar, ao nível do regime da conformação contratual, o facto de a figura do contrato administrativo assimilar hoje realidades muito heterogéneas.

3. Tópicos para uma reconstrução sistemática, material e dogmaticamente sustentada do âmbito do acto administrativo contratual

3.1. Uma tentação a evitar: a aplicação acrítica do disposto no artigo 11º do Código Civil

34. Uma delimitação do acto administrativo contratual em termos materialmente sustentados não deve ignorar o plano da metodologia do direito. Sabendo-se que «o sistema jurídico não é, nem pleno (sem lacunas), nem de todo consistente (sem equivocidade e sem contradições), nem fechado (auto-suficiente), mas antes necessariamente poroso, de uma insuperável indeterminação e permanentemente aberto, a exigir por isso uma contínua reintegração e reelaboração constitutivas através da dialéctica da sua realização histórica»[149], deve indagar-se se a configuração do acto administrativo contratual como excepção comporta consequências metodológicas ao nível da aplicação do direito.

E a reflexão que essa preocupação imediatamente convoca é a de saber se a norma constante do nº 2 do artigo 307º é uma *norma excepcional*, o que, a confirmar-se, é susceptível de aconselhar alguns cuidados ao intérprete e aplicador do direito.

35. Daí resultaria, segundo alguma doutrina estrangeira[150], que a mesma deveria interpretar-se de modo estrito – no sentido que a ordem jurídica nacional atribui à interpretação restritiva –, de forma a «evitar-se aqui que, mediante uma interpretação excessivamente lata das disposições excepcionais (...), o propósito de regulação do legislador se transmude afinal no seu contrário»[151].

---

[149] Cfr. A. CASTANHEIRA NEVES, *Metodologia Jurídica, Problemas Fundamentais*, Studia Iuridica, 1, *in BFDUC*, Coimbra Editora, Coimbra, 1993, p. 212.
[150] Cfr. LARENZ, *Metodologia da Ciência do Direito*, Fundação Calouste Gulbenkian, tradução de José Lamego, 5ª edição, 2009, p. 502; FRIEDRICH MÜLLER, *Discours de la Méthode Juridique*, Léviathan, 1996, tradução francesa de Olivier Jouanjan, de Juristische Methodik, Dunckler & Humboldt, Berlim, 1993, pp. 271 e 272.
[151] Cfr. LARENZ, *Metodologia...*, cit., p. 502.

Uma obrigação de interpretação restritiva de normas excepcionais deve, contudo, considerar-se arredada logo à partida. É o próprio artigo 11º do CC que levanta uma objecção de ordem legal ao aludido entendimento quando expressamente estabelece que as normas excepcionais são passíveis de interpretação extensiva. De resto, a preocupação em causa associada a uma interpretação rigorosa das normas excepcionais, não exige, a nosso ver, que essas normas não estejam sujeitas às regras gerais da hermenêutica jurídica, supondo naturalmente operações de interpretação extensiva e restritiva, balizadas pelos limites que a metodologia do direito lhes vem reconhecendo.

36. Em qualquer caso, a verdade é que às normas excepcionais vem, sobretudo, associada a ideia de proibição de analogia. Mas não deve concluir-se, sem uma análise suplementar, que a norma constante do nº 2 do artigo 307º é uma *norma excepcional*.

Efectivamente, uma coisa é a configuração legislativa da natureza das pronúncias da Administração na fase de execução contratual a partir do binómio regra-excepção, que traduz uma técnica legislativa; coisa diferente é a consideração da norma como norma excepcional na sua substantividade, em que se apela já à sua significação material e ao respectivo posicionamento no sistema jurídico.

Partindo da ideia de que a regra excepcional encontra o seu suporte mais sólido no *ius singulare* do direito romano, para a afirmação do seu carácter excepcional «não basta pois a mera contradição com outra regra; é necessário ainda que vá contra os "princípios gerais informadores de qualquer sector do sistema jurídico"»[152].

Nesta base, uma tomada de posição sobre a apreciação da excepcionalidade do nº 2 do artigo 307º do CCP não pode, desde logo, ser influenciada por um preconceito que tenda a perspectivar o Direito Administrativo como um Direito excepcional ou especial em face do direito privado, designado como Direito Comum, pressuposto que, originário de Hauriou, tem cada vez menos sentido. Como já notava MARCELLO CAETANO[153], o Direito Administrativo é hoje verdadeiro Direito Comum nas relações entre o Estado e os particulares[154]. Sem cair

---

[152] Cfr. OLIVEIRA ASCENSÃO, *O Direito, Introdução e Teoria Geral*, Almedina, 13ª edição refundida, pp. 451 e 452, onde o Autor cita Savigny, *Traité de droit romain* (trad. Francesa), Paris, Tomo I, 1855, XVI. Em sentido próximo, cfr. A. CASTANHEIRA NEVES, *Metodologia ...*, cit., p. 273.
[153] Cfr. MARCELLO CAETANO, *Tratado Elementar de Direito Administrativo*, I, Coimbra, 1944, p. 7 *apud* ORLANDO DE CARVALHO, "Contrato administrativo e acto jurídico-público, Contributo para uma teoria do contrato administrativo", in *Escritos, Páginas de Direito*, I, Coimbra, 1998 (reimpressão), p. 172.
[154] Assumindo-se o Direito Administrativo como um direito comum nas relações entre o Estado e os particulares, daí não significa que não possa, na comparação com o direito privado, reconhecer-

no aludido erro, mas partindo dos comandos que, a respeito da delimitação do âmbito do acto administrativo contratual, se extraem da Constituição, como se verá mais adiante, não damos por excluído que o nº 2 do artigo 307º do CCP possa, em razão de reflexão que aqui não é possível encetar, vir a ser considerado uma norma excepcional[155].

37. Há que ter em conta, porém, que uma concepção que veja a proibição da analogia em face de normas excepcionais como uma proibição rígida e absoluta se encontra ultrapassada[156].

Precisamente porque a analogia traduz uma manifestação de um «princípio supremo da justiça, ou princípio da igualdade, que manda dar um tratamento igual ao que é igual e desigual ao que é desigual», «toda a proibição da aplicação analógica se apresenta sempre à primeira vista como algo de chocante (...) e como tal carecerá sempre por isso mesmo de uma justificação particular para ser aceite»[157]. Este perigo de aplicação injusta do direito tem levado alguma doutrina a considerar que a proibição de aplicação analógica de normas excepcionais, aliás constante do artigo 11º do CC, não pode ser absolutizada, uma vez que «só a segurança jurídica pode justificar a não aplicação analógica de uma norma cujo princípio valorativo é de per si transponível para casos análogos»[158].

Em face deste princípio de base e partindo designadamente do facto de esse preceito proibir a analogia mas admitir a interpretação extensiva, alguma dou-

---

-se ao direito administrativo uma certa especialidade, no sentido da utilização de institutos distintos. E, nesta perspectiva, assiste-se actualmente a um fenómeno de progressiva atenuação do carácter de especialidade do direito administrativo, associado à tendência para privilegiar o recurso a instrumentos e institutos típicos do direito privado, em resultado da transformação do modelo da Administração de tipo autoritário numa Administração prestadora – cfr. STEFANO VINTI, *Limiti Funzionali all'Autonomia Negoziale della Pubblica Amministrazioni nell'Appalto di Opere Pubbliche*, Università degli studi do Roma "la Sapienza", Dipartimento di diritto dell'economia, CEDAM, 2008, pp. 9 e ss..

[155] As situações de colisão de bens e valores constitucionalmente protegidos, que, como se verá, estão no centro da problemática em jogo, podem aparentar, à luz de um princípio da máxima protecção dos direitos fundamentais e dos bens constitucionalmente protegidos, um campo especialmente predisposto para a criação de normas excepcionais.

[156] Cfr. BAPTISTA MACHADO, *Introdução ao Direito e ao Discurso Legitimador*, Almedina, Coimbra, 13ª reimpressão, Outubro 2002, p. 327; CLAUS-WILHELM CANARIS, *Die Feststellung von Lücken*, Duckler & Humboldt, Berlim, 2ª edição, 1983, p. 181.

[157] Cfr. BAPTISTA MACHADO, *Introdução...*, cit., p. 326. No mesmo sentido, cfr. A. CASTANHEIRA NEVES, *Metodologia...*, cit., p. 253; cfr. OLIVEIRA ASCENSÃO, *O Direito...*, cit., p. 446.

[158] Cfr. BAPTISTA MACHADO, *Introdução...*, cit., p. 327. No mesmo sentido, cfr. CLAUS-WILHELM CANARIS, *Die Feststellung...*, cit., pp. 183 e 184.

trina, considerando a dificuldade em distinguir a analogia *legis* da interpretação extensiva, vem defendendo que abrangida pela proibição do artigo 11º está tão-só a *analogia iuris* e não a *analogia legis*[159]. Nessa base, «o que é proibido [pelo artigo 11º do Código Civil] é transformar a excepção em regra, isto é, partir dos casos taxativamente enumerados pela lei para induzir deles um princípio geral que, através da *analogia iuris*, permitiria depois regular outros casos não previstos, por concretização dessa cláusula ou princípio geral. Mas já não que seja proibido estender analogicamente a hipótese normativa que prevê um tipo particular de casos a outros casos particulares do mesmo tipo e perfeitamente paralelos ou análogos a casos previstos na sua própria particularidade»[160].

Já para CASTANHEIRA NEVES, «o fundamento normativo da analogia não se suspende perante as normas excepcionais», considerando, por conseguinte, que «uma justificação particular da proibição da analogia não existirá em geral, ainda quanto a essas normas»[161]. Esta posição do Autor encontra, evidentemente, dificuldades em face do disposto no artigo 11º do CC, que o Autor não ignora, muito embora considere que a analogia é exigida por princípios fundamentais a que o legislador também deve obediência, ao que acresce a dificuldade, alerta o Autor, de delimitação rigorosa entre interpretação extensiva, que a norma admite, e analogia.

Reunimos, pois, o conforto da doutrina para a admissão da aplicação analógica de normas excepcionais, pelo menos, como se viu, no que se refere à *analogia legis*. Portanto, mesmo que o nº 2 do artigo 307º do CCP seja perspectivado como uma norma excepcional, daí não pode retirar-se que a mesma não consente aplicação analógica.

38. Mas importa, ainda, apurar se semelhante conclusão pode manter-se se a lente se focar não já na natureza excepcional da norma, mas antes no facto de a

---

[159] A analogia *legis* funciona pelo recurso a uma precisa solução normativa, que pode ser transposta para o caso omisso. A analogia *iuris* supõe a mediação de um princípio elaborado a partir de várias regras singulares, só ele permitindo a solução daquela hipótese. No primeiro caso, utiliza-se uma disposição normativa. No segundo, um princípio normativo que foi necessário elaborar primeiro e só através dele se chega à solução do caso omisso – cfr. OLIVEIRA ASCENSÃO, *O Direito...*, cit., p. 454.
[160] Cfr. BAPTISTA MACHADO, *Introdução...*, cit., p. 327. Em sentido próximo, escreve OLIVEIRA ASCENSÃO, que, estando a solução confiada à doutrina, «temos o caminho aberto para excluir da aplicação analógica as regras que contrariam princípios fundamentais, informadores da ordem jurídica ou de um ramo de direito em particular» (cfr. *O Direito...*, cit., p. 452). No mesmo sentido, também KARL ENGISCH considera que a máxima "singularia non sunt extendenda" deve ser manejada com cautela e que «nos limites do pensamento fundamental do preceito excepcional, é bem possível uma analogia» – cfr. *Introdução ao Pensamento Jurídico*, Fundação Calouste Gulbenkian, trad. Baptista Machado, Lisboa, 10ª edição, 2008, pp. 296 e 297.
[161] Cfr. A. CASTANHEIRA NEVES, *Metodologia...*, cit., pp. 258 e ss., em especial pp. 262 e ss. e 276.

lei utilizar uma tipologia[162]. Na verdade, não pode perder-se de vista que a proibição da analogia não está unicamente associada à presença de normas excepcionais nem de regras penais positivas[163].

Para além dessas hipóteses, a proibição da analogia justifica-se ainda «sempre que a lei recorre a uma enumeração completa (*numerus clausus*, p. ex. no domínio dos direitos reais, na determinação das hipóteses em que o negócio unilateral é fonte de obrigações) ou expressamente reserve certo regime aos casos especificados na lei (cfr. nº 2 do art. 483º do CC)», pois, «em todos estes casos é a própria lei que exclui a possibilidade de uma lacuna ou, mais exactamente, que exclui a viabilidade do recurso à via metodológica integradora»[164]. Trata-se, por outras palavras, das situações de *tipologia legal*, pois a «lei tipifica, quando prevê manifestações de um conceito, conseguindo desta maneira especificar, e portanto avançar na concretização»[165].

O próprio CASTANHEIRA NEVES, cujo pensamento aponta para a recusa em geral das proibições de analogia, reconhece que os domínios definidos por um *numerus clausus* constituem, entre outros *limites da juridicidade realizanda*[166], limites (de índole normativo-jurídica) à autónoma constituição normativo-jurídica nas decisões chamadas à realização histórico-concreta do direito em face da *insuficiência normativo-jurídica do sistema jurídico pressuposto* (expressão esta última que o Autor propõe em substituição de "lacunas"), ou, por outras palavras, constituem «critério delimitativo da juridicidade com referência ao qual se possa dizer

---

[162] Deve salientar-se, com OLIVEIRA ASCENSÃO, que não deve porém associar-se a ponderação acerca da admissibilidade da analogia nos casos de tipologia legal à qualificação como excepcionais dos preceitos consagradores desses tipos, pois «[n]ada permite inferir da taxatividade de uma tipologia a existência de uma *regra* diversa; e a exclusão da analogia pode resultar doutras circunstâncias, para além do carácter excepcional de dado preceito» – cfr. OLIVEIRA ASCENSÃO, *A Tipicidade dos Direitos Reais*, Lisboa, 1968, p. 58, em nota.

[163] Regras penais positivas são as que definem os crimes e estabelecem as penas e os respectivos efeitos, por oposição às regras penais negativas, que estabelecem as causas de justificação ou de exclusão da ilicitude.

[164] Cfr. BAPTISTA MACHADO, *Introdução...*, cit., pp. 201 e 202. Pronunciando-se no sentido em que, diferentemente das normas excepcionais, em que proibição da analogia deve ser manejada com cautela, tem de reconhecer-se como limite à admissibilidade da analogia a sua própria proibição por vezes estabelecida pelo legislador, cfr. KARL ENGISCH, *Introdução...*, cit., pp. 297 e 298.

[165] Cfr. OLIVEIRA ASCENSÃO, *O Direito...*, cit., p. 453.

[166] Afirmando um *continuum* metodológico entre a interpretação, aplicação e integração, no âmbito de uma realização do direito transistematicamente constitutiva, o Autor reconhece, contudo, a necessidade de definir-se os limites intencionais do direito para podermos responder à questão de saber se o caso decidendo exigirá ou não uma solução de direito, se cabe ou não no espaço do direito realizando – cfr. A. CASTANHEIRA NEVES, *Metodologia...*, cit., pp. 206 e 207.

se estamos ou não perante um problema jurídico – um caso concreto em que se haja ou não de reconhecer um problema especificamente de direito»[167]. De acordo com este raciocínio, a posição de princípio do Autor, no sentido de que a analogia está presente em qualquer operação de «explicitação do autêntico sentido normativo-jurídico da norma»[168], apenas pode ser abalada, não quando se está diante de uma norma excepcional, mas em face de uma tipologia legal, precisamente porque aí se é reconduzido para *fora do espaço do direito realizando*.

Neste pressuposto, haveria então de concluir-se que o nº 2 do artigo 307º não comporta analogia, seja na vertente da determinação da existência de uma lacuna, seja na da sua colmatação, sendo certo que, na maior parte dos casos, estas vertentes integram uma mesma operação intelectual[169].

39. Contudo, em homenagem ao princípio da justiça que subjaz à analogia, a doutrina tem avançado na averiguação sobre se esta deve, em qualquer caso, recuar em face de uma tipologia legal.

De acordo com OLIVEIRA ASCENSÃO E CLAUS-WILHELM CANARIS, para efeitos do apuramento do sentido da proibição da analogia em caso de tipologia, haverá que apurar se a tipificação é taxativa ou meramente enunciativa, devendo, em caso de dúvida, presumir-se o carácter enunciativo, justamente porque «o grande princípio da nossa ordem jurídica é o do tratamento idêntico de casos equivalentes»[170].

OLIVEIRA ASCENSÃO levou ainda mais longe a teorização da aplicação analógica em torno das tipologias legais. Segundo o Autor, *(i)* as tipologias taxativas não consentem qualquer analogia, *(ii)* as tipologias enunciativas admitem a analogia *iuris* e a analogia *legis* e *(iii)* as tipologias delimitativas (quando é possível a extensão a novos casos unicamente quando estes ofereçam semelhança com alguns

---

[167] Cfr. A. CASTANHEIRA NEVES, *Metodologia...*, cit., pp. 231 a 237.
[168] Cfr. A. CASTANHEIRA NEVES, *Metodologia...*, cit., p. 269.
[169] No sentido de que a analogia interfere nestes dois planos lógicos, cfr. OLIVEIRA ASCENSÃO, *O Direito...*, cit., p. 436 («Quando se chega à afirmação da existência de lacuna, está simultaneamente apurada a hipotética solução a adoptar para aquele caso»); BAPTISTA MACHADO, *Introdução...*, cit., p. 200; LARENZ, *Metodologia...*, cit., p. 570.
[170] Cfr. OLIVEIRA ASCENSÃO, *O Direito...*, cit., p. 454. No mesmo sentido, CLAUS-WILHELM CANARIS, *Die Feststellung...*, cit., p. 184. Este Autor alemão distingue as situações em que a enumeração é taxativa daquelas em que o não é, como seria o caso de o legislador apenas ter optado pela indicação de alguns exemplos apenas em substituição da previsão de uma cláusula geral. Neste caso, defende que não pode aceitar-se uma proibição da analogia, mas apenas uma proibição de um *processo de indução de um princípio geral* ("*induktive Ermittlung eines allgemeines Prinzips*") ou analogia *iuris* – cfr. *Die Feststellung...*, cit., p. 184.

dos casos previstos) admitem somente a analogia *legis*, a partir dos tipos previstos[171]. «[Q]uando se demonstre que a tipificação legal tem na sua base preocupações de segurança, pode concluir-se que se exclui o *livre* recurso à analogia; Mas mesmo então ainda é necessário verificar se o recurso à analogia está ou não em absoluto excluído. Porque tanto pode existir nestes casos uma tipologia taxativa como uma tipologia delimitativa»[172]. Seguindo o mesmo raciocínio, «caso por caso será necessário demonstrar se a segurança jurídica exige, para facilitar a previsibilidade ou para acautelar interesses colectivos, por exemplo, uma rígida restrição aos casos previstos, ou não se basta com o estabelecimento de tipos que sirvam de balizas à actividade do intérprete, mas não excluam uma polarização de casos análogos»[173].

Retomando a norma concreta que nos ocupa, julgamos seguro que o nº 2 do artigo 307º do CCP encerra uma tipificação que não é meramente enunciativa, para o que releva, além do mais, o facto de o nº 1 do mesmo artigo estabelecer a regra com aplicação em todos os casos não integrados na hipótese normativa constante do nº 2. Mas, em homenagem ao princípio da igualdade que subjaz ao nosso sistema jurídico, tendemos a aí admitir, pelo menos, utilizando a terminologia da doutrina tradicional[174], a analogia *legis*, o que equivale a considerar que a tipologia em causa é, empregando a nomenclatura de Oliveira Ascensão, meramente delimitativa. Efectivamente, apesar de, como se assumiu, terem sido razões de segurança jurídica que moveram o legislador no desenho da solução normativa constante do nº 2 do artigo 307º, não nos parece que os imperativos de segurança jurídica em jogo exijam que se imponha tamanho sacrifício aos princípios da igualdade de tratamento e da justiça.

De acordo com esta posição, não está, portanto, excluído que, no âmago da hipótese normativa constante do nº 2 do artigo 307º, possa ser detectada uma lacuna e que, consequentemente, a estatuição normativa em causa deva ser estendida a outros casos ali não previstos, desde que possa concluir-se que tais casos são perfeitamente paralelos e análogos aos previstos e, por isso, merecedores de um tratamento idêntico. O que já não se admite é que, a partir da estatuição da norma, se crie um princípio geral e nele venham a enquadrar-se outras hipóteses naquela não previstas.

---

[171] Cfr. Oliveira Ascensão, *O Direito...*, cit., p. 457..
[172] Cfr. Oliveira Ascensão, *A Tipicidade...*, cit., p. 59.
[173] Cfr. Oliveira Ascensão, *A Tipicidade...*, cit., p. 61.
[174] Considerando irrelevante a distinção entre lacunas da lei e lacunas do direito, por a mesma partir da perspectiva do sistema e não do problema, como deveria, cfr. A. Castanheira Neves, *Metodologia...*, cit., p. 229.

3.2. Os comandos constitucionais e a necessidade da sua harmonização à luz de parâmetros constitucionalmente fundados
3.2.1. A dialéctica entre exigências opostas

40. Disse-se já que o moderno entendimento do Estado de Direito democrático exige a protecção máxima dos direitos fundamentais dos cidadãos e dos bens e valores constitucionalmente protegidos, pelo que qualquer intervenção unilateral de poder, à margem da participação da vontade dos cidadãos, tem de justificar-se nos quadros da CRP.

Tendo-se reconhecido que é ao direito positivo que cabe, em última análise, estabelecer em que casos deve o contraente público praticar actos administrativos e estabelecer o regime específico que os diferencia, é certo que o legislador, no momento em que habilita a Administração (*rectius*, o contraente público) à prática de um acto administrativo, não pode alhear-se da ponderação e da avaliação de todas as exigências que da Lei Fundamental decorrem e a que a actividade legislativa deve observância. Do mesmo modo, o intérprete e aplicador do direito, na hora de resolver os casos, deve interpretar as normas jurídicas de valor legislativo apelando, sem prejuízo dos restantes elementos da interpretação jurídica, ao sentido normativo mais conforme com os parâmetros constitucionais[175].

Vê-se, portanto, que uma reconstrução sistemática, material e dogmaticamente sustentada do âmbito do acto administrativo contratual não pode realizar-se à margem das exigências e comandos constitucionais relevantes.

Em causa está não apenas a parametrização das situações materiais em que ao contraente público é oferecida a possibilidade de produção de determinados efeitos, através da concessão de determinados poderes, mas também e, sobretudo, atendendo ao objecto deste trabalho, a actuação através da forma acto administrativo, plano em que, como se viu, se opera uma distinção verdadeiramente nuclear entre a declaração negocial e o acto administrativo[176], reconhecendo-se que a utilização da forma acto administrativo aporta um acréscimo de *força* (reportada aos efeitos que produz na esfera jurídica das pessoas a quem o acto se dirige) em face do próprio conteúdo dos poderes.

---

[175] Sobre o sentido e limites do princípio da interpretação conforme com a Constituição, cfr. JORGE MIRANDA, *Manual de Direito Constitucional*, Tomo II, Coimbra Editora, Coimbra, 6ª edição, 2007, pp. 311 e ss..

[176] Viu-se já que é sobretudo o regime do acto administrativo que comporta uma nota realmente exorbitante em relação ao direito privado, e não tanto o conteúdo dos poderes exercidos através desse acto.

41. Definidas as premissas, o problema a resolver centra-se numa tensão entre exigências de sentido oposto e divergente, numa clara aproximação às categorias da lógica dialéctica. O contrato constitui, por natureza, uma esfera avessa a manifestações de autoridade e ao exercício de poderes jurídico-públicos que desnivelem a estrutura, primacialmente paritária, da relação contratual. Mas é em nome do interesse público que se introduz, como desvio, a "lógica da função" na execução do contratado[177].

42. De um lado, a reclamar a "lógica da função", avulta o princípio da prossecução do interesse público[178] e, mais especificamente, o princípio da eficiência e da urgência da máquina administrativa, princípios gerais da ordem jurídica administrativa.

É quase um lugar-comum afirmar que o fim último da actividade administrativa é a prossecução do interesse público[179], isto é, a satisfação do bem comum da comunidade, reconhecendo-se, com SÉRVULO CORREIA, que se trata de um conceito «cuja evidência intuitiva não facilita em muito a definição»[180].

Assumindo-se a dinâmica do interesse público[181], verifica-se, ao nível da execução contratual, que é necessário dotar o contraente público de determinados direitos ou poderes que lhe permitam acomodar o contrato à permanente funcionalização da actividade administrativa à satisfação do interesse público. É, cremos, esta ideia de *serviço permanente ao interesse público* que reivindica a atribuição ao contraente público de direitos como a modificação unilateral do objecto do contrato e a sua resolução unilateral por razões de interesse público[182].

---

[177] Cfr. PEDRO GONÇALVES, *O Contrato*..., cit., p. 34.
[178] Encontra consagração constitucional no nº 1 do artigo 266º da CRP e concretização, ao nível da legislação ordinária, com carácter geral, no artigo 4º do CPA.
[179] Não pode, em todo o caso, perder-se de vista que na prossecução do interesse público devem ser ponderados certos limites e valores, como o princípio da legalidade e o princípio do respeito pelos direitos e interesses legalmente protegidos dos particulares, em conformidade, aliás, com o comando constitucional constante dos nºs 1 e 2 do artigo 266º da CRP.
[180] Cfr. SÉRVULO CORREIA, "Os princípios Constitucionais da Administração Pública", in *Estudos sobre a Constituição*, III, Lisboa, Livraria Petrony, 1979, p. 662.
[181] Cfr. FREITAS DO AMARAL, *Curso*..., cit., 2011, p. 45. Chamando a atenção para «o facto de as alterações que no dia a dia ocorrem no seio da comunidade irem necessariamente reflectir-se na concepção de bem comum ou das necessidades públicas», no âmbito da justificação da admissibilidade dos actos administrativos precários e provisórios no direito português, não obstante o facto de o legislador não se lhes referir expressamente, cfr. FILIPA URBANO CALVÃO, *Os Actos Precários e os Actos Provisórios no Direito Administrativo*, Universidade Católica Portuguesa, Porto, 1998, p. 201. Sobre a necessidade de «actualização do interesse público», cfr., da mesma Autora, *Cláusulas Acessórias*..., cit., pp. 25 e ss..
[182] Sensivelmente no mesmo sentido, cfr. PEDRO GONÇALVES, "Cumprimento e incumprimento do contrato administrativo", in *ECP* I, Cedipre, Coimbra Editora, Coimbra, 2008, p. 584, em nota.

Mais longe nos leva ainda o princípio da boa administração e da eficiência, que, se bem que associado ao princípio mais geral do interesse público, pode ver-se reflectido na CRP, mais tenuemente[183], e, sobretudo, no CPA[184]. Sendo embora, em rigor, ainda concretizador do princípio do interesse público[185], este princípio merece autonomização no contexto em que nos movemos. O aspecto que aqui nos interessa salientar, relacionado com as ideias de eficiência e eficácia da actuação administrativa, está mais relacionado com a forma e os meios utilizados pela Administração do que propriamente com o conteúdo das suas decisões, muito embora não possa, evidentemente, ser deste totalmente desligado. Do que se trata é, pois, de chamar a atenção para que o interesse público e a satisfação do bem comum não se compadecem com um sistema de meios e instrumentos dirigido a actuar as decisões tomadas que não lhes garantam a necessária efectividade e eficácia e que as não efectivem em tempo útil[186].

São precisamente estas preocupações, suscitadas pelo princípio da boa administração e da eficiência administrativa que, a nosso ver, são consideradas quando se prevêem poderes como os poderes de direcção, fiscalização e de aplicação de sanções[187] e, particularmente, quando se estabelece que os poderes de conformação contratual sejam servidos pelo regime do acto administrativo. Nas palavras expressivas de ORLANDO DE CARVALHO, «o "benefício da execução prévia", com efeito, é consequência directa do princípio de *urgência* do interesse público: a satisfação óptima tem de ser rápida, não podendo depender de uma sentença anterior dos tribunais, por via de regra»[188].

43. Do outro lado da margem, a remar no sentido da "lógica do *pactum*", figuram vários outros princípios de consagração constitucional: o princípio geral da igualdade das partes, a liberdade individual e o princípio da autonomia contra-

---

[183] Cfr. alíneas *c*) e *f*) do artigo 81º da CRP.
[184] Cfr. artigo 10º. Apesar de este princípio surgir associado à estruturação da Administração Pública, indiciando dirigir-se mais ao legislador do que à própria Administração, vem sendo reconhecido que os seus comandos são válidos na actividade administrativa, designadamente em matéria de procedimento – cfr. a este respeito, ESTEVES DE OLIVEIRA (ET. AL.), *Código...*, cit., p. 132.
[185] Sobre a relação entre interesse público e boa administração, cfr. ROGÉRIO SOARES, *Interesse Público, Legalidade e Mérito*, Coimbra, 1955, pp. 179 e ss., em especial pp. 188 e ss., embora tratando a questão mais no sentido do conteúdo da decisão administrativa e não tanto no plano da forma dessa actuação.
[186] Está aqui presente a ideia de um princípio de urgência do interesse público a que se refere ORLANDO DE CARVALHO (cfr. "Contrato administrativo...", cit., p. 224).
[187] Sensivelmente no mesmo sentido, cfr. PEDRO GONÇALVES, "Cumprimento e incumprimento...", cit., p. 584, em nota.
[188] Cfr. ORLANDO DE CARVALHO, "Contrato administrativo...", cit., p. 224.

tual, materializado, para este efeito em particular, no princípio *pacta sunt servanda*[189], e, na esfera administrativa, o princípio da participação co-constitutiva do co-contratante na execução do contrato. Porque nos focamos sobretudo na forma do exercício dos poderes, e não tanto no respectivo conteúdo, cuidaremos especificadamente apenas do princípio da igualdade e do princípio da participação co-constitutiva do co-contratante na execução do contrato.

Considerado um dos princípios estruturantes do sistema constitucional global[190], o princípio da igualdade[191] postula, por seu turno, como é frequentemente repetido, o tratamento igual de situações idênticas e o tratamento desigual de situações diferentes. Paira, portanto, sobre o princípio da igualdade uma ideia permanente de relativização, que impõe que as exigências da igualdade não sejam cegas e absolutas, desde logo, em nome do princípio da justiça e do Estado social, e sejam material e axiologicamente fundadas[192]. O princípio da igualdade apresenta-se hoje, fruto da sua evolução ao longo do tempo, não apenas como determinante da obrigação de uma aplicação igual da lei pelos órgãos administrativos e jurisdicionais, mas também, e essencialmente, de «uma ideia de igualdade na própria lei ou através da lei»[193], no sentido de que «toda a lei ordinária deve obe-

---

[189] Para mais desenvolvimentos sobre este princípio, cfr. MÁRIO JÚLIO DE ALMEIDA COSTA, *Direito das Obrigações*, 11ª edição revista e actualizada, Almedina, Abril 2008, pp. 312 e ss.; ANTUNES VARELA, *Direito das Obrigações*, Vol. I, 10ª edição, revista e actualizada, Julho de 2008, pp. 211 e ss.; PIETRO SIRENA, *Effeti e Vincolo*, in Trattato del contrato (Vincenzo Roppo), III, Effetti, a cura di Maria Constanza, Giuffrè Editore, Milão, 2006; no âmbito do direito administrativo, sobre a temática que aqui nos interessa, cfr. PAULO OTERO, "Estabilidade contratual, modificação unilateral e equilíbrio financeiro em contrato de empreitada de obras públicas", separata da ROA, Lisboa, 1996, pp. 11 e 12; PAULA MACEDO WEISS, *Pacta Sunt Servanda...*, cit.; FRANCESCA CANGELLI, *Potere...*, cit., pp. 280 e ss.; HÉLÈNE HOEPFFNER, *La Modification du Contrat Administratif*, Bibliothèque de droit publique, Tome 260, L.G.D.J., Paris, 2009, pp. 155 e ss..

[190] No sentido de que o princípio da igualdade conjuga «dialecticamente as dimensões liberais, democráticas e sociais inerente ao conceito de *Estado de direito democrático e social*» cfr. GOMES CANOTILHO e VITAL MOREIRA, *Constituição da República Portuguesa Anotada*, 4ª edição revista, Coimbra Editora, 2007, pp. 336 e 337.

[191] Sobre o princípio da igualdade, cfr. MARIA DA GLÓRIA GARCIA, *Estudos sobre o princípio da igualdade*, Coimbra, Almedina, 2005; "Princípio da igualdade – fórmula vazia ou fórmula «carregada» de sentido?", *Separata do BMJ*, nº 358, 1987; JORGE REIS NOVAIS, *Os Princípios Estruturantes da República Portuguesa*, Coimbra Editora, 2004, em especial, pp. 101 a 160; JORGE MIRANDA e RUI MEDEIROS, *Constituição Portuguesa Anotada*, Tomo I, 2ª edição, Coimbra Editora, 2010, p. 213 e ss; GOMES CANOTILHO e VITAL MOREIRA, *Constituição...*, cit., pp. 333 e ss..

[192] Neste sentido, cfr. MARIA DA GLÓRIA GARCIA, "Princípio da igualdade – fórmula vazia...", cit., pp. 24 e ss.; a jurisprudência do Tribunal Constitucional referida por JORGE MIRANDA e RUI MEDEIROS, *Constituição Portuguesa...*, cit., p. 213 e ss.

[193] Cfr. JORGE MIRANDA e RUI MEDEIROS, *Constituição Portuguesa...*, cit., p. 221.

decer ao princípio, tanto nas suas precipitações imediatas de igualização e diferenciação como no seu conteúdo geral»[194]. Aplicado à relação contratual, o princípio da igualdade pressupõe uma igualdade de posição jurídica entre as partes, pólos opostos da relação. O que está sobretudo em causa, enquanto exigência do princípio da igualdade a este nível, é a «igualdade de armas»[195], a igualdade quanto aos meios de tutela das posições jurídicas de cada uma das partes: «[u]m pacto quer-se paritário, com exclusão de posições jurídicas de predomínio tão violentas como essa de um dos contratantes poder elaborar, por sua vontade, um título executivo (passível, eventualmente, de execução pelo próprio autor). E as partes, por sua vez, querem-se como tal, ligadas por vínculos contratuais subjectivos, num esquema relacional de direitos (incluindo os potestativos) e deveres, não de poderes e sujeições»[196].

Ainda nesta linha de entendimento, mas operando a um nível distinto, joga o princípio da participação democrática e o comando de aprofundamento da democracia participativa[197], constitucional e legalmente ancorados[198]. Para além da participação *stricto sensu*, presente na preparação da decisão unilateral administrativa e baseada na técnica da auscultação[199], outra forma de participação

---

[194] Cfr. JORGE MIRANDA e RUI MEDEIROS, *Constituição Portuguesa...*, cit., p. 221.

[195] Esta referência é usada, como se viu, a propósito do direito alemão, por HEIKO FABER (cfr. *Verwaltungsrecht*, cit., pp. 286 e 287), justamente a propósito da relação entre as partes num contrato. Outro campo de aplicação da mesma ideia é o direito processual, seja no direito processual penal (cfr. JOSÉ CUNHA RODRIGUES, "Sobre o princípio da igualdade de armas", *in RPCC*, ano 1, nº 1, Janeiro-Março, Lisboa, 1991, pp. 77 e ss.), seja no processo civil (cfr. JOSÉ LEBRE DE FREITAS, "A igualdade de armas no direito processual português", *in O Direito*, ano 124º, 1992, I-II, pp. 617 e ss.). No processo penal, com evidente paralelismo na situação em análise, «[i]gualdade de armas significa, assim, a atribuição à acusação e à defesa de meios jurídicos *igualmente eficazes* para tornar efectivos aqueles direitos». (cfr. JOSÉ CUNHA RODRIGUES, "Sobre o princípio...", cit., p. 91). Esta mesma ideia foi também já invocada no âmbito do direito administrativo por PEDRO MACHETE, e especificamente a propósito do acto administrativo, para sublinhar que o regime do acto administrativo não permite que se fale de uma verdadeira "igualdade de armas" entre os particulares e a Administração (cfr. PEDRO MACHETE, "A subordinação da Administração Pública ao Direito e a dogmática do Direito Administrativo no âmbito do Estado de Direito democrático", *in Em Homenagem ao Professor Doutor Freitas do Amaral*, Almedina, Coimbra, 2010, p. 233).

[196] Cfr. RODRIGO ESTEVES DE OLIVEIRA, *Autoridade...*, cit., p. 162.

[197] Sobre o Estado de Direito democrático e a democracia participativa, cfr. PEDRO MACHETE, *A Audiência dos Interessados no Procedimento Administrativo*, Universidade Católica Portuguesa, 2ª edição, 1996, em especial pp. 345 e ss..; BAPTISTA MACHADO, *Participação e Descentralização; Democratização e Neutralidade na Constituição de 76*, Coimbra, 1982, pp. 35 e ss..

[198] Cfr. artigo 2º, alínea c) do artigo 9º e nº 5 do artigo 267º da CRP e artigo 8º do CPA, para além de outras normas legais específicas reguladoras do procedimento administrativo.

[199] Cfr. BAPTISTA MACHADO, *Participação...*, cit., pp. 35 e ss.; PEDRO MACHETE, *A Audiência...*, cit., p. 351.

democrática dos administrados é conseguida através da concertação, na qual se assume uma «participação funcional mais intensa», que procura «estender o diálogo à busca de soluções compromissórias e reciprocamente aceitáveis para ambas ou para todas as partes envolvidas no procedimento»[200] e que pode «assumir uma pluralidade de formas possíveis, desde a mera declaração comum de intenções ao acto ou contrato administrativo»[201]. Referindo-se, justamente, a esta modalidade mais intensa de participação, que apelida de *participação co-constitutiva*[202], por contraposição à participação dialógica, SÉRVULO CORREIA considera que «a forma por excelência correspondente a este tipo de participação é o contrato administrativo»[203], forma esta que traduz «(...) o processo mais consequente de participação do cidadão na formação das decisões e deliberações que lhe digam respeito»[204]. Retomando o plano da execução dos contratos administrativos, cremos poder assentar que o princípio da participação e «o favor constitucional»[205] concedido, por essa via, ao contrato administrativo postulam, coerentemente, uma participação co-constitutiva do co-contratante na tomada de decisões que digam respeito ao contrato e irradiam comandos avessos a uma definição unilateral da situação jurídica já consensualizada. Efectivamente, o aprofundamento da participação democrática até ao patamar da participação co-constitutiva depõe a favor da redução, no plano do consenso e da concertação, do desnível entre os pólos da relação contratual já estabelecida.

3.2.2. Síntese: a ponderação de bens e o princípio da proporcionalidade

44. Ao cabo do caminho percorrido, fica evidenciada a «topografia do conflito»[206] em termos que, mesmo se ancorados numa breve análise, reputamos suficientes para afirmar, com segurança, a existência, no âmago do tema deste trabalho, de

---

[200] Cfr. PEDRO MACHETE, *A Audiência...*, cit., p. 351.
[201] Cfr. PEDRO MACHETE, *A Audiência...*, cit., p. 352, em nota, referindo-se à posição assumida por BARBOSA DE MELO, "Introdução às formas de concertação social", in BFDUC, LIX (1983), Coimbra, 1985, p. 96.
[202] SÉRVULO CORREIA designa de participação co-constitutiva a modalidade de participação na qual a «vontade do particular tem, a par da vontade da Administração, uma papel gerador da constituição, modificação ou extinção de uma situação jurídico-administrativa» (cfr. SÉRVULO CORREIA, "O direito à informação...", cit., nº 11).
[203] Cfr. SÉRVULO CORREIA, "O direito à informação...", cit., nº 11.
[204] Cfr. SÉRVULO CORREIA, *Legalidade...*, cit., p. 613. Sensivelmente neste sentido, cfr. PAULO OTERO, *Legalidade...*, cit., p. 838, não excluindo até a admissibilidade de uma preferência constitucional pelo contrato administrativo em detrimento do acto administrativo.
[205] Cfr. SÉRVULO CORREIA, *Legalidade...*, cit., p. 613.
[206] Cfr. J. J. GOMES CANOTILHO, *Direito Constitucional e Teoria da Constituição*, Almedina, Coimbra, 7ª edição, 2003, p. 1239.

uma *colisão ou conflito entre princípios e valores constitucionalmente protegidos*, que podemos reconduzir a um dos diversos «*punti di crisi*»[207] da actividade contratual administrativa. Dito de outro modo, no domínio do acto administrativo contratual emergem exigências e sinais constitucionais de sentido contrário que, se, por um lado, não podem ser transformados em "letra morta", apresentam-se, contudo, carentes de conjugação.

Para além dos casos em que é a própria CRP a prever expressamente a restrição por via legislativa de determinados direitos fundamentais[208], o sistema reconhece a possibilidade de existência de situações de colisão entre direitos ou conflitos entre direitos e outros valores constitucionalmente protegidos, quer nos casos concretos, no nível da aplicação do direito, quer ao nível abstracto, caso em que têm de ser resolvidos pelo legislador ordinário[209]. Por mais variada que seja a fundamentação dogmática apresentada pela doutrina constitucional para o problema das restrições de direitos fundamentais não expressamente autorizadas pela CRP[210], é genericamente reconhecida, como dado inegável da vida quoti-

---

[207] Cfr. FRANCESCA CANGELLI, *Potere...*, cit., p. 321.

[208] Cfr. nº 2 do artigo 18º da CRP, aplicável às restrições legislativas expressamente autorizadas pela CRP de direitos, liberdades e garantias e direitos de natureza análoga.

[209] Cfr., entre muitos outros, ac. do TC nº 254/99 (DR, II, S., de 15.06.1999, pp. 8586 e ss). Sobre esta jurisprudência, cfr. JORGE REIS NOVAIS, *As Restrições aos Direitos Fundamentais Não Expressamente Autorizadas pela Constituição*, Coimbra Editora, 2003, p. 37.

[210] Sobre as várias soluções dogmáticas criadas pela doutrina constitucional para fazer face a esta necessidade real de reconhecimento de limitações aos direitos fundamentais para lá dos casos expressamente previstos na Constituição, cfr., entre nós, CASALTA NABAIS, "*Os direitos fundamentais na jurisprudência do Tribunal Constitucional*", 1990, separata do volume LXV (1989) do BFDUC, pp. 18 e ss; MANUEL AFONSO VAZ, *Lei e Reserva de Lei, A Causa da Lei na Constituição Portuguesa de 1976*, Universidade Católica Portuguesa, Porto, 1996, pp. 315 e ss.; VIEIRA DE ANDRADE, *Os Direitos Fundamentais na Constituição Portuguesa de 1976*, 2ª edição, Almedina, 2001, pp. 281 e 288 e ss.; JORGE MIRANDA, *Manual de Direito Constitucional*, Tomo IV, 3ª edição, Coimbra Editora, pp. 328 e ss.; J. J. GOMES CANOTILHO, *Direito Constitucional...*, cit., pp. 448 e ss.; GOMES CANOTILHO/VITAL MOREIRA, *Constituição...*, cit., pp. 388 e ss. (todos os Autores referidos estabelecem diferentes tipologias de intervenção legislativa ao nível dos direitos fundamentais, salientando-se, em especial, a distinção entre limites imanentes aos próprios direitos fundamentais, restrições legislativas propriamente ditas e harmonização de direitos); JORGE REIS NOVAIS, *As Restrições...*, cit., pp. 172 e ss. e 569 e ss. [este Autor propõe uma relativização da distinção entre o conceito de restrição e figuras afins, com vista a uma adequada aplicabilidade dos requisitos impostos pelo Estado-de-Direito (os requisitos previstos no nº 2 do artigo 18º sempre que os pressupostos dessa regra estejam presentes em outra lei que intervenha em matéria de direitos fundamentais, mesmo que não se trate de lei restritiva para efeitos daquele preceito constitucional), e adere a uma ideia de restrições implicitamente autorizadas pela Constituição por força de uma reserva geral de ponderação de bens na generalidade dos direitos fundamentais]. Uma apresentação sistemática das várias posições pode encontrar-se na monografia nacional sobre o assunto de JORGE REIS NOVAIS (*As Restrições...*, cit., em especial pp. 254 e ss. e 364 e ss.).

diana, a necessidade de restringir direitos fundamentais bem para lá dos casos previstos no texto constitucional[211].

45. Em face de tal dilema, a medida da cedência da "lógica do contrato" em favor da "lógica da função" é a solução para ultrapassar a *crise*, assumindo-se como o critério orientador – do legislador, na resolução abstracta do conflito, mas também, posteriormente, do intérprete, na resolução dos casos concretos – para a delimitação do espaço que a "função" deve ocupar no âmbito da execução contratual, assegurando a satisfação do interesse público, mas não sacrificando definitivamente a "lógica do contrato".

Sem prejuízo do eclectismo doutrinal em torno da solução do problema[212] e em face da impossibilidade real de, nesta sede, nos determos, como porventura se exigiria, em estudo aprofundado sobre a matéria, parece poder assentar-se num *tronco comum* dessas diferentes propostas: as colisões ou conflitos abstractos entre direitos e valores constitucionais têm de resolver-se no seio de uma operação de *"checks and balances"*, através de critérios de *harmonização*, e não através de uma preferência abstracta, com base numa ordem hierarquizante, dos valores constitucionais[213]. Trata-se, sim, de uma *ponderação* de todos os valores em jogo, com vista à tomada da decisão «de fazer ceder ou de restringir um direito fundamental, face ao peso de outro interesse que se lhe opõe»[214], procurando, evidentemente, que «se não ignore qualquer deles, para que a Constituição (...) seja preservada na maior medida possível»[215].

Para que a ponderação, enquanto metodologia de ultrapassagem do conflito, não se converta em mera decisão valorativa subjectiva, ela tem de ser comandada por critérios e parâmetros valorativos objectivos, dedutíveis da própria CRP[216], os quais, atendendo ao facto de o legislador ter já regulado a matéria no nº 2 do artigo 307º do CCP, devem encontrar-se nos *limites político-constitucionais da pró-*

---

[211] Cfr. JORGE REIS NOVAIS, *As Restrições...*, cit., p. 27.
[212] Cfr. a doutrina constitucional referenciada *supra*, a propósito da figura das restrições aos direitos fundamentais.
[213] Cfr. VIEIRA DE ANDRADE, *Os Direitos Fundamentais...*, cit., p. 312 e também JORGE REIS NOVAIS, *As Restrições...*, cit., pp. 699 e ss..
[214] Cfr. JORGE REIS NOVAIS, *As Restrições...*, cit., p. 957.
[215] Cfr. VIEIRA DE ANDRADE, *Os Direitos...*, cit., p. 314. No mesmo sentido, MANUEL AFONSO VAZ, *Lei e Reserva de Lei...*, cit., pp. 321 e 322.
[216] Estes critérios «não têm a pretensão de apresentar como intersubjectivamente comprováveis as decisões de ponderação em que as restrições se baseiam, mas apenas de as tornar "intersubjectivamente compreensíveis" (Otte)» – cfr. JORGE REIS NOVAIS, *As Restrições...*, cit., p. 723.

pria actividade legislativa, para daí se inferirem os comandos que possam auxiliar numa reconstrução sistemática, material e dogmaticamente sustentada do âmbito do acto administrativo contratual. A doutrina tem entendido que a ponderação, bem como a própria compressão de um direito ou interesse constitucionalmente protegido que dela resulte, não pode deixar de estar sujeita aos *limites dos limites* que a CRP expressamente prevê no artigo 18º para as restrições expressamente autorizadas, ainda que a afirmação da aplicabilidade desses princípios seja inferida, não tanto desse preceito constitucional, como do próprio princípio do Estado-de-Direito[217]. Não obstante não ser viável, nesta sede, apreciar cada um desses limites, cremos que, para o efeito que aqui interessa, a *chave do problema* reside no *princípio da proporcionalidade em sentido amplo*[218], que mais não traduz do que «uma componente elementar da ideia de justiça»[219]. A ponderação dos bens e a sua subsequente compressão deve executar-se, portanto, «através de um critério de proporcionalidade na distribuição dos custos do conflito»[220].

46. A sujeição ao princípio da proporcionalidade em sentido amplo da opção do legislador de atribuir ao contraente público certos poderes a exercer na fase de execução contratual através de acto administrativo significa que essa decisão do legislador deve passar com sucesso o teste dos três sub-princípios em que aquele princípio opera, e que aqui nos dispensamos de aprofundar, de cuja aplicação resultará, como se intui, uma visão não maximalista do princípio do interesse público, apenas admitindo as restrições aos princípios da igualdade, da autonomia contratual e da participação democrática – materializada através da habilitação legal para a actuação através de acto administrativo – nos casos em que a actuação através de acto administrativo, pela carga que acarreta, seja adequada, necessária e proporcionada. Concretizando, necessário será que: *(i)* o acto administrativo seja uma forma *idónea* ou *adequada* à obtenção do fim que se quer

---

[217] Cfr. JORGE REIS NOVAIS, *As Restrições...*, cit., p. 727.
[218] Sobre este princípio na doutrina nacional, cfr. J. J. GOMES CANOTILHO, *Direito...*, cit., pp. 266 e ss.; JORGE REIS NOVAIS, *Os Princípios...*, cit., pp. 161 e ss.; JORGE REIS NOVAIS, *As Restrições...*, cit., p. 729 e ss.. Na jurisprudência constitucional, cfr., entre muitos outros, acs. do TC nºs 200/01, 364/91, 650/93 em www.tribunalconstitucional.pt.
[219] Cfr. JORGE REIS NOVAIS, *Os Princípios...*, cit., p. 165. No sentido de que «poucas ideias receberam nas últimas décadas uma prosperidade e uma difusão tão grande no Direito Comparado como a ideia de proporcionalidade», cfr. RUI MEDEIROS, *A Decisão de Inconstitucionalidade*, Universidade Católica Editora, Lisboa, 1999, p. 697. Para GOMES CANOTILHO, este princípio «contribui para a integração do "momento de justiça" no palco da conflitualidade social» – J. J. GOMES CANOTILHO, *Direito...*, cit., p. 269.
[220] Cfr. VIEIRA DE ANDRADE, *Os Direitos...*, cit., p. 315.

atingir – isto é, à satisfação do interesse público em causa; *(ii)* num nível mais exigente, que a forma acto administrativo constitua o meio *necessário* para a protecção do interesse público, o que implica verificar-se que essa protecção não pode ocorrer através de outros meios menos onerosos e restritivos para a esfera do co-contratante; *(iii)* finalmente, num terceiro grau de exigência, que a satisfação do interesse público que com aquela forma de actuação se atinge seja *proporcionada* em face da lesão que tais meios produzem na liberdade dos cidadãos[221].

O que de mais essencial se infere da CRP, para efeitos de uma reconstrução constitucionalmente ancorada do âmbito do acto administrativo contratual, é, pois, que a forma acto administrativo apenas deve ter lugar na execução da relação contratual nos casos em que a mesma seja estritamente *necessária* à protecção do interesse público em jogo[222], o que deve ser visto numa base casuística, e cujo impacto em termos de sacrifício dos direitos do co-contratante seja *proporcionado* em face das vantagens que daí decorrem para o interesse público. Essa ponderação não deve deixar de ter em conta, para além dos efeitos restritivos do regime do acto administrativo, também as vantagens que o seu exercício acarreta, em contrapartida, para o co-contratante.

E são estes comandos que têm necessariamente de orientar tanto o legislador como o próprio intérprete na delimitação do âmbito do acto administrativo contratual, pois «el principio de proporcionalidad en sentido amplio no juega sólo a la hora de valorar la constitucionalidad de la decisión del legislador de adoptar el acto administrativo como forma de actuación de la Administración en cada caso, sino también en el momento de interpretar el alcance concreto de esa elección – el ámbito o el sector de aplicación de la opción por esa forma de actuación (...)»[223].

---

[221] JORGE REIS NOVAIS autonomiza ainda, no âmbito do princípio da proporcionalidade em sentido amplo, o sub-princípio da razoabilidade, orientado exclusivamente para a perspectiva das consequências do meio restritivo na esfera pessoal daquele que é desvantajosamente por ele afectado – cfr. *As Restrições...*, cit., pp. 729 e ss., em especial, pp. 765 e ss..

[222] Neste mesmo sentido, cfr. EUGENI BRUTI LIBERATI, *Consenso...*, cit., p. 264. FRANCESCA CANGELLI reconhece que o conceito de autotutela não pode considerar-se aplicável *tout-court* aos procedimentos administrativos consensuais, porque uma aplicação indiscriminada do instituto resultaria incompatível com a disciplina específica dos modelos convencionais. Mas admite o poder de autotutela na fase contratual, em algumas formas, mas desde que limitada a razões supervenientes de interesse público, propondo, numa perspectiva *de iure condendo*, que a instabilidade do contrato seja limitada a factos supervenientes, assim se excluindo a mera alteração da valoração levada a cabo pela Administração Pública (cfr. *Potere...*, cit., p. 375).

[223] Cfr. RAÚL BOCANEGRA SIERRA/J. GARCÍA LUENGO, "La potestad de dictar actos administrativos como intromisión en la libertad", *in RAP*, nº 172, 2007, Madrid, p. 131.

De resto, cumpre acrescentar, a este propósito, que o aplicador do direito, na tarefa de determinação da existência de uma lacuna, não deve prescindir de chamar à colação os parâmetros político-constitucionais da actividade legislativa, que vimos estarem em causa na construção da solução contida no nº 2 do artigo 307º[224]. Quer isto dizer que para saber se está perante um caso idêntico aos elencados na hipótese da norma, o aplicador do direito só deverá concluir pela existência de uma lacuna, quando se deparar com um caso no qual a protecção do interesse público não possa fazer-se através de outro meio menos restritivo do que a actuação através da forma acto administrativo e em que as vantagens da actuação por esta forma sejam proporcionadas à carga que a mesma transporta para o co-contratante.

47. Nesta lógica de limitação da restrição dos direitos do co-contratante ao mínimo possível, não deve excluir-se que as exigências constitucionais assinaladas possam operar, não apenas em termos de delimitação do âmbito da forma acto administrativo, mas também, eventualmente, implicar em determinadas situações ajustamentos ao regime geral do acto administrativo no sentido de maior paridade entre as partes. Testemunho dessa preocupação é a previsão legislativa de um regime específico para os actos administrativos contratuais nos artigos 308º a 310º do CCP, de onde se destaca, justamente, a previsão expressa da celebração de acordos endocontratuais em substituição, ou preparatórios, dos actos administrativos contratuais, o que traduz a materialização, a este nível, do princípio da participação co-constitutiva do co-contratante, podendo vir porventura a constituir a base para a defesa de uma preferência constitucional por essa solução em detrimento da via unilateral do acto administrativo contratual[225].

---

[224] Para A. CASTANHEIRA NEVES, também os limites político-constitucionais associados à definição da reserva do legislador e da reserva de lei constituem limites de índole intencional à delimitação do espaço de juridicidade, a reivindicar uma autónoma constituição decisória em face da insuficiência normativo-jurídica do sistema jurídico pressuposto (seja o da lei positiva, seja o do direito vigente). Para o Autor, à concreta realização do direito não compete a intencionalidade estratégica, reformadora e programática que corresponde aos poderes de direcção política e que, no universo jurídico (melhor, político-jurídico), será própria do legislador. Neste sentido, defende que «"o princípio democrático" justificará que o decidente jurídico assuma uma "auto-limitação" (no sentido da *judicial self-restraint*) a favor do legislador, vendo nessas questões "questões políticas" (...) a que se absterá de impor uma solução juridicamente decisória» – cfr. A. CASTANHEIRA NEVES, *Metodologia...*, cit., pp. 236 e 237.

[225] Para semelhante raciocínio em termos de alternatividade geral entre o acto administrativo e o contrato, cfr. PAULO OTERO, *Legalidade...*, cit., pp. 834 e ss.. A este respeito, deve ter-se presente que entre as razões que estão na origem do reconhecimento legal, em geral, do poder de celebrar contratos sobre o exercício de poderes públicos, e que cremos transponíveis para o plano dos acordos

Das exigências constitucionais assinaladas extraem-se ainda dois aspectos que devem afigurar-se intangíveis, na perspectiva da protecção do co-contratante. Desde logo, o desigual grau de vinculação ao contrato em face de certos poderes que sejam legislativamente atribuídos ao contraente público e as diferenças de posição e de armas entre as partes têm de ser neutralizados por uma verdadeira igualdade económica e financeira[226]. Em segundo lugar, a "desigualdade de armas" e a intromissão na liberdade do co-contratante, perpetrada através do acto administrativo, têm de ser efectivamente compensadas com meios de reacção adequados contra a ilegalidade da actuação administrativa, que lhe garantam a tutela jurisdicional efectiva dos seus direitos, e com garantias processuais adequadas e efectivas, em homenagem ao princípio da tutela jurisdicional efectiva.

3.2.3. O acto administrativo contratual e a reserva de lei

48. As considerações que antecedem em vista da descoberta dos comandos que é possível extrair da CRP para efeitos de uma delimitação material e axiologicamente sustentada do âmbito do acto administrativo contratual trazem à colação a temática do alcance da reserva de lei quanto à prática de actos administrativos.

Para além da sujeição de toda a actividade da Administração ao princípio da legalidade, constitucionalmente consagrado – hoje entendido não apenas como um limite da actividade administrativa, mas sobretudo como o seu fundamento[227] –, a prática de actos administrativos encontra-se, de um modo especial e decisivo, marcada pelo princípio da legalidade, na vertente de reserva de

---

endocontratuais, figura, justamente «a conveniência em atingir um maior grau de eficiência na prossecução do interesse público e a necessidade de uma acrescida legitimação da actuação administrativa» (cfr. FILIPA URBANO CALVÃO, "Contratos...", cit., p. 335). O modo como esta Autora configura a referida conveniência na maximização da eficiência permite, aliás, ancorar essa vantagem na própria participação co-constitutiva do interessado na decisão (cfr. FILIPA URBANO CALVÃO, "Contratos...", cit., pp. 336 e 337).

[226] Cfr. ARIÑO ORTIZ, "El enigma...", cit., pp. 91 e 92. Em sentido semelhante, cfr. SEBASTIÁN M-RETORTILLO BAQUER, "La institución contractual en el derecho administrativo: en torno al problema de la igualdad de las partes", in RAP, nº 29, Maio/Agosto, 1959, pp. 97 e 98; EMÍLIO JIMENEZ APARÍCIO, Comentários..., cit., p. 785; LIBERATI, Consenso..., cit., pp. 183 e 184, para quem o acordo e a patrimonialidade são os elementos essenciais do contrato.

[227] Destas duas vertentes decorrem dois sub-princípios enformadores do princípio da legalidade, precisamente o princípio da preferência de lei, no âmbito do qual sobressai o papel da lei como limite da actuação administrativa, e o princípio da reserva de lei, que determina que nenhum acto de categoria inferior à lei pode ser praticado sem fundamento no bloco de legalidade, plano em que se destaca justamente a vertente da lei como fundamento da actividade administrativa (cfr. FREITAS DO AMARAL, Curso..., cit., 2011, p. 59 e MARCELO REBELO DE SOUSA e ANDRÉ SALGADO DE MATOS, Direito Administrativo..., I, cit., pp. 159 e ss.).

lei, que impõe, como se viu já, a existência de uma norma que habilite a prática de actos administrativos.

Contudo, o que acaba de dizer-se não implica necessariamente que a norma jurídica tenha de prever expressamente a possibilidade do emprego da forma acto administrativo. Uma coisa é saber se o *conteúdo* do acto administrativo está sujeito a reserva de lei – perspectiva material e substancial da reserva de lei; coisa diferente é saber se a *forma* acto administrativo está também sujeita a reserva de lei, isto é, se a sua utilização depende de previsão normativa expressa ou se pode considerar-se que as entidades públicas dispõem de uma competência geral para a utilização da forma acto administrativo.

Esta vertente formal da reserva de lei não é alvo de detido tratamento pela doutrina administrativista portuguesa[228], apesar de muito discutida na Alemanha. Merecem destaque as posições de Sérvulo Correia e Pedro Gonçalves, que distinguem, claramente, os planos da legalidade material e da legalidade formal, considerando que a reserva de lei quanto ao acto administrativo apenas respeita à legalidade material, uma vez que «as entidades com personalidade de direito público estão automaticamente investidas de capacidade para o emprego da forma acto administrativo»[229]. De acordo esta orientação, qualquer acto de uma entidade pública que preencha os requisitos e reúna os elementos integrantes do conceito material de acto administrativo (artigo 120º do CPA) deve ser considerado um acto administrativo[230].

49. Uma outra concepção, contudo, tem feito o seu curso em ordenamentos estrangeiros, sobretudo no direito alemão[231] e, embora mais recentemente, também na doutrina espanhola, pela pena de Raúl Bocanegra Sierra/ J. García Luengo[232]. Em causa está a ideia de que a reserva de lei exige não apenas a densificação do conteúdo dos poderes a exercer mediante acto administrativo, mas

---

[228] O mesmo é assinalado, quanto à doutrina espanhola, por Raúl Bocanegra Sierra e J. García Luengo, "La potestad...", cit., p. 106.

[229] Cfr. Pedro Gonçalves, *Entidades...*, cit., p. 647 e também pp. 252 a 256. Este Autor segue as posições de Sérvulo Correia (cfr. *Legalidade...*, cit., p. 566) e de Hartmut Maurer (cfr. *Allgemeines...*, cit., pp. 243 e 247). Manifestação da mesma posição pode encontrar-se em Aroso de Almeida, *Anulação...*, pp. 90 a 93.

[230] Cfr. Pedro Gonçalves, *Entidades...*, cit., p. 256. No mesmo sentido, cfr. Hartmut Maurer, *Allgemeines...*, cit., p. 247.

[231] Cfr. Osterloh, *Erfordernis Gesetzlicher Ermächtigung für Verwaltungshandeln in der Form des Verwaltungsakts*, JuS, 1983, pp. 280 e ss. e Kopp/Ramsauer, *Verwaltungsverfahrengesetzt*, Munique, Beck, 2000, p. 587 *apud* Pedro Gonçalves, *Entidades...*, p. 644; Druschel, *Die Verwaltungsbefugnis*, Berlin, Dunckler & Humblot, 1999, pp. 31 e ss..

[232] Cfr. Raúl Bocanegra Sierra/ J. García Luengo, "La potestad...", cit., pp. 103 a 140.

também igualmente a referência específica, caso a caso, à utilização da forma do acto administrativo[233]. Os defensores desta posição fundamentam-se justamente na ideia de que o acto administrativo, sendo «esencialmente un instrumento para la aclaración y fijación unilateral del derecho en el caso concreto (...) y se le dota de eficacia con relativa independencia de su conformidad al ordenamiento, haciéndose depender la posibilidad de combatir esa eficacia del cumplimiento de breves plazos de caducidad que en el caso de que se transcurran sin que se haya interpuesto el recurso correspondiente, dan lugar a la firmeza del acto», constitui «un acto de intromisión en la esfera de la libertad» dos cidadãos, «una materia necesariamente reservada a la Ley»[234].

A circunstância de esta doutrina apontar à posição contrária «algún resabio autoritário»[235], partindo, diferentemente, do entendimento de que «la Administración no dispone de potestades o poderes inherentes a sua peculiar posición constitucional»[236], deixa transparecer, em larga medida, um confronto entre uma concepção autoritária e uma concepção paritária do relacionamento entre a Administração e os particulares[237].

50. Sem prejuízo de não ser esta a sede própria para um estudo aprofundado do tema, não está excluído que as preocupações referidas, reportadas ao emprego da forma acto administrativo, ao menos na fase de execução contratual[238], possam

---

[233] Cfr., em sentido diferente, DRUSCHEL que, defensor da reserva de lei quanto ao emprego da forma acto administrativo, admite, em termos isolados no seio da doutrina alemã, que essa habilitação pode estabelecer-se através de uma habilitação geral da Administração para praticar actos administrativos, habilitação essa que se encontraria no artigo 35º da Lei de Procedimento Administrativo alemã (correspondente ao artigo 120º do nosso CPA) – cfr. DRUSCHEL, *Die Verwaltungsbefugnis...*, cit., pp. 258 e ss. *apud* RAÚL BOCANEGRA SIERRA/J. GARCÍA LUENGO, "La potestad...", cit., p. 127.

[234] Cfr. RAÚL BOCANEGRA SIERRA/ J. GARCÍA LUENGO, "La potestad...", cit., pp. 114 e 115, na senda de numerosa doutrina alemã, ali citada.

[235] Cfr. RAÚL BOCANEGRA SIERRA/ J. GARCÍA LUENGO, "La potestad...", cit., p. 108.

[236] Cfr. RAÚL BOCANEGRA SIERRA/ J. GARCÍA LUENGO, "La potestad...", cit., p. 110. No mesmo sentido parece apontar JOSÉ MANUEL DIAZ LEMA, "Contratos públicos...", cit., p. 50.

[237] Aliás, PEDRO MACHETE parece propender para conferir à reserva de lei também um sentido formal, quando propõe dever ser reformulado o instituto da reserva de lei quanto à prática de actos administrativos, no sentido de que «a lei que regula a relação tem de prever a possibilidade de praticar o acto» (cfr. *Estado de Direito...*, cit., p. 610).

[238] JOSÉ MANUEL DÍAZ LEMA, ainda que não se pronunciando directamente a respeito da reserva de lei, considera que a actuação através de actos administrativos na esfera da execução contratual traduz uma limitação ao direito da tutela judicial efectiva dos co-contratantes que o legislador deve ponderar adequadamente (cfr. "Contratos públicos...", cit., pp. 50 e 51). Olhando o problema de um

levar a doutrina portuguesa a um reequacionamento do princípio da reserva de lei, que conduza porventura à afirmação da necessidade de habilitação especificada para o emprego da forma acto administrativo[239]. Efectivamente, «se, como é corrente, a norma que atribui o poder público nada acrescenta sobre a natureza formal dos actos que a Administração Pública vier a praticar na actuação desse mesmo poder, parece fazer todo o sentido questionar a natureza formal de tais actos»[240].

Em qualquer caso, deve reconhecer-se que o nº 2 do artigo 307º do CCP, ao habilitar especificadamente o contraente público para a utilização da forma acto administrativo, dá guarida às preocupações formais da reserva de lei[241], ainda que não tenha sido essa a intenção do legislador[242]. Quem sabe, portanto, não venha a doutrina portuguesa a considerar, num futuro próximo, que o legislador (do CCP), contrariando a tradição em matéria de acto administrativo contratual, avançou, como que *"avant la lettre"*, adiantando-se à doutrina, com o primeiro passo no sentido da reconfiguração do alcance do princípio da reserva de lei nesse domínio.

3.3. A interpretação sistemática do artigo 307º do CCP à luz do disposto no artigo 120º do CPA

51. Prossegue-se agora com mais dois pontos que visam reajustar e calibrar a excepcionalidade do acto administrativo contratual à luz de uma interpretação

---

outro ângulo, que neste trabalho não pudemos aprofundar, apesar do seu indiscutível interesse, José Manuel Díaz Lema deixa a nota de que o legislador comunitário, em especial nas designadas directivas-recursos, debilita seriamente a executividade administrativa a respeito do acto de adjudicação e de todas as actuações que o rodeiam, lançando, por essa via, «uma sombra de suspeita sobre a executividade em geral nos contratos públicos, o que é o mesmo que dizer sobre os privilégios da Administração na contratação administrativa» (cfr. "Contratos públicos...", cit., pp. 51 a 54).

[239] A este respeito, não deve ignorar-se que a reserva de lei constitui um dos limites à actividade restritiva de direitos, liberdades e garantias e direitos de natureza análoga (cfr. artigo 18º da CRP), que a doutrina tende igualmente a aplicar em matéria de restrições não expressamente autorizadas.

[240] Cfr. Pedro Gonçalves, *Entidades...*, cit., p. 645.

[241] Pode estabelecer-se, aliás, um paralelismo entre a tipicidade que, como se sabe, caracteriza o nº 2 do artigo 307º do CCP e o regime das leis restritivas de direitos do nº 2 do artigo 18º da CRP, relativamente ao qual pode ocorrer «em determinados casos especialmente melindrosos, a imposição de um verdadeiro regime de tipicidade legal das restrições» – cfr. Jorge Miranda e Jorge Pereira da Silva, in Jorge Miranda e Rui Medeiros, *Constituição Portuguesa...*, cit., p. 358.

[242] Efectivamente, até porque a doutrina nacional não reclamava esse passo à luz do entendimento que adopta do princípio da reserva lei, o propósito da opção legislativa terá sido tão-só o de clarificar e contribuir para um ambiente de maior segurança jurídica na fase de execução dos contratos administrativos.

racionalmente sustentada das opções legislativas em jogo, permitindo, de algum modo, reaproximar o acto administrativo contratual da afirmação formal de princípio assumida pelo legislador, isto é, do seu carácter excepcional. Avance-se, pois, o quanto antes.

52. Estabelecendo o nº 2 do artigo 307º que determinadas pronúncias do contraente público revestem a natureza de acto administrativo, é legítimo colocar-se ao intérprete a dúvida sobre se o legislador pretendeu com a norma em apreço afastar a relevância do conceito de acto administrativo adoptado no artigo 120º do CPA e, bem assim, toda a disciplina constante do CPA que rege o acto administrativo, seja ao nível da respectiva preparação, prática e exteriorização, seja no plano da sua manutenção, revisão e execução[243].

Referindo-se à opção de configurar como actos administrativos os actos praticados no exercício dos poderes do contraente público, PEDRO GONÇALVES reconhece-lhe «a vantagem de remeter o intérprete para uma figura conhecida, disciplinada por um regime consolidado», invocando, para tanto, o facto de o «acto administrativo ser o modo mais típico e mais formalizado do agir administrativo, encontrando-se coberto por um regime consolidado e conhecido em todas as suas dimensões e que se mostra especialmente idóneo e eficaz como instrumento ao serviço da "lógica da função"»[244].

Em linha com esta posição, não parece, claramente, que a vontade do legislador tenha sido afastar totalmente o «regime consolidado e conhecido em todas as sua dimensões» do acto administrativo. Demonstrativo disso mesmo é, justamente, a opção de, nos artigos 308º a 310º, o CCP estabelecer um regime especial para o acto administrativo (em matéria de procedimentalização, de autotutela executiva e a respeito dos acordos endocontratuais), cujo sentido não pode ser outro senão o de afastar a aplicação do regime geral do acto administrativo contido no CPA apenas nas matérias ali especialmente reguladas[245].

Quanto ao conceito de acto administrativo constante do CPA, tudo indica não se justificar entendimento distinto. Assim postas as coisas, infere-se daí que quando no nº 2 do artigo 307º se prevê a natureza de acto administrativo para determinadas pronúncias do contraente público ao longo da execução contratual

---

[243] Cfr. MÁRIO ESTEVES DE OLIVEIRA (ET. AL.), *Código...*, cit., p. 549.
[244] Cfr. PEDRO GONÇALVES, "A relação...", cit., p. 42.
[245] Deste regime decorre que, sem prejuízo do disposto no CCP em matéria de formação e de executividade dos actos administrativos contratuais, a estes actos administrativos é seguramente aplicável, com as adaptações que se impuserem por força de o acto administrativo em causa se integrar na execução de uma relação contratual, o disposto no artigo 120º e seguintes do CPA.

o legislador não está com isso a renunciar à verificação *in casu* dos elementos que, nos termos do disposto no CPA, integram o conceito e sem os quais não pode falar-se de acto administrativo. Partindo do raciocínio citado de PEDRO GONÇALVES, o legislador não pode, ao mesmo tempo que opta por recorrer a uma figura conhecida da ciência administrativa, ter querido prescindir da verificação dos elementos que são essenciais ao instituto em causa. Aliás, no exercício dos poderes de conformação contratual pode até estar em causa um acto de conteúdo normativo, um regulamento, não podendo aceitar-se que o legislador haja reconduzido toda e qualquer actuação ao abrigo daqueles poderes à natureza de acto administrativo[246].

Sendo certo que, no artigo 120º do CPA, se salvaguarda que o conceito de acto administrativo ali adoptado se projecta «para os efeitos da presente lei», isso não significa que tal conceito não possa ser aplicado noutros domínios[247]. É inegável que o CPA constitui a lei geral da actividade administrativa e, à falta de legislação específica, são as suas disposições que se aplicam ao agir administrativo.

Igualmente irrecusável é que, para além dessa intervenção legislativa sobre o conceito de acto administrativo e dos seus elementos essenciais, existe um conceito trabalhado pela doutrina, ainda que não de modo uniforme, que o legislador do CCP não há-de seguramente ter querido também desconsiderar.

Tudo ponderado, cremos que nº 2 do artigo 307º do CCP deve ser objecto de uma interpretação racional, ancorada no elemento sistemático[248], no sentido de que as pronúncias do contraente público listadas nas várias alíneas do nº 2 do artigo 307º do CCP assumem a natureza de acto administrativo desde que se conclua, numa análise casuística, que se encontram concretamente verificados os elementos essenciais que, de acordo com o artigo 120º do CPA, integram o conceito de acto administrativo[249].

---

[246] Chamando a atenção para esta possibilidade, cfr. RODRIGO ESTEVES DE OLIVEIRA, "O acto...", cit., p. 15.

[247] Apesar de, como referem MÁRIO ESTEVES DE OLIVEIRA (ET. AL.), «[v]aler a noção dada no art. 120º apenas para efeitos deste Código já não é, contudo, coisa de pouca monta», «a tendência natural será para estender a outros sectores normativos, e a outras funções jurídicas, a noção fornecida pelo Código para efeitos procedimentais» (cfr. *Código...*, cit., p. 548).

[248] Sobre o elemento sistemático da interpretação, que se ancora no pensamento tradicional da interpretação jurídica, e que, no direito positivo se baseia no nº 1 do artigo 9º do CC, que prescreve que a interpretação deve ter em conta «a unidade do sistema jurídico», cfr. OLIVEIRA ASCENSÃO, *O Direito...*, cit., p. 409 e ss..; BAPTISTA MACHADO, *Introdução...*, cit., pp. 183 e ss..

[249] Esta interpretação não prejudica o cariz tipológico do n.º 2 do artigo 307.º do CCP.

53. Esta interpretação não é, contudo, isenta de dificuldades. Sendo inegável a conhecida centragem do Direito Administrativo no acto administrativo, enquanto figura central e exclusiva do agir administrativo[250] (ainda que se reconheça que esta vem perdendo cada vez mais terreno a favor da utilização pública do contrato), é conhecida também a oscilação da doutrina em torno da definição do que é afinal o acto administrativo[251], a qual tem como base a conhecida divergência que tradicionalmente opõe, na matéria, a doutrina administrativista alemã e italiana[252].

A mesma oscilação doutrinal acontece na doutrina administrativista portuguesa e reflecte-se, para o que aqui nos interessa, na leitura que a doutrina faz do conceito de acto administrativo plasmado no artigo 120º do CPA. A posição de MARCELLO CAETANO[253] vai no sentido de um conceito amplo de acto adminis-

---

[250] No sentido de que «agora já o conceito de acto administrativo não é uma manifestação natural da actividade dos sujeitos públicos, mas a maneira de ser do que continua ainda a considerar-se a afirmação mais importante do seu agir», cfr. ROGÉRIO SOARES, *Direito Administrativo, Lições ao Curso Complementar de Ciências Jurídico-Políticas da Faculdade de Direito de Coimbra no ano lectivo 1977/78*, Coimbra, 1978, p. 53. Na formulação de SÉRVULO CORREIA: «[a]pesar de assistirmos nos dias de hoje a uma diversificação dos modos de conduta administrativa com perda de peso relativo do acto administrativo, ninguém minimamente conhecedor das realidades ousará negar que este é ainda de longe em Portugal como nos "sistemas de Direito Administrativo", a forma mais utilizada no exercício jurídico da função administrativa» (cfr. SÉRVULO CORREIA, "Acto administrativo e âmbito da jurisdição administrativa", in *Studia Iuridica, 61, Estudos em Homenagem ao Prof. Doutor Rogério Soares*, Coimbra Editora, Coimbra, 2001, p. 1170).

[251] Impressivo, neste contexto, é o repertório de definições de acto administrativo que, sem pretensão de exaustividade, é apresentado por FERNANDO GARRIDO FALLA (cfr. *Tratado de Derecho Administrativo*, Vol. I, Parte Geral, com a colaboração de Alberto Palomar Olmeda e Hermínio Losada González 15ª edição, Tecnos, Madrid, 2010, pp. 568 a 572, em nota).

[252] Quanto ao conceito de acto administrativo são genericamente apresentadas duas correntes doutrinais. Uma, correspondente à doutrina italiana, faz coincidir o acto administrativo com todos «os actos jurídicos unilaterais praticados por um órgão da Administração no exercício de um poder de Direito Administrativo, com vista a produzir efeitos jurídicos concretos (cfr. ROGÉRIO SOARES, *Direito Administrativo, Lições...*, cit., p. 70). Dentro destes, há as provisões (*"provvedimenti"*), que constituem os "actos administrativos por excelência", que têm a natureza de manifestações da vontade destinadas a alcançar as modificações no ordenamento jurídico externo. Outra corrente, "muito viva" na Alemanha, reserva a qualificação de actos administrativos para as manifestações autoritárias (*"Verfügung"*) produzidas no campo do Direito Administrativo pelos órgãos da Administração que assumam carácter externo e que se destinem a produzir efeitos jurídicos concretos (cfr. artigo 35º da VwVfG), correspondendo, em traços gerais à noção de *"provvedimento"* italiana – cfr. HEIKO FABER, *Verwaltungsrecht*, cit., p. 174 e HARTMUT MAURER, *Allgemeines...*, cit., p. 192.

[253] Cfr. MARCELLO CAETANO, *Manual...*, cit., pp. 427 e ss.. Actualmente, ainda que com diferentes matizes, um conceito amplo de acto administrativo é adoptado na doutrina nacional por VASCO PEREIRA DA SILVA, MARCELO REBELO DE SOUSA e ANDRÉ SALGADO MATOS e PAULO OTERO.

trativo e aproxima-se, assim, da da doutrina italiana, obrigando o Professor de Lisboa a recorrer à figura do acto definitivo para efeitos de circunscrição do que pode ser objecto de recurso contencioso (aproximando-o, por sua vez, do conceito italiano de "*provvedimento*" e dos conceitos alemães de "*Regelung*" e "*Verfugung*", que aludem justamente ao elemento de definição do direito)[254]. Diferentemente, ROGÉRIO SOARES, logo secundado por SÉRVULO CORREIA, acolheu a doutrina alemã ao nível do próprio conceito de acto administrativo, o que determinou que o Professor de Coimbra tivesse adoptado um conceito restrito de acto administrativo, no qual relevassem apenas os actos *reguladores*, que definam o direito do caso concreto, conceito esse que coincide com o conceito operativo relevante para efeitos de garantia contenciosa[255]. Marca essencial deste conceito restrito é a nota de *estatuição autoritária conformadora*, o que não se verifica em face de outros factos ou actos jurídicos que não são actos administrativos, bem como a *produção de efeitos jurídicos externos*, também ausente na construção marcelista.

Não é exagerado afirmar que a formulação usada pelo legislador no artigo 120º do CPA tem servido para agradar às várias tendências, permitindo as mais variadas interpretações à luz da clivagem doutrinal assinalada quanto ao conceito de acto administrativo. Efectivamente, se autores há que ali vêem a consagração de um conceito amplo de acto administrativo (VASCO PEREIRA DA SILVA[256] e MARCELO REBELO DE SOUSA e ANDRÉ SALGADO MATOS[257]), não falta quem ali leia a adopção de um conceito restrito de acto administrativo (MÁRIO ESTEVES DE OLIVEIRA/PEDRO GONÇALVES/ PACHECO DE AMORIM[258]). São essencialmente dois os pontos de divergência entre as duas posições.

O primeiro prende-se com o sentido a dar à palavra "decisão". Os defensores de um conceito restrito vêem aí a confirmação da sua posição, perspectivando a formulação usada no CPA no sentido alemão e na senda da doutrina de ROGÉRIO

---

[254] No sentido de que a construção do acto definitivo e executório, sobretudo, na sua primeira nota, se inspirou nas construções do acto administrativo inspiradas na sentença judicial, colhidas da doutrina germânica (sobretudo, Otto Mayer), cfr. LUÍS FÁBRICA, "Acto definitivo e recurso de mera anulação no pensamento de Marcello Caetano", in *Estudos em homenagem ao Prof. Doutor Marcello Caetano*, Vol. II, Coimbra Editora, 2006, pp. 83 e ss..

[255] Cfr. ROGÉRIO SOARES, *Direito Administrativo*..., cit., p. 76; SÉRVULO CORREIA, *Noções*..., cit., pp. 256 e ss, em especial pp. 288 e ss.. O conceito restrito vem sendo seguido e desenvolvido por Autores como VIEIRA DE ANDRADE, FREITAS DO AMARAL, MÁRIO ESTEVES DE OLIVEIRA, AROSO DE ALMEIDA, LUÍS FÁBRICA, PEDRO GONÇALVES e LUÍS FILIPE COLAÇO ANTUNES.

[256] Cfr. VASCO PEREIRA DA SILVA, *Em Busca*..., cit., pp. 624 e ss.; "Viagem pela Europa das formas de actuação administrativa", in *CJA*, nº 58, pp. 60 e ss..

[257] Cfr. MARCELO REBELO DE SOUSA e ANDRÉ SALGADO MATOS, *Direito Administrativo*..., III, cit., pp. 67 e ss..

[258] Cfr. MÁRIO ESTEVES DE OLIVEIRA (ET. AL.), *Código*..., cit., pp. 547 e ss., em especial pp. 550 e ss..

SOARES (no sentido de estatuição autoritária, comando jurídico vinculativo que produz, por si só, os efeitos jurídicos pretendidos, a modificação jurídica nele definida[259]), ficando, pois, excluídos do conceito os actos opinativos, os actos jurídicos instrumentais de decisões administrativas, os actos meramente declarativos e os actos confirmativos[260]. Para quem advoga um conceito amplo, determinante é o facto de o legislador português ter usado a palavra "decisão" e não "regulação", como faz o legislador alemão, daí se retirando o entendimento de que acto administrativo em Portugal é qualquer conduta voluntária, positiva e unilateral que produza efeitos jurídicos de qualquer tipo, e não apenas aquelas cujos efeitos sejam a conformação de uma relação jurídica[261]. Ao abrigo desta proposição, são actos administrativos, para além dos actos de conteúdo regulador, as declarações de inexistência, nulidade e caducidade, os actos certificativos, os actos de esclarecimento, os actos instrumentais e os actos de execução.

O outro foco de divergência tem que ver com a natureza dos efeitos jurídicos a produzir pelo acto administrativo. Sendo certo que o artigo 120º do CPA não é inequívoco a este respeito, nada dizendo sobre se ali apenas estão abrangidos os actos com efeito externo ou também os de efeito interno, os defensores de um conceito restrito asseveram que o legislador só pode ter querido referir-se aos efeitos jurídicos externos[262], excluindo, assim, deste conceito os actos internos, como as ordens de serviço, posição não partilhada pela outra facção doutrinal.

Em conexão com este segundo aspecto, deve notar-se que MÁRIO AROSO DE ALMEIDA[263], defensor de um conceito restrito de acto administrativo, vê, contudo, no CPA o acolhimento de um *conceito relativamente restrito* de acto administrativo,

---

[259] Cfr., por todos, MÁRIO ESTEVES DE OLIVEIRA (ET. AL.), *Código...*, cit., p. 550.

[260] Quanto aos actos de execução, podem colocar-se algumas dúvidas, na medida em que estes pressupõem um acto administrativo anterior, do qual são a mera concretização ou desenvolvimento (cfr. MÁRIO ESTEVES DE OLIVEIRA (ET. AL.), *Código...*, cit., pp. 723 e 724). Sobre isto, cfr. também SÉRVULO CORREIA, *Noções...*, cit., pp. 282 a 286 («na parte em que tem por conteúdo a execução jurídica do acto anterior, o acto de execução acrescenta efeitos de direito novos. A inovação não é inconciliável com a execução: toda a execução jurídica envolve efeitos de direito novos»).

[261] Cfr., por todos, MARCELO REBELO DE SOUSA e ANDRÉ SALGADO MATOS, *Direito Administrativo...*, III, cit., p. 70.

[262] Cfr. MÁRIO ESTEVES DE OLIVEIRA (ET. AL.), *Código...*, cit., p. 562; FREITAS DO AMARAL, *Curso...*, cit., 2011, p. 250. Manifestando dúvidas sobre a inclusão na norma dos actos com efeitos internos, cfr. VIEIRA DE ANDRADE, "Algumas reflexões a propósito da sobrevivência do conceito de acto administrativo no nosso tempo", *in Estudos de Homenagem ao Professor Doutor Rogério Soares*, Coimbra, 2001, p. 1217; JOSÉ EDUARDO FIGUEIREDO DIAS /FERNANDA PAULA OLIVEIRA, *Noções Fundamentais de Direito Administrativo*, Coimbra, 2005, p. 154.

[263] Cfr. AROSO DE ALMEIDA, "Considerações em torno do conceito de acto impugnável", *in Estudos em Homenagem ao Professor Doutor Marcello Caetano*, Vol. II, Coimbra Editora, 2006, pp. 259 e ss..

de "extensão intermédia" entre uma concepção ampla e uma concepção restrita de acto administrativo. Embora não cedendo quanto ao conteúdo necessariamente regulador do acto, admite já estarem ali incluídos os actos reguladores de efeitos internos, o que, aliás, é corroborado, segundo o Autor, pelo regime do próprio acto administrativo descrito no CPA[264].

Não obstante aderirmos a um conceito restrito de acto administrativo, cremos, em face do CPA, que a posição assumida por AROSO DE ALMEIDA está fortemente marcada pelo realismo, na medida em que parte do conceito jurídico-legal existente no ordenamento jurídico português, focando-se na exegese do conceito de acto propugnado pelo legislador, alheando-se das influências dogmáticas relativamente ao acto administrativo e vendo nele o que realmente ali está, sem influências doutrinais sobre o que nele deveria estar.

54. Dito isto, deve olhar-se para o nº 2 do artigo 307º partindo de um conceito (relativamente) restrito de acto administrativo.

Nessa base, tem de assumir-se que, mesmo em face das declarações de exercício dos poderes de conformação contratual previstos no artigo 302º e no nº 2 do artigo 307º do CCP, apenas faz sentido reconhecer-se a natureza de acto administrativo quando essas declarações reúnam as características e os elementos estruturais próprios do acto administrativo à luz do conceito (relativamente) restrito de acto administrativo consagrado no CPA[265].

E esta nota, ao contrário do que possa à primeira vista imaginar-se, tem significativa importância prática. Bem vistas as coisas, o elenco tipológico constante do nº 2 do artigo 307º, referindo-se ao exercício dos poderes de conformação contratual do contraente público, é susceptível de atrair para si, qual efeito magnético, toda uma série de faculdades e actos jurídicos associados ao exercício des-

---

[264] De acordo com o Professor portuense, a partir do regime do acto administrativo, previsto na Parte III do CPA, é possível detectar-se que o legislador partiu de um conceito (mais amplo) de acto administrativo, isto é, de um conceito que abrange ainda os actos decisórios meramente internos da Administração. É o caso dos artigos 124º, nº 2, 127º, 130º e 140º do CPA, sendo o primeiro o mais impressivo para o Autor (ali se dispensa do dever de fundamentação os actos de homologação de decisões tomadas pelos júris e as ordens dadas pelos superiores hierárquicos aos seus subalternos em matéria de serviço). Igualmente relevante, a este respeito, é o disposto no artigo 51º do CPTA, que denota a opção do legislador em não fazer coincidir o conceito de acto administrativo com a produção de efeitos externos.

[265] Adiantando conclusão semelhante, embora na vigência do artigo 180º do CPA, cfr. PEDRO GONÇALVES, O Contrato..., cit., p. 115: «(...) a colocação do problema [não] faz qualquer sentido quando não estejam reunidas as condições estruturais para poder falar-se de acto administrativo»; também, RODRIGO ESTEVES DE OLIVEIRA, "O acto...", cit., p. 15.

ses poderes, os quais não revestem as características próprias do acto administrativo previstas no artigo 120º do CPA (sejam meras actuações materiais[266], sejam actos certificativos, declarações de conhecimento ou actos de outro tipo).

E esta chamada de atenção aplica-se tanto aos poderes de direcção e fiscalização[267], por natureza mais propensos a uma multiplicação quase ilimitada de faculdades e formas de actuação, como também aos poderes de modificação, de resolução e de aplicação de sanções, já que, em seu torno, são, ou podem ser, praticados diversos actos jurídicos e não jurídicos pela Administração, aos quais o regime do acto administrativo contratual não pode aplicar-se quando não esteja verdadeiramente em causa uma decisão conformadora, como será o caso de todas as declarações instrumentais, acessórias e confirmativas do próprio acto já emitido.

Esta aferição tem, necessariamente, de ser operada numa base casuística, sendo certo que, numa plataforma de princípio, pode assentar-se que a decisão do contraente público de modificação unilateral do conteúdo do contrato, fundamentada e notificada ao co-contratante, configura, precisamente porque decisória, o acto administrativo contratual por excelência ao abrigo desse poder, já que, em princípio, todas as restantes pronúncias emitidas pelo contraente público na sequência dessa decisão, destinadas a negociar com o co-contratante os termos em que se concretiza o direito daquele à reposição do equilíbrio financeiro são meras declarações negociais. Idêntico raciocínio pode fazer-se a respeito do poder de resolução. Em torno do poder sancionatório, gravitam diversas pronúncias do contraente público, sem que todas tenham natureza de acto administrativo: o exemplo mais paradigmático é o projecto de decisão que, ao abrigo do dever de audiência prévia a que se refere o nº 2 do artigo 308º, é notificado ao co-contratante; outro exemplo são as decisões respeitantes à execução da própria sanção.

Em suma: o artigo 307º tem, pois, de ser interpretado adequadamente, no sentido de nele ser lida a prescrição da natureza de acto administrativo apenas nos casos em que as declarações do contraente público emitidas no contexto do exercício daqueles poderes de conformação consubstanciem, elas próprias, verdadeiras decisões dotadas de efeito conformador da relação jurídica em causa e da situação jurídica do co-contratante. Não sendo o caso, tais pronúncias do contraente público configuram meras declarações negociais, nos termos do disposto

---

[266] Sobre as actuações materiais da Administração, cfr. FREITAS DO AMARAL, Curso..., cit., 2011, pp. 659 e ss.; MARCELO REBELO DE SOUSA e ANDRÉ SALGADO MATOS, Direito Administrativo..., III, cit., pp. 379 e ss..
[267] Relativamente aos poderes de direcção e fiscalização, foi o próprio legislador quem, justamente em homenagem ao conceito de acto administrativo do artigo 120º, restringiu o âmbito do acto administrativo contratual em face da maior amplitude daqueles poderes prevista no artigo 302º do CCP.

no nº 1 do artigo 307º, às quais não se aplica o regime substantivo e processual do acto administrativo.

3.4. A importante ressalva que se extrai do artigo 302º do CCP

55. Disse-se já que o regime previsto no nº 2 do artigo 307º é potencialmente aplicável a todos os contratos administrativos como tal definidos no CCP, à excepção dos contratos interadministrativos, para os quais o artigo 338º do CCP admite, expressa e especificadamente, a não aplicação dos poderes de conformação da relação contratual. Viu-se igualmente que o conceito de contrato administrativo delimitado pelo CCP é um conceito amplo, que abrange, para além dos contratos com ligação substantiva à actividade administrativa, os contratos que as partes hajam querido submeter a um regime de direito público, bem como, por expressa qualificação da lei, os contratos de prestação de serviços e de aquisição e locação de bens celebrados por contraentes públicos que, até ao CCP, eram considerados excluídos do conceito de contrato administrativo. Este alargamento, operado pelo CCP, da base de incidência dos poderes de conformação contratual foi, ainda, configurado como um tópico de matização material do carácter formalmente excepcional do acto administrativo contratual.

56. Contudo, em matéria de conformação da relação contratual, não deve ignorar-se a primeira parte do artigo 302º do CCP, que estabelece que a atribuição ao contraente público dos poderes de conformação da relação contratual a que nos temos vindo a referir depende de outra coisa não «resultar da natureza do contrato ou da lei».

É precisamente esta ressalva que cremos não dever ser ignorada e admitimos poder ser interpretada como factor de reajustamento da aludida virtualidade de aplicação do regime da conformação contratual a todos os contratos administrativos, podendo, nesse sentido, desempenhar um papel relevante em termos de balanceamento da referida extensão da base de incidência daquele regime.

Referindo-se, concretamente, a esse mesmo segmento normativo, a doutrina já alertou para a sua pouca relevância prática, uma vez que, estando estabelecida a regra de que os poderes existem, é na prática muito pouco verosímil que, em função da natureza do contrato, sempre entre a Administração e particulares, se venha a entender que tal natureza se opõe à existência desses poderes, mesmo porque a doutrina tende, também com base no CCP, a perspectivar a relação entre o contraente público e os particulares como uma relação de poder e de correspectiva sujeição[268].

---

[268] Cfr. AROSO DE ALMEIDA, "Contratos administrativos e poderes...", cit., p. 13; VIEIRA DE ANDRADE, "A propósito do regime do contrato administrativo", in *ECP*, II, Coimbra Editora, 2010, p. 20.

Sem ignorar os alertas experientes da doutrina, pensamos, no entanto, que o CCP, na senda do CPA, deixa a porta aberta para que a matéria da conformação contratual seja limitada às situações e aos contratos em que, atenta a funcionalização ao interesse público e em função da posição relativa das partes nesses contratos, faça realmente sentido que o contraente público detenha sobre o contrato poderes exorbitantes.

Da parte inicial do artigo 302º do CCP decorre, a nosso ver, que o legislador não partiu do princípio de que os poderes de conformação da relação contratual estão necessariamente presentes em todos os contratos administrativos[269]. Dizendo o mesmo por outras palavras, a interpretação do artigo 302º denota que os poderes de conformação contratual são atribuídos ao contraente público "sob condição" de a natureza do contrato não se opor a esse regime.

Bem vistas as coisas, portanto, não é rigoroso afirmar-se que a amplitude da matéria da conformação contratual no CCP coincide com a amplitude do conceito de contrato administrativo. O regime substantivo do contrato administrativo previsto na Parte III do CCP não se aplica "em bloco" a todo e qualquer contrato administrativo que assim seja qualificado a partir do nº 6 do artigo 1º, revelando, pelo menos, dois níveis de aplicação: *(i)* um correspondente ao regime da conformação contratual, que apenas se aplica a alguns contratos administrativos, e *(ii)* outro, correspondente a todo o restante regime substantivo previsto na Parte III do CCP, tendencialmente aplicável a todos os contratos administrativos (com excepção das regras especiais previstas nos artigos 336º a 342º do CCP). E nem se diga, contra esta conclusão, que a não aplicação do regime da conformação contratual a determinados contratos que, à luz do CCP, são administrativos eliminaria a diferença entre esses e os designados contratos de direito privado da Administração, pois certo é que, mesmo não se lhes aplicando aquele regime, tais contratos ficam sujeitos às restantes normas que enformam o regime substantivo do contrato administrativo, as quais, como tem sido assinalado pela doutrina, se encontram também estreitamente funcionalizadas à prossecução do interesse público, ao ponto de se considerar que está aí também presente a "lógica da função" e não apenas a "lógica do pacto"[270].

---

[269] Para além de ser possível inferir do CCP a clara oposição do legislador ao entendimento da doutrina que defende que os poderes de conformação contratual do contraente público deveriam ter também aplicação do domínio dos contratos privados da Administração (cfr. MARCELO REBELO DE SOUSA/ANDRÉ SALGADO DE MATOS, *Contratos...*, cit., pp. 35 e 36), a primeira parte do artigo 302º leva essa oposição ainda mais longe, demonstrando que o legislador admitiu não levar o regime da conformação contratual sequer a todos os contratos que qualifica como administrativos.

[270] Cfr. PEDRO GONÇALVES, "Cumprimento e incumprimento...", cit., pp. 624 a 626.

Já a propósito da mesma formulação que constava da parte inicial do artigo 180º do CPA, a doutrina chamava então a atenção para o facto de não ser «da natureza dos contratos administrativos a existência concentrada de todos esses poderes, às vezes, nem sequer de qualquer deles»[271].

Ora, sabendo-se que a configuração legislativa do conceito de contrato administrativo varia quando comparados o CPA e o CCP, patenteando actualmente um alargamento da extensão do contrato administrativo em face do CPA, a aludida ressalva legislativa adquire hoje ainda maior acuidade do que tinha na vigência do CPA.

Caberá à doutrina fornecer as pistas para uma interpretação racionalmente sustentada da norma contida no artigo 302º, funcionalizada à teleologia do regime da conformação contratual, chamando a atenção para a conveniência em dar utilidade prática à ressalva legislativa e contribuindo, desse modo, para que a jurisprudência e a prática contratual dela retirem todas as suas virtualidades[272]. Desde já se adianta que a aludida operação hermenêutica não deve, em particular neste domínio, alhear-se de considerações de proporcionalidade na determinação da *mens legislatoris*, que vimos deverem estar presentes na construção pelo legislador da própria solução positivada, até porque, atendendo à conexão entre o artigo 302º e o nº 2 do artigo 307º, na definição da extensão dos poderes de conformação contratual não está apenas em causa o conteúdo material das posições jurídicas em que o contraente público é investido, mas também, indirectamente, a delimitação do campo em que ao contraente público é permitido actuar através da forma acto administrativo.

57. Impõe-se, por conseguinte, encetar um exercício analítico com vista a determinar que contratos teria o legislador em mente quando previu o regime da conformação contratual, para, por essa via, apurar quais são os contratos cuja natureza não se compatibiliza com a atribuição ao contraente público dos poderes de conformação contratual.

Em face de semelhante formulação que consta já do artigo 180º do CPA, a doutrina chamava então a atenção para o facto de a excepção relacionada com a própria natureza do contrato poder ter largo campo de aplicação no domínio dos chamados contratos de cooperação, isto é, contratos celebrados entre entidades

---

[271] Cfr. MÁRIO ESTEVES DE OLIVEIRA (ET. AL.), *Código...*, cit., p. 822; PEDRO GONÇALVES, *O Contrato...*, cit., p. 113; FREITAS DO AMARAL, *Curso...*, cit., 2003, pp. 615 e 616.

[272] Em sentido semelhante, embora debruçando-se sobre o artigo 180º do CPA, cfr. MÁRIO ESTEVES DE OLIVEIRA (ET. AL.), *Código...*, cit., p. 822.

públicas, mas também fora destes[273]. Afirmando que os poderes existirão todos nos contratos de colaboração subordinada[274], dá também conta de que outros contratos haverá em que apenas alguns deles existirão ou até nenhum deles[275], pondo em evidência que contratos paritários não são apenas os contratos de cooperação (entre duas entidades públicas), mas também os contratos designados de atribuição[276-277]. Mas deve notar-se que, quanto a estes últimos, a doutrina já sublinhou que «não é exacto que se deva reputar paritária a relação entre as partes em todos os contratos de atribuição»[278], podendo subdividir-se os contratos de atribuição em «contratos de atribuição paritária e contratos de atribuição subordinada, consoante a sequência da relação nascida do acordo não dependa ou dependa preponderantemente da vontade da parte administrativa»[279]. Vê-se, portanto, que, já na vigência do CPA, a doutrina estava consciente de que os poderes elencados no artigo 180º CPA valiam necessariamente para os contratos de colaboração subordinada, mas já não nesses termos para todas as restantes espécies de contratos administrativos.

Não vemos razão para alterar semelhante entendimento à luz do CCP.

A doutrina vem considerando que, não obstante a amplitude do conceito de contrato administrativo traçada pelo CCP, o regime substantivo do contrato administrativo aí previsto assenta no paradigma do contrato de colaboração

---

[273] Cfr. MÁRIO ESTEVES DE OLIVEIRA (ET. AL.), *Código...*, cit., p. 822; PEDRO GONÇALVES, *O Contrato...*, cit., p. 113; FREITAS DO AMARAL, *Curso...*, cit., 2003, pp. 615 e 616.

[274] A esta conclusão não será alheio o facto de, na 2ª versão do projecto do Código de Processo Administrativo Gracioso, o preceito que veio a corresponder na versão definitiva do CPA ao artigo 180º ter a epígrafe «contratos de colaboração subordinada» e, coerentemente, a primeira parte da norma, não se referir já às situações em que a natureza do contrato se oponha ao exercício de tais poderes, mas tão-só à previsão em contrário em lei especial.

[275] A propósito do poder de direcção, por exemplo, FREITAS DO AMARAL escreve que «assume feições e extensões diferentes de contrato para contrato administrativo, podendo até revelar-se incompatível com a natureza de alguns» (cfr. *Curso...*, cit., 2003, pp. 622 e 623). Deve sublinhar-se que MARCELLO CAETANO não estendia necessariamente o poder de direcção a todos os contratos administrativos, que, na altura, eram, como se sabe, objecto de identificação tipificada na lei (cfr. *Manual...*, cit., p. 617; MÁRIO ESTEVES DE OLIVEIRA, *Direito Administrativo*, Vol. I, 2ª reimpressão, 1984, Almedina, p. 695).

[276] Cfr. MÁRIO ESTEVES DE OLIVEIRA (ET. AL.), *Código...*, cit., p. 822. Em sentido próximo, cfr. RODRIGO ESTEVES DE OLIVEIRA, *Autoridade...*, cit. p.. 169 e ss..

[277] Para maiores desenvolvimentos sobre as classes ou espécies de contratos administrativos, cfr. SÉRVULO CORREIA, *Legalidade...*, cit., pp. 420 e ss.. e MÁRIO ESTEVES DE OLIVEIRA (ET. AL.), *Código...*, cit., p. 813.

[278] Cfr. SÉRVULO CORREIA, *Legalidade...*, ob. cit., p. 427.

[279] Cfr. SÉRVULO CORREIA, *Legalidade...*, ob. cit., p. 428.

subordinada, que se perfila como a matriz da relação contratual administrativa[280]. Defende-se que, para além de uma análise geral do regime substantivo do contrato previsto no CCP apontar nesse sentido, o artigo 338º, ao evidenciar o pressuposto de base de que nos contratos interadministrativos as partes se encontram à partida numa situação de igualdade jurídica[281] – não se justificando, por isso mesmo, uma aplicação directa do regime contido na Parte III do CCP a esses contratos –, deixa bem claro que o regime substantivo dos contratos administrativos traçado no CCP assenta no paradigma do contrato de colaboração subordinada[282], em que o co-contratante da Administração, atendendo ao objecto do contrato, se encontra numa posição de subordinação em face do contraente público[283]. Isto mesmo leva Vieira de Andrade a considerar «(...) que o factor decisivo em matéria de definição do regime da relação jurídica contratual acaba por não ser o seu carácter "juspúblico", mas a circunstância de se tratar de um "contrato desigual", que justifica diferenças específicas relativamente ao regime paritário, pressuposto como sendo próprio dos contratos de direito privado (...)»[284].

A partir desta constatação, a mesma doutrina vem pondo em causa a coerência do legislador que haveria, consequentemente, de ter limitado o regime substantivo da Parte III à execução dos contratos de subordinação, não abrangendo assim os contratos de colaboração não subordinada e de atribuição, em que o co-contratante assume posições jurídicas não precárias nem subordinadas[285]. Neste

---

[280] Cfr. Aroso de Almeida, "Contratos administrativos e poderes...", cit., p. 9; Vieira de Andrade, "A propósito...", in ECP..., cit., pp. 11 e 12. Para Aroso de Almeida, esta configuração substantiva da relação entre o contraente público e o seu co-contratante é *desadequada* ao que deve ser o entendimento da relação entre os particulares e a Administração no âmbito de um Estado de direito democrático, a qual não deve ser perspectivada como uma relação de poder e de autoridade (cfr. "Contratos administrativos e poderes...", cit., p. 9).

[281] Reconhecendo que a característica da desigualdade, própria dos contratos administrativos, cai quando se trata de contratos celebrados entre duas entidades públicas, cfr. Laurent Richer, *Droit...*, p. 28. No sentido de que os contratos interadministrativos tanto podem ser contratos de colaboração subordinada como paritária, cfr. Alexandra Leitão, "Os contratos interadministrativos...", cit., pp. 761 e 762. Deve notar-se que, em França, contra a opinião da doutrina francesa que considerava que a presença de duas pessoas públicas conferia uma coloração igualitária ao contrato administrativo, o Conselho de Estado recusou-se, numa situação dessas, a neutralizar as prerrogativas de modificação unilateral da Administração – cfr. François Brenet, "La théorie du contrat administratif", in *AJDA*, nº 18/2003, pp. 919 e ss., em especial p. 924, nota 21.

[28] Sobre o conceito de contrato de colaboração subordinada, cfr. Sérvulo Correia, *Legalidade...*, cit., pp. 417 e ss..

[283] Cfr. Vieira de Andrade, "A propósito...", in ECP..., cit., pp. 11 e 12; Aroso de Almeida, "Contratos administrativos e poderes...", cit., p. 9.

[284] Cfr. Vieira de Andrade, "A propósito...", in ECP..., cit., pp. 11 e 12.

[285] Cfr. Vieira de Andrade, "A propósito...", in ECP..., cit., pp. 11, 12 e 23.

contexto, MÁRIO AROSO DE ALMEIDA e VIEIRA DE ANDRADE, associando a solução contida no nº 2 do artigo 307º, quanto à natureza de acto administrativo das decisões tomadas em exercício de todos os poderes de conformação contratual, e a base de incidência dessa solução (aplicável a todos os contratos administrativos e não apenas aos de colaboração subordinada, onde aquela solução mais se poderia justificar), consideram que o CCP acolheu um regime de «máxima autoridade»[286], que nem no Estado Novo foi positivado em termos tão expressos[287], assumindo-se muito críticos quanto à solução do CCP e reputando-a excessiva por não tomar em conta os diferentes tipos de contratos administrativos.

Independentemente da valia das críticas formuladas relativamente a todo o regime substantivo do contrato administrativo, cremos, porém, como já assinalámos, que, no que especificamente respeita à matéria de conformação contratual e à natureza dos contratos administrativos a que a mesma deve ser aplicada, o legislador – ainda que pudesse tê-lo feito por outra forma[288], eventualmente mais clara e fonte de maior segurança jurídica – abriu caminho à doutrina para uma aplicação funcional e teleologicamente orientada desse regime, em função da natureza do contrato em causa.

Considerando que *(i)* é pacífica a adstrição do regime da conformação contratual à "lógica da função", isto é, à necessidade de dotar a Administração de poderes e de meios que lhe permitam manter o interesse público subjacente à decisão de contratar e ao contrato na sua permanente disponibilidade[289], *(ii)* que a doutrina vem considerando que o regime substantivo do contrato administrativo assenta na matriz do contrato de colaboração subordinada – que aqui não se

---

[286] Cfr. VIEIRA DE ANDRADE, "A propósito...", *in ECP...*, cit., pp. 19 e 20. Esta posição do Professor de Coimbra alinha com o que já defendia na vigência do CPA.

[287] Cfr. AROSO DE ALMEIDA, "Contratos administrativos e poderes...", cit., pp. 10 e 13. A crítica do Autor vai sobretudo dirigida à base de incidência do regime da conformação contratual, isto é, aos contratos administrativos em que tais poderes são admitidos, que vai muito para além do círculo limitado dos tipos contratuais mais emblemáticos (cfr. pp. 9, 10, 11 e 12).

[288] A doutrina vem sugerindo outros modos possíveis de o legislador limitar a aplicação da matéria contratual aos contratos em que o regime em causa se encontra racionalmente justificado. A este respeito, cfr. AROSO DE ALMEIDA, "Contratos administrativos e poderes...", cit., pp. 9, 13 e 14 (que equaciona uma solução invertida à adoptada no artigo 302º, que passaria por admitir em geral, como regra, os poderes nos contratos de colaboração subordinada, admitindo estendê-los a outros contratos, quando houvesse estipulação das partes nesse sentido); VIEIRA DE ANDRADE, "A propósito...", *in ECP...*, cit., pp. 12 e 23; MARK KIRKBY, "Conceito...", cit., p. 795.

[289] Cfr. PEDRO GONÇALVES, *O Contrato...*, cit., p. 104; CARLA AMADO GOMES, "A conformação...", p. 526.

questiona –, parece, por maioria de razão, poder assentar-se na premissa, com relevo para o que aqui se discute, segundo a qual a matéria da conformação contratual, manifestação extrema da "lógica da função", está construída à luz do mesmo paradigma[290].

A esta luz, tem de concluir-se, com a doutrina que sobre esta matéria já se pronunciou na vigência do CPA, que os poderes de conformação contratual apenas devem existir nos contratos em que, atendendo ao seu objecto, seja necessário que o contraente público detenha uma posição de supremacia sobre o co-contratante.

58. Neste quadro, susceptíveis de dúvida são, sobretudo, como se intui das considerações anteriores, os contratos administrativos que tenham objecto passível de direito privado (o que acontece com os contratos de aquisição de bens e serviços e de locação de bens qualificados como administrativos pelo próprio CCP), os contratos de atribuição, os contratos que são administrativos pelo facto de as partes os terem como tal qualificado e os contratos de execução instantânea. Diferentemente, os contratos sobre o exercício de poderes públicos estão naturalmente vocacionados para a sujeição àquele regime e os contratos interadministrativos, a que se refere o artigo 338º do CCP, não são verdadeiramente susceptíveis de dúvida, uma vez que é o próprio CCP que autoriza a respectiva desoneração do regime substantivo do contrato administrativo, permitindo justamente que se conclua que não era nestes contratos que o legislador pensava quando ressalvou do regime da conformação contratual os contratos cuja natureza se oponha a tal regime[291].

Certo é que a delimitação do âmbito desse regime só pode ser feita numa base casuística, pois «o alcance da exclusão dos poderes de autoridade por força da natureza do contrato depende da interpretação do teor e sentido do contrato» em causa[292]. O que a doutrina pode, em abstracto, fazer é tão-só adiantar algumas pistas com vista a auxiliar o intérprete e o aplicador do direito na correcta delimitação do âmbito dos poderes de conformação contratual, à luz do princípio da proporcionalidade, em especial dos sub-princípios da necessidade e da proporcionalidade em sentido estrito. E é esse, em certa medida, o intuito das considerações que, a finalizar, tecemos no ponto seguinte.

---

[290] Cfr. Pedro Gonçalves, *O Contrato...*, cit., p. 113; Vieira de Andrade, "A propósito...", in *ECP...*, cit., pp. 19 e 20; Rodrigo Esteves de Oliveira, *Autoridade...*, cit., p. 170.
[291] Cfr. Freitas do Amaral, *Curso...*, cit., 2ª edição, 2011, p. 619.
[292] Cfr. Pedro Gonçalves, *O Contrato...*, cit., p. 113.

4. Algumas concretizações para a delimitação do âmbito do acto administrativo contratual
4.1. A delimitação dos poderes de conformação contratual – alguns exemplos
4.1.1. Poderes de direcção e fiscalização

59. A necessidade de algum esforço interpretativo em matéria de delimitação do acto administrativo contratual começa logo a sentir-se a propósito dos dois primeiros poderes referidos no artigo 302º do CCP, precisamente os poderes de direcção e de fiscalização, cujo escopo consiste assumidamente em assegurar «a funcionalidade da execução do contrato quanto à realização do interesse público visado pela decisão de contratar». Trata-se de poderes reconhecidos como acessórios e instrumentais à execução do próprio contrato e que estão muitas vezes igualmente presentes nas relações contratuais privadas[293]. Talvez por isso a doutrina não lhes tenha dedicado muita atenção, o mesmo se podendo dizer do legislador, que apenas agora com o CCP se debruça mais detidamente sobre eles[294].

De destacar é a preocupação do legislador em proteger, por um lado, o co-contratante de eventuais excessos do contraente público no exercício de tais poderes, garantindo a respectiva autonomia (nº 2 do artigo 303º e nº 1 do artigo 304º) e prevendo que a intervenção do contraente público se deve limitar ao estritamente necessário à prossecução do interesse público[295] – embora se esteja com isto a proteger também, ainda que mediatamente, o próprio interesse público[296]; por outro lado, os limites que o legislador impõe ao exercício desses

---

[293] Cfr. MARIA JOÃO ESTORNINHO, *Requiem...*, cit., p. 126.
[294] Excepciona-se o regime jurídico da empreitada de obras públicas, pois o Decreto-Lei nº 59/99 (na senda da legislação anterior) dedicava um capítulo à fiscalização.
[295] Note-se que, em França, para além de, como se viu, a jurisprudência não assumir estes poderes como poderes gerais nos contratos administrativos, a própria doutrina, que os vinha admitindo, começa a questionar a sua admissibilidade quando estes vão para lá da fiscalização da própria qualidade do serviço prestado (e tocando já aspectos mais delicados como a fiscalização da contabilidade, dos stocks, do material) independentemente da respectiva aceitação pelo co-contratante – cfr. LAURENT RICHER, *Droit..*, cit., pp. 258 e 259. No direito italiano, cfr. SALVATORE BUSCEMA/ANGELO BUSCEMA, *Trattato di Diritto Amministrativo*, Vol. Sétimo, I contratti della pubblica amministrazione, 3ª edição, CEDAM, Milão, 2008, p. 600. Entre nós, a assunção pelo legislador do princípio de que o exercício dos poderes de fiscalização deve «limitar-se ao estritamente necessário à prossecução do interesse público» foi já considerado, em tom crítico, não inteiramente feliz – cfr. PEDRO GONÇALVES, "A relação...", cit., p. 40.
[296] Já MARCELLO CAETANO sustentava que a Administração «deve facilitar ao outro contraente o cumprimento das suas obrigações evitando embaraçá-lo mais do que as exigências normais da fiscalização inevitavelmente imponham» – cfr. *Manual...*, cit., pp. 617 e 618. No mesmo sentido, cfr. AUGUSTO

poderes assumem concomitantemente uma função protectora também do próprio contraente público, garantindo que uma excessiva intromissão por parte deste na execução do contrato diminua o risco assumido pelo contratante bem como a sua responsabilidade pela boa execução do contrato (parte final do nº 2, nº 3 do artigo 303º e nº 1 do artigo 304º). Estes limites e a preocupação que lhes está subjacente parecem ter na sua base as exigências constitucionais a que tivemos já oportunidade de aludir.

Para além da previsão, no artigo 303º, dos princípios respeitantes ao exercício desses poderes e dos respectivos limites e da respectiva enunciação genérica nas alíneas do artigo 302º, o legislador dedica um artigo a cada um desses poderes, nos quais densifica e concretiza o respectivo âmbito e alcance, aspecto que, como se assinalou, constitui um factor de inovação no CCP. Mas fá-lo, todavia, em termos que, seja pelo seu cariz inovador, seja por alguma equivocidade imanente, podem suscitar dificuldades na respectiva aplicação, as quais se revelam tão mais relevantes quanto é sabido que a delimitação da figura do acto administrativo contratual no nº 2 do artigo 307º é estabelecida por referenciação aos poderes de conformação contratual previstos no CCP – com o que sai abalada a pretensa tipicidade dessas normas e, consequentemente, a segurança jurídica que com elas se pretende atingir.

60. A abrir, deve enfatizar-se que o CCP limita o objecto dos dois poderes ao «modo de execução» dos contratos. Isso mesmo decorre da própria enunciação genérica dos poderes nas alíneas a) e b) do artigo 302º e, mais detidamente, dos termos com que o legislador delimita cada um deles no nº 1 do artigo 304º e nos nºs 1 e 2 do artigo 305º. Especialmente expressiva é a formulação usada nesta última norma a propósito do poder de fiscalização, onde o CCP insiste naquele objecto e acrescenta que a fiscalização deve limitar-se a aspectos que se prendam *imediatamente* com o modo de execução do contrato.

Em qualquer caso, deve assentar-se que o que está em causa no exercício de qualquer destes poderes é o modo de execução do contrato e não qualquer outro aspecto relacionado com a relação contratual que, ainda que relevante para o interesse público, não tenha estritamente que ver com a *maneira como* o co-contratante executa o contrato.

61. A formulação usada a propósito do poder de direcção permite a formação de um entendimento sobre o alcance e sentido desse poder mais restrito do que

---

DE ATHAÍDE, *Poderes Uunilaterais da Administração sobre o Contrato Administrativo*, Editora da Fundação Getúlio Vargas, Rio de Janeiro, 1981, p. 105.

aquele que vinha sendo aceite pela doutrina[297], pela jurisprudência e, até, pela prática contratual, que abrangia, em geral, as ordens sobre o modo de cumprir as obrigações contratualmente assumidas.

Efectivamente, o nº 1 do artigo 304º reconduz o poder de direcção às situações em que o contrato carece de regulamentação ou em que a regulamentação dele constante é insuficiente, configurando-o como mero poder de integração dispositiva do contrato[298], apenas exercitável nos espaços de abertura do próprio contrato (e já não, evidentemente, para alterar o conteúdo já estabilizado do contrato[299]). Em coerência com essa delimitação, o nº 2 do mesmo artigo precisa que a direcção do contraente público consiste em ordens, directivas ou instruções sobre «o sentido das escolhas necessárias» para a densificação dos espaços em branco ou menos claros deixados pelo contrato (seja nos domínios da execução técnica, financeira ou jurídica). Percebe-se, de imediato, que este desenho do poder de direcção não é desprovido de significado, com ele se arredando do poder de direcção as pronúncias do dono de obra que, podendo ser entendidas ainda, de acordo com o entendimento tradicional e quase intuitivamente, como uma *direcção* do modo de execução do contrato, não tenham em vista o preenchimento de um espaço em branco deixado pelo clausulado contratual, mas sim, por exemplo, prevenir ou corrigir incumprimentos contratuais. Retomar-se-á mais à frente este ponto, estabelecendo um confronto entre o poder de direcção e o poder de fiscalização.

Por ora, interessa deixar um alerta para que esta função de integração dispositiva do contrato atribuída ao poder de direcção não seja, ela própria, interpretada em termos demasiado estreitos. Reconhecendo-se que tal função apela a uma ideia, de certo modo excepcional e anormal, de *lacuna do contrato*[300],

---

[297] Cfr. MARCELLO CAETANO, *Manual...*, cit., p. 617; ESTEVES DE OLIVEIRA, *Direito Administrativo...*, cit., p. 695.

[298] Cfr. ESTEVES DE OLIVEIRA (ET. AL.), *Código...*, cit., p. 825 [o poder de direcção «é, antes um poder de mera integração dispositiva (por regras de eficiência, proporcionalidade e custo) do contrato, no que diz respeito ao modo de execução concreta das prestações que estão a cargo do contraente privado»]; CARLA AMADO GOMES, "A conformação...", cit., p. 527 (para a Autora, o poder de direcção assume-se como uma «forma de colmatar eventuais lacunas de regulação ou densificação do modo de execução das prestações»).

[299] Como refere PEDRO GONÇALVES, a propósito da concessão de serviços públicos, «essencial é que tais poderes impositivos e orientadores não signifiquem a criação para o concessionário de *obrigações autónomas*, diferentes das que já constam no contrato», caso em que se estaria diante de «*actos administrativos atípicos*, sem qualquer base legal» – cfr. PEDRO GONÇALVES, *A Concessão...*, cit., p. 245.

[300] Sobre o conceito de lacuna na teoria geral do Direito, cfr. BAPTISTA MACHADO, *Introdução...*, cit., pp. 194 e ss.

admite-se que a mesma possa vir a ser alvo de uma interpretação que limite significativamente o âmbito do exercício dos poderes de direcção, restringindo-o aos casos em que o contrato não regula de todo certo aspecto do modo de execução contratual. Afigura-se-nos, todavia, evidente que a referência legal à *carência de regulamentação* ou a uma *regulamentação insuficiente* tem de ser compreendida em termos mais generosos e, aliás, mais rigorosos, também em homenagem ao elemento histórico e racional da interpretação. Como a doutrina assinalava, «por mais explícito e minucioso que seja o contrato ou o caderno de encargos, o particular tem sempre a possibilidade de escolher um de vários caminhos para cumprir uma determinada cláusula. Convém que, no momento da escolha, a Administração possa indicar o melhor caminho a seguir»[301], pelo que a expressão «regulamentação insuficiente» tem de entender-se, com pleno cabimento, como abrangendo uma omissão sobre qualquer meio necessário à execução do contrato. Ademais, a referenciação constante, nos nºs 1 e 2 do artigo 304º, do poder de direcção ao espaço delimitado pelo próprio contrato deve compreender-se em coerência com a ideia de que o poder de direcção não pode configurar uma modificação ao contrato, impondo ao co-contratante privado obrigações novas, mas sem que daí deva inferir-se que o poder de direcção não possa estender-se a todo e qualquer espaço em branco deixado pelo contrato.

62. Assim fixado o âmbito do poder de direcção do contraente público, parece-nos, contudo, poder extrair-se do CCP uma dúvida a respeito da amplitude deste poder. Efectivamente, se do disposto no nº 1 do artigo 304º parece resultar que de fora do poder de direcção ficou um poder geral de «fixar os objectivos e os resultados a que tenderá a sua actividade em domínios que sejam contratualmente relevantes»[302] ou de «orientar a actuação do concessionário através de directivas, instruções ou fixação de objectivos»[303], que a doutrina vinha admitindo poder caber, por vezes, neste poder de direcção, a verdade é que a alusão,

---

[301] Cfr. Augusto de Athaíde, *Poderes Unilaterais...*, cit., p. 105. Como refere Pedro Gonçalves, «algumas das obrigações que o concessionário assume podem estar definidas em termos pouco claros (v.g., "obrigação de actuar com a máxima segurança para os utentes", "em condições de operacionalidade", "de eficiência", de "segurança"; obrigação de disponibilizar aos utentes "meios confortáveis e cómodos")» – cfr. Pedro Gonçalves, *A Concessão...*, cit., pp. 245 e 246.
[302] Cfr. Esteves de Oliveira (et. al.), *Código...*, cit., p. 826. Será o caso, nas palavras dos Autores, da fixação de mínimos a produzir e de extensões a fazer.
[303] Cfr. Pedro Gonçalves, *A Concessão...*, cit., p. 246. O Autor parece admitir incluir este poder numa concepção mais ampla de poder de direcção que, para além do poder de integração dispositiva do contrato, abrangesse também este poder de orientar, contanto que «a orientação não interfira na capacidade de gestão do concessionário».

nos n°s 2 e 3 do mesmo preceito e na alínea b) do nº 2 do artigo 307º, a *directivas* como instrumentos de exercício do poder de direcção (a par das ordens e instruções) é fonte de alguma perplexidade. Na verdade, ao passo que as "ordens ou instruções" (seja qual for a diferença entre as duas figuras) se reconduzem ao poder de direcção enquanto poder de integração dispositiva do contrato, a figura das "directivas" parece já vocacionada a enquadrar-se num *poder de orientar*, através do estabelecimento de princípios de actuação, objectivos ou metas, aproximando-se do poder administrativo da superintendência. Paira, pois, alguma hesitação sobre se esse poder geral de orientação, de fixar objectivos e metas, integra agora o poder de direcção do contraente público para lá do poder de integração dispositiva do contrato nos aspectos que este não abranja (lacunares) ou em que não seja absolutamente claro[304].

Não obstante as dúvidas que podem a esse respeito suscitar-se, propendemos para não incluir esse poder geral de orientação no poder de direcção delimitado pelo CCP. Desde logo, porque ele não se infere literalmente do nº 1 do artigo 304º, norma que, a nosso ver, delimita, a título principal, o alcance e a extensão do poder de direcção, destinando-se os restantes números do preceito a densificar aquela norma ou a prever regras acessórias. Mas duas outras razões, de índole racional, concorrem nesse mesmo sentido. A um tempo, a delimitação do âmbito do acto administrativo contratual à luz dos comandos constitucionais aplicáveis aponta no sentido da sua circunscrição ao efectivamente necessário à tutela do interesse público, devendo o intérprete nortear a sua interpretação igualmente por razões de proporcionalidade. A um outro tempo, apelando aos ensinamentos do passado, não deve perder-se de vista que esse *poder geral de orientação* vinha sendo apresentado pela doutrina, não como uma faceta geral do poder de direcção, mas, em termos mais cautelosos, como uma vertente eventual da direcção, com contornos diferenciados em função dos vários tipos de contratos e depen-

---

[304] A referida hesitação teria, a nosso ver, sido evitada se o legislador tivesse sido mais preciso e rigoroso no fornecimento de indicadores acerca do sentido a dar às expressões "ordens, directivas ou instruções". Refira-se, aliás, que uma tal exigência de precisão, razoável em face de qualquer intervenção legislativa, ganha ainda maior acuidade se se tratar de matéria sujeita a reserva de lei e de leis que consagram soluções de solução de conflitos entre interesses e valores opostos, como é o caso. Como escrevem JORGE MIRANDA e JORGE PEREIRA DA SILVA, a reserva de lei restritiva «traduz-se sempre na *exigência de fixação primária do sentido normativo* directamente pela mão do legislador, sem possibilidade de delegação», donde decorre, entre outros aspectos, «a necessidade de que o sentido do texto legislativo seja preciso e inequívoco, de modo a que os seus destinatários possam compreender o respectivo conteúdo e prever com segurança o resultado da sua aplicação, designadamente *se e em que medida* vão ser afectados» (cfr. JORGE MIRANDA e RUI MEDEIROS, *Constituição Portuguesa...*, cit., p. 358).

dendo de estipulação contratual[305]. Assim se vê que, na medida em que é um poder menos ligado ao clausulado do contrato, em termos do seu cumprimento ou incumprimento, mas essencialmente à *performance* do co-contratante e à maximização dos resultados, a sua previsão pela lei como um poder geral afigurar-se-ia excessiva. Alternativa seria a sua previsão em termos gerais, condicionada à específica previsão contratual, à semelhança do que ocorre no poder sancionatório, opção que, contudo, não foi adoptada a propósito no poder de direcção.

Em qualquer caso, a posição que aqui se advoga não significa que o contrato não possa prever tal poder geral de orientação a favor do contraente público; simplesmente, por exigência do princípio da reserva de lei, essas intervenções contratuais não configuram poderes de conformação contratual e o seu exercício não ocorre através da forma acto administrativo.

63. Mas importa equacionar o poder de direcção na perspectiva da sua distinção do poder de fiscalização. O modo como o CCP define os poderes de direcção e fiscalização pode gerar dúvidas sobre as fronteiras entre os dois[306], reforçadas, sobretudo, pela respectiva configuração no passado.

As diferenças são assumidas nos seguintes termos: enquanto o poder de direcção «respeita a matérias necessárias à execução do contrato carentes de regulamentação ou insuficientemente reguladas de forma a impedir que o contrato seja executado de modo inconveniente ou inoportuno para o interesse público», com o poder de fiscalização sobre o modo de execução do contrato pretende-se colocar o contraente público em posição adequada a «poder determinar as necessárias correcções e a aplicar as devidas sanções» – trata-se aqui do poder de a Administração «se manter a par da actividade do seu contratante, tomando conhecimento da forma como ele trabalha para executar o contrato, a fim, justamente, de evitar desvios aos seu pontual cumprimento»[307].

---

[305] Refira-se, aliás, que PEDRO GONÇALVES considera que, a propósito do poder de orientação no âmbito de uma concessão, que «o grau máximo de "intervenção" que a ideia de concessão comporta é a de um poder de orientação (superintendência), isto é, de um poder de fixar objectivos, deixando ao concessionário a selecção dos meios ou dos instrumentos adequados para os alcançar» (cfr. *A Concessão...*, cit., p. 244).

[306] AUGUSTO DE ATHAÍDE considerava o poder de fiscalização uma faceta do poder de direcção – cfr. *Poderes Unilaterais...*, cit., p. 104.

[307] Cfr. AUGUSTO DE ATHAÍDE, *Poderes Unilaterais...*, cit., p. 103. O poder de fiscalização é especialmente nítido, e terá tido aí a sua origem, fruto da tradição legislativa e jurisprudencial portuguesa, no contrato de empreitada de obras públicas onde «a entidade adjudicante, desde logo pelos riscos que a execução de uma obra comporta, tem poderes mais extensos e intensos» (cfr. LICÍNIO LOPES, "Alguns aspectos...", cit., p. 391).

Se da definição literal do poder de fiscalização[308] parece poder inferir-se que o poder de fiscalização é, como alguma doutrina o vinha, e vem, aliás concebendo, um poder instrumental ao poder de direcção e ao poder de aplicar sanções[309] (pois destina-se a colocar o contraente público em posição de «poder determinar as necessárias correcções e aplicar as devidas sanções»), não nos parece hoje, em face do direito positivo, ser essa uma leitura adequada da relação entre este poder e o poder de direcção. A este respeito, não pode perder-se de vista que o poder de direcção é configurado, como se viu, como mero poder de integração dispositiva do contrato, apenas exercitável nos espaços de abertura do próprio contrato, fronteira que, aos nossos olhos, não pode estender-se aos casos em que esteja em causa corrigir, ou prevenir, a deficiente execução do contrato pelo co-contratante («correcções»). Diferentemente, o poder de fiscalização é recortado pelo legislador em termos amplos susceptíveis de abarcar todas as medidas incidentes sobre o modo de execução do contrato tendentes a prevenir ou a corrigir incumprimentos contratuais, nele se podendo, portanto, também enquadrar actos impositivos como as correcções ou ordens de índole preventiva.

Neste sentido, aliás, milita o disposto na alínea a) do nº 2 do artigo 307º, que se refere às ordens, directivas ou instruções emitidas não apenas no exercício do poder de direcção, mas também ao abrigo do poder de fiscalização[310]. Pese embora, como se assinalou, o legislador não se referir expressamente, no artigo 305º, a ordens, directivas ou instruções e de, no artigo 333º, a propósito da resolução sancionatória, as ordens, directivas ou instruções aparecerem apenas asso-

---

[308] Em matéria de empreitada de obras públicas, deve ter-se presente que não existe coincidência total entre as funções atribuídas pelo CCP ao director de fiscalização da obra, nos termos do disposto no artigo 344º, e os poderes de fiscalização do dono de obra, ao abrigo do artigo 302º e seguintes. O director de fiscalização da obra é um representante geral do dono de obra, não apenas em matéria de poderes de fiscalização. Sobre a função da fiscalização no contrato de empreitada, cfr. LICÍNIO LOPES, "Alguns aspectos...", cit., pp. 386 e ss..

[309] Neste sentido cfr. também FREITAS DO AMARAL, Curso..., cit., 2011, p. 625; MARCELO REBELO DE SOUSA e ANDRÉ SALGADO DE MATOS, Contratos..., cit., p. 141. Já CARLA AMADO GOMES refere-se à instrumentalidade do poder de fiscalização em face dos poderes de aplicação sanções e de resolução do contrato por incumprimento (cfr. "A conformação...", cit., p. 529). Em Espanha, o poder de aplicar sanções aparece como uma faculdade no âmbito dos poderes de direcção e fiscalização, ligada ao poder de coerção ao cumprimento – cfr. GARCÍA DE ENTERRÍA e TOMÁS-RAMÓN FERNANDEZ, Curso..., cit., pp. 767 e 768.

[310] Por esclarecer fica, no âmago desta alínea a) do nº 2 do artigo 307º, se as directivas ali referidas dizem apenas respeito ao poder de direcção (se entendido naquela perspectiva mais generosa a que nos referimos) ou se também respeitam ao poder de fiscalização, e qual a diferença, se é que alguma, entre directivas no exercício do poder de direcção e directivas no exercício do poder de direcção.

ciadas ao poder de direcção e já não ao poder de fiscalização, estes dados não constituem razão suficiente para abalar o entendimento referido. Por um lado, o artigo 305º não apresenta qualquer enumeração taxativa das faculdades em que se concretiza o poder de fiscalização, pelo que do facto de se referir apenas a algumas não decorre qualquer conclusão determinante em termos de delimitação negativa do âmbito desse poder. Por outro lado, estando em causa no artigo 333º a enumeração de algumas situações que permitem a resolução sancionatória do contrato, cujo âmbito não se encontra limitado à própria conformação contratual do contrato, abrangendo outros factores respeitantes à matéria do cumprimento e incumprimento contratual, bem se percebe que dali não possa inferir-se qualquer argumento decisivo para o estabelecimento do perímetro da conformação contratual. O que resulta da alínea c) dessa norma é que o contraente público pode resolver o contrato quando o co-contratante viole o dever de cumprimento do poder de fiscalização do contraente público, mesmo quando não estejam em causa ordens, directivas ou instruções (viu-se já que o âmbito do poder de fiscalização vai além das próprias ordens, directivas ou instruções).

Em suma: no poder de fiscalização cabe hoje um controlo mais activo do modo de execução do contrato com vista a evitar ou corrigir incumprimentos, que se estende claramente às próprias correcções que, tradicionalmente, eram enquadradas no poder de direcção[311]. É esta conclusão que determina, a nosso ver, que determinadas matérias sejam por nós consideradas enquadradas no poder de fiscalização e não, como tradicionalmente, no poder de direcção. Apelando às referências expressas do CCP, a que oportunamente nos referimos, é o caso: *(i)* da ordem de suspensão dos trabalhos, nas situações expressamente previstas no artigo 365º[312]; *(ii)* da ordem de correcção dos defeitos atestados no auto de recep-

---

[311] Para uma análise comparativa entre as várias tarefas de acompanhamento que incumbem à Administração no direito alemão, em especial sobre a autonomização do conceito de "monitoring", cfr. KARSTEN HERZMANN, "Monitoring als Verwaltungaufgabe", in DVBL, 1. Juni 2007, pp. 670 e ss. É curioso notar que, muito embora não se referindo ao poder de fiscalização da Administração no âmbito dos contratos administrativos, uma vez que, como se viu, o direito alemão não reconhece tais prerrogativas públicas à Administração na execução dos contratos, mas antes ao *monitoring* como uma tarefa geral da Administração (*Verwaltungsaufgabe*), o Autor apresenta como um dos pontos distintivos entre o *monitoring* (conceito recente no direito alemão, introduzido por via do direito comunitário) e o poder de fiscalização o facto de o primeiro não incluir poderes de correcção e rectificação, o que é, tradicionalmente, no direito alemão, incluído no poder de fiscalização (*Aufsicht*), que se apresenta, por conseguinte como um poder mais interventivo do que o *monitoring* – cfr. em especial p. 674.
[312] Esta ordem é tradicionalmente enquadrada no poder de direcção, enquanto poder geral de direcção do contrato – cfr. FREITAS DO AMARAL, *Curso...*, cit., 2003, p. 631; MARIA JOÃO ESTORNINHO, *Direito*

ção provisória, prevista no artigo 396º; *(iii)* da ordem para apresentar plano de trabalhos modificado (nº 1 do artigo 404º); *(iv)* da ordem de repetição da execução da obra com defeito ou ordem de substituição de equipamentos defeituosos, no caso de os defeitos não serem susceptíveis de correcção, prevista no nº 6 do artigo 397º.

Neste sentido, é razoável afirmar que o CCP veio, de certo modo, alterar o paradigma tradicional segundo o qual o poder de fiscalização é sobretudo passivo, não interferindo no modo de execução do contrato[313], tendo claramente engrossado o núcleo de faculdades que caem sobre a alçada deste poder, que galgou, como se viu, algum terreno ao poder de direcção. Não se trata, portanto, neste particular, de uma ampliação do âmbito dos poderes de conformação contratual e do acto administrativo contratual, mas apenas de um reajustamento interno das fronteiras entre aqueles dois poderes.

64. Ainda relativamente a estes dois poderes, é oportuno abordar um aspecto relacionado com a interpretação da formulação «ordens, directivas ou instruções» usada pelo legislador, tanto na alínea a) do nº 2 do artigo 307º, abrangendo aqueles dois poderes, como no artigo 304º, especificamente a respeito do poder de direcção.

À primeira vista, poderá inferir-se dessas normas que apenas integram a natureza de acto administrativo contratual as pronúncias do contraente público ao abrigo dos poderes de direcção e de fiscalização que se traduzam em actos administrativos impositivos[314], justamente em «ordens, directivas ou instruções», e já

Europeu..., cit., p. 453, nota 404. Enquadrando este exemplo no poder de fiscalização, cfr. ac. do STA de 30.09.1999 (Procº 42938), 1ª subsecção. Também PEDRO GONÇALVES (cfr. "Cumprimento e e incumprimento...", cit., p. 581), deixa a ideia de que as determinações de suspensão da execução dos trabalhos estão para lá do poder de direcção. Sobre a suspensão da obra no direito italiano, cfr. SALVATORE BUSCEMA/ANGELO BUSCEMA, *Trattato...*, cit., p. 606 e, no direito espanhol, cfr. CONCÉCPCION BARRERO RODRIGUEZ, "La suspensión de la ejecución del contrato de obra pública", *in RAP*, 142, Janeiro/Abril 1997, pp. 111 e ss.. No sentido de que, no direito espanhol, o poder de suspensão do contrato se enquadra no *ius variandi*, cfr. JAIME RODRÍGUEZ-ARANA, "Las prerrogativas de la administración en los contratos de las Administraciones Publicas", *in Anuario da Facultade de Dereito da Universidade da Coruña*, nº 12, 2008, pp. 795 a 812.

[313] Cfr. MARIA JOÃO ESTORNINHO, *Direito Europeu...*, cit., p. 453. No entanto, deve notar-se que MÁRIO ESTEVES DE OLIVEIRA (ET. AL.) assinalavam que a fiscalização dos contratos «é, muitas vezes, acompanhada da possibilidade de dar ordens ou formular exigências ao co-contratante, quanto ao modo de execução do contrato» – cfr. *Código...*, cit., p. 827.

[314] De acordo com FREITAS DO AMARAL, actos administrativos impositivos são os que «determinam a alguém que adopte uma certa conduta ou que colocam o seu destinatário em situação de sujeição a um ou mais efeitos jurídicos» (cfr. *Curso...*, cit., 2011, p. 282).

não os actos administrativos permissivos[315], designadamente aqueles cujo efeito é autorizar a execução do contrato de determinado modo, que vinham sendo admitidos, neste contexto, pela doutrina[316-317]. Com efeito, partindo-se desta dicotomia entre actos impositivos e actos permissivos e à falta de referência expressa a autorizações ou a aprovações em qualquer das normas referidas, tudo indicaria que os actos permissivos não integram os aludidos poderes e, muito menos, assumem a natureza de acto administrativo.

Parece-nos, porém, precipitada uma tal leitura da lei.

Em primeiro lugar, cremos que é ainda possível extrair-se dos actos permissivos, como as aprovações, autorizações e não oposições, um sentido impositivo, sendo desse modo admissível reconduzi-los à categoria de "ordens, directivas ou instruções" – ainda que, reconheça-se, não seja esse o sentido mais rigoroso e adequado aos instrumentos usados pela ciência administrativa. Efectivamente, uma autorização a que se proceda de uma determinada forma pode perfeitamente percepcionar-se como, também ela, uma ordem para que se actue dessa mesma forma[318].

Em segundo lugar, entendemos, partindo da realidade contratual, que as autorizações e as aprovações do contraente público relativas ao modo de execução do contrato, em matérias que não se encontram ou se encontram insuficientemente regulamentadas no próprio título contratual, cabem no âmbito do poder de direcção delimitado no artigo 304º. É, com efeito, bastante comum os contratos submeterem à aprovação do contraente público, ao longo da fase de execução contratual, projectos, materiais e equipamentos de execução da obra cuja definição o contrato não detalhava. Em causa está verdadeiramente um poder de integração dispositiva do contrato, nos termos já referidos, tratando-se directamente do modo de execução das obrigações do co-contra-

---

[315] Ainda segundo a definição de FREITAS DO AMARAL, actos administrativos permissivos são «aqueles que possibilitam a alguém a adopção de uma conduta ou a omissão de um comportamento que de outro modo lhe estariam vedados» (cfr. Curso..., cit., 2011, p. 287).

[316] Cfr. PEDRO GONÇALVES, A Concessão..., cit., p. 242.

[317] São várias as autorizações, aprovações e não oposições previstas no CCP (independentemente da sua recondução aos poderes de conformação contratual): autorização de cessão da posição contratual e autorização de subcontratação (nº 1 do artigo 319º); autorização da subempreitada e não oposição à subempreitada (nº 1 do artigo 386º); aprovação de ajustamentos ao plano de trabalhos pelo contraente público (nº 5 do artigo 361º); pronúncia do dono de obra sobre os elementos de projecto entregues pelo empreiteiro numa empreitada de concepção-construção (nº 3 do artigo 362º); não oposição à suspensão da execução pelo empreiteiro (nº 1 do artigo 366º); autorização da suspensão pelo dono de obra (artigo 367º).

[318] Neste sentido, cfr. RODRIGO ESTEVES DE OLIVEIRA, Autoridade..., cit., p. 155.

tante[319]. Do mesmo modo, também as autorizações e as oposições do contraente público que, não traduzindo propriamente uma integração dispositiva do contrato, traduzam um acompanhamento e uma verificação do cumprimento do contrato, têm pleno cabimento no poder de fiscalização[320].

Em suma: defendemos que a formulação «ordens, directivas ou instruções» a que se referem os artigos 304º e 307º deve ser entendida no sentido de nela poderem ser incluídas as actuações permissivas do contraente público, contanto que estejam em causa actuações enquadradas nos poderes de direcção e de fiscalização e relativas ao modo de execução das prestações contratuais.

65. Exclusivamente a respeito do poder de fiscalização, o nº 2 do artigo 307º operou, à luz da exigência de uma interpretação sistemática do nº 2 do artigo 307º por referência ao disposto no artigo 120º do CPA, uma compressão do âmbito do acto administrativo contratual em face do âmbito do poder de fiscalização delimitado nos artigos 302º e 305º.

Efectivamente, ao estabelecer, quanto a este poder, que são actos administrativos as pronúncias que se traduzam em ordens, directivas ou instruções, o legislador, em linha com o que a doutrina já vinha defendendo[321], excluiu do espaço autoritário o exercício do poder de fiscalização que se traduza nomeadamente na realização de inspecções, vistorias, análise de documentação, a que o artigo 305º faz, aliás, expressa referência. Causa, no entanto, alguma perplexidade o facto de o artigo 305º, que se dedica exclusivamente ao poder de fiscalização, não se referir à emissão de ordens, directivas ou instruções, mas apenas, ainda que a título meramente exemplificativo, no seu nº 2, à «inspecção de locais, equipamentos, documentação, registos informáticos e contabilidade» e a «pedidos de informação». No âmbito da fiscalização, dir-se-á que, tendencialmente, as tarefas mais passivas, de mero acompanhamento e fiscalização, não são realizadas através de actos administrativos enquanto as faculdades mais activas no âmbito desse poder estão já vocacionadas para o preenchimento do conceito de acto administrativo.

Sob esta perspectiva, e a título exemplificativo, as declarações proferidas no âmbito da vistoria para efeitos de recepção provisória, a que se referem os artigos 304º e 295º, no âmbito do contrato de empreitada de obras públicas, e reflectidas

---

[319] Neste sentido, cfr. RODRIGO ESTEVES DE OLIVEIRA, *Autoridade...*, cit., p. 155.
[320] É o caso da não oposição à suspensão pelo empreiteiro, prevista no nº 1 do artigo 366º, e a autorização a que se refere o artigo 367º do CCP.
[321] Cfr., neste sentido, RODRIGO ESTEVES DE OLIVEIRA, *Autoridade...*, cit., pp. 155 e 156; PEDRO GONÇALVES, *O Contrato...*, cit., p. 115; RODRIGO ESTEVES DE OLIVEIRA, "O acto...", cit., p. 15.

em auto, embora materializem o exercício do poder de fiscalização que incumbe ao contraente público, não correspondem a um acto administrativo contratual, mas a meras declarações negociais, nos termos previstos no nº 1 do artigo 307º do CCP.

Já as ordens de correcção dos defeitos detectados nessa vistoria e descritos no auto, que sejam dirigidas pelo contraente público ao co-contratante nos termos do disposto no nº 1 do artigo 396º do CCP, justamente porque são ordens e encerram uma decisão conformadora, devem ser consideradas actos administrativos contratuais.

Também os próprios pedidos de informação a que se refere o artigo 290º do CCP e os pedidos de marcação de inspecções e vistorias, indubitavelmente abrangidos pelo poder de fiscalização, correspondem, a nosso ver, a actos administrativos à luz do disposto nº 2 do artigo 307º[322-323].

4.1.2. Poder de resolução unilateral
4.1.2.1. Em geral

66. Também o exercício do poder de resolução unilateral do contrato atribuído ao contraente público pode prestar-se a algumas dúvidas em termos da sua delimitação.

Trata-se, a par do poder de modificação unilateral, de um dos poderes em que a nota de exorbitância é mais evidente, pois é verdadeiramente nesse terreno que «o regime jurídico da execução do contrato administrativo se afasta ao máximo do dos contratos de direito privado (...) e onde parece mais difícil conciliar a própria noção de contrato com a de privilégios de direito público sem sacrificar algo da primeira»[324].

O artigo 302º e o nº 2 do artigo 307º limitam-se a enunciar genericamente o poder de resolução unilateral do contrato como um poder de conformação contratual a exercer mediante acto administrativo, encontrando-se concretizadas nos artigos 333º, 334º e 335º as diferentes modalidades de resolução do contrato pelo contraente público: resolução sancionatória, resolução por razões de interesse público e resolução com fundamento na alteração anormal e imprevisível das circunstâncias, respectivamente. Já se vê que a dúvida que pode levantar-se é a de saber se o poder público de resolução abrange estas três situações ou apenas a resolução por interesse público. E, a este respeito,

---

[322] Neste sentido também, cfr. RODRIGO ESTEVES DE OLIVEIRA, *Autoridade...*, cit., p. 156.
[323] Sobre este aspecto, cfr. ponto 4.3.1.1. infra.
[324] Cfr. ANDRÉ DE LAUBADÈRE, FRANCK MODERNE, PIERRE DEVOLVÈ, *Traité des Contrats Administratifs*, Vol. I, L.G.D.J., 2ª edição, Paris, 1983, p. 710.

há um dado histórico a considerar: é que o artigo 180º do CPA, quando se referia a este poder de resolução unilateral, especificava tratar-se da resolução «por imperativo de interesse público devidamente fundamentado», caminho que o legislador actual não seguiu.

Dir-se-á, é certo, que não foi o facto de o CPA aludir expressamente ao «imperativo de interesse público» que impediu a doutrina e a jurisprudência de considerarem a resolução sancionatória como um poder abrangido no artigo 180º do CPA. O próprio MARCELLO CAETANO não analisava autonomamente o poder sancionatório da Administração, falando apenas na rescisão-sanção e na rescisão por interesse público[325]. E assim se iniciou uma tradição que se foi mantendo, já que em geral a doutrina considera a resolução por incumprimento abrangida no poder sancionatório[326], o que se mantém ainda na vigência do CCP[327].

4.1.2.2. A resolução com fundamento em alteração anormal e imprevisível das circunstâncias

67. É sobretudo quanto à resolução por alteração anormal e imprevisível das circunstâncias, prevista no artigo 335º do CCP e cujos fundamentos se encontram elencados na alínea a) do artigo 312º, que a doutrina já produzida na vigência do CCP se tem interrogado e que a dúvida se coloca com mais acuidade.

Convém ter em mente que, quanto ao poder de modificação unilateral, o legislador do CCP esclarece que se trata do poder de modificar unilateralmente o contrato «por razões de interesse público», donde decorre que claramente excluiu do âmbito dos poderes de conformação contratual do contraente público o direito de modificação do contrato com fundamento na alteração anormal e imprevisível das circunstâncias, a que se refere a alínea a) do artigo 312º[328]. Em contrapartida, a propósito do poder de resolução unilateral do con-

---

[325] Cfr. *Manual...*, cit., p. 637.
[326] Cfr. MÁRIO ESTEVES DE OLIVEIRA (ET. AL.), *Código...*, p. 827; PEDRO GONÇALVES, *O Contrato...*, cit., pp. 133 a 135. Assim é também no direito francês (cfr. LAURENT RICHER, *Droit...*, cit., p. 246).
[327] O debate em torno desta questão é estéril para efeitos de saber se em causa está um poder de conformação contratual, mas releva, contudo, para efeitos da sujeição da resolução sancionatória a audiência prévia nos termos previstos no artigo 308º do CCP, a qual, como se sabe, apenas está prevista para os actos de aplicação de sanções ao co-contratante e tem sido entendida como aplicável à resolução sancionatória.
[328] Deve chamar-se a atenção para a dúvida, existente na doutrina, sobre os casos em que seja necessário realizar novos trabalhos em virtude de uma alteração das circunstâncias, no âmbito de um contrato de empreitada de obras públicas (sobre o tema, cfr. ANA GOUVEIA MARTINS, "A modificação...", cit., p. 106). Em jogo estão, concretamente, as situações em que circunstâncias imprevisíveis

trato, o CCP nada mais diz para além de que o contraente público tem o poder de resolver unilateralmente o contrato[329]. Esta solução apresenta-se, aliás, cruzada com a do CPA, pois o legislador anterior associava o poder de rescisão unilateral do contrato ao imperativo de interesse público, já não o fazendo a propósito do poder de modificação unilateral – sendo certo que doutrina e jurisprudência sempre entenderam este poder em termos limitados às razões de interesse público[330].

Dir-se-ia, à partida, *ubi lex non distinguit nec nos distinguere debemus* e, portanto, se o CCP prevê três modalidades distintas de resolução unilateral do contrato pelo contraente público as três ficam abrangidas pelo regime do artigo 302º e nº 2 do artigo 307º[331]. Nesse sentido, a resolução prevista no artigo 335º, com fundamento na alteração anormal e imprevisível das circunstâncias, constituiria um poder de conformação contratual do contraente público, exercido através de acto administrativo.

---

alheias às partes (designadamente eventos naturais) – e não uma decisão do contraente público de, em razão de necessidades novas, acrescentar novos trabalhos à empreitada – determinam que a execução dos trabalhos, já incluídos na empreitada, seja mais difícil e onerosa, por os trabalhos terem de ser realizados em condições diversas. A dúvida é se devem ser tratados, no campo das empreitadas, como trabalhos a mais ou se lhes é aplicável o regime da modificação das circunstâncias a que se refere a alínea a) do artigo 312º do CCP. Chama-se a atenção para que, na hipótese de vir a ser entendido, em matéria de empreitadas, que o regime dos trabalhos a mais concentra qualquer modificação objectiva do contrato a que haja lugar, as ordens de execução desses trabalhos despoletadas por uma alteração das circunstâncias não devem, em nosso entender, ser consideradas actos administrativos, por aí não estar em causa o poder de modificação unilateral, a que se referem o artigo 302º e o nº 2 do artigo 307º, nem qualquer outro poder de conformação contratual.

[329] No Projecto do CCP, como notava VIEIRA DE ANDRADE, o artigo que continha o elenco dos poderes de conformação referia expressamente a modificação e a resolução por interesse público, enquanto o artigo respeitante ao acto administrativo contratual referia unicamente as declarações emitidas de modificação e resolução do contrato pelo contraente público. O Autor considerava que esta discrepância, a ser intencional, poderia ser «interpretada no sentido de que o poder de modificação ou de resolução unilateral, quando não tenha fundamento no interesse público, terá de estar expressamente previsto no contrato» (cfr. VIEIRA DE ANDRADE, "A propósito...", *in Estudos Comemorativos...*, cit., pp. 346 e 347, em nota). Neste contexto, o Autor defendia uma interpretação restritiva do artigo que elencava as hipóteses de acto administrativo contratual, na parte relativa à resolução por interesse público (cfr. p. 360, em nota).

[330] Cfr. MÁRIO ESTEVES DE OLIVEIRA (ET. AL.), *Código...*, cit., pp. 823 a 825; PEDRO GONÇALVES, *O Contrato...*, cit., p. 109.

[331] Parecem assentar neste argumento as posições de VIEIRA DE ANDRADE, "A propósito...", *in ECP...*, cit., pp. 17 e 35, e de FREITAS DO AMARAL, *Curso...*, cit., p. 655. Neste sentido, mas a propósito apenas da resolução com fundamento em alteração das circunstâncias imputável a decisão do contraente público tomada fora do exercício dos respectivos poderes de conformação contratual, cfr. CARLA AMADO GOMES, "A conformação...", cit., pp. 561 e 562.

68. Não vemos, contudo, razão para um tratamento distinto do instituto da alteração anormal e imprevisível das circunstâncias consoante se trate do poder de resolução ou do poder de modificação unilateral[332] – ou seja, não vislumbramos razão para que o legislador tenha querido que a resolução com fundamento em alteração anormal e imprevisível das circunstâncias seja exercida mediante acto administrativo, enquanto exercício de um poder público, e não tenha ditado a mesma solução para a modificação unilateral, onde o próprio interesse na prossecução da relação contratual mais justificaria meios de acção mais eficazes que garantissem a rápida efectivação dos termos da modificação pretendidos pelo contraente público.

Cremos, aliás, que uma interpretação racionalmente sustentada dos artigos 302º e 335º do CCP conduz ao entendimento de que a resolução com fundamento na alteração das circunstâncias não é um poder de conformação contratual do contraente público[333], devendo, pois, a nosso ver, interpretar-se restritivamente a alínea e) do artigo 302º e a alínea d) do nº 2 do artigo 307º[334].

O instituto da alteração das circunstâncias[335] corresponde a uma figura autónoma, com fundamentos autónomos, em face da resolução/modificação motivada por razões de interesse público: trata-se ali de *razões objectivas, imprevisíveis e alheias às partes* e não, como sucede na modificação/resolução por interesse público, numa *nova ponderação administrativa sobre as exigências de interesse público protagonizada pelo próprio contraente público*[336]. Em caso de modificação objectiva do contrato, esta é mesmo concretizada por acordo entre as partes ou por decisão judicial, e não, como é próprio da modificação com fundamento em interesse público, por *vontade unilateral do contraente público*[337]. Não deve, pois, misturar-se o funciona-

---

[332] Neste sentido, cfr. AROSO DE ALMEIDA, "Contratos administrativos e regime da sua modificação no novo Código dos Contratos Públicos", in *Estudos de homenagem ao Prof. Doutor Sérvulo Correia*, Vol. II, Faculdade de Direito da Universidade de Lisboa, Coimbra Editora, 2010, p. 833.

[333] Nesse mesmo sentido, para além de AROSO DE ALMEIDA ("Contratos administrativos e regime...", cit., p. 833) cfr.: MARCELO REBELO DE SOUSA/ANDRÉ SALGADO DE MATOS, *Contratos públicos...*, cit., pp. 154 e 155; ANA GOUVEIA MARTINS, "A modificação...", cit., p. 8; CARLA AMADO GOMES, "A conformação...", cit., pp. 552 a 555, embora com a *nuance* já referida a respeito do *factum principis*. Considerando que, de acordo com o CCP, a resolução por alterações das circunstâncias é exercida pelo contraente público como acto administrativo, cfr. VIEIRA DE ANDRADE, "A propósito...", in *ECP...*, cit., pp. 17 e 35; FREITAS DO AMARAL, *Curso...*, cit., p. 655.

[334] Adoptamos, pois, ainda que num contexto normativo distinto, a proposta de VIEIRA DE ANDRADE no âmbito do projecto do CCP (cfr. nota 329 anterior).

[335] No direito administrativo francês, cfr. LAURENT RICHER, *Droit...*, pp. 265 e ss..

[336] Cfr. PEDRO GONÇALVES, *O Contrato...*, cit., p. 109; CARLA AMADO GOMES, "A conformação...", cit., pp. 543.

[337] Cfr. AROSO DE ALMEIDA, "Contratos administrativos e poderes...", cit., pp. 14 e ss..

mento deste instituto, alheio, no seu fundamento, ao interesse público[338], com a resolução por interesse público, essa sim, servidora, a título principal, do bem comum e das necessidades colectivas[339]. É também este o resultado interpretativo mais conforme com o princípio da proporcionalidade a que já se aludiu. E não pode dizer-se que não se encontra na letra da lei um mínimo de correspondência para esta interpretação. Efectivamente, não deve esquecer-se que o legislador, no artigo 335º, refere-se ao *direito* de resolver o contrato, enquanto nos artigos 332º e 333º, a propósito da resolução sancionatória e da resolução por interesse público, alude ao *poder* de resolver[340]. A nosso ver, esta diferente forma de designar as duas figuras não é ingénua nem isenta de significado, equivalendo a um reconhecimento expresso de que não se trata ali de um poder de conformação unilateral, mas do exercício de um direito subjectivo, ainda que sob a forma de direito potestativo, exercitável mediante declaração negocial nos termos do disposto no nº 1 do artigo 307º[341].

E este entendimento não fica, a nosso ver, decisivamente comprometido pelo disposto na alínea c) do artigo 330º do CCP[342]. Cremos que este preceito tem de ser compreendido no sentido em que a resolução exercida por iniciativa do co-contratante é sempre declarada por via judicial ou arbitral, enquanto, a propósito da resolução por decisão do contraente público, tem já de distinguir-se a decisão tomada no exercício dos poderes de conformação contratual ou fora desse exercício. Efectivamente, em causa poderá estar um acto administrativo nos casos previstos no nº 2 do artigo 307º (será o caso da resolução sancionatória e da resolução por interesse público) ou uma mera declaração negocial à outra parte, nos termos previstos no nº 1 do artigo 307º e nº 1 do artigo 436º do CC (será o caso da reso-

---

[338] Certo é, contudo, que o Código condiciona fortemente o exercício do direito de resolução com fundamento em alteração das circunstâncias pelo co-contratante em razão do próprio interesse público – cfr. nº 2 do artigo 332º. Sobre esta norma e sustentando que com ela se pretende forçar o co-contratante à modificação, em detrimento da resolução do contrato, cfr. CARLA AMADO GOMES, "A conformação...", cit., p. 547, em nota.

[339] Também no direito italiano os motivos que estão na base do acto extintivo do contrato assumem relevância para a respectiva qualificação em termos privatísticos ou publicísticos – cfr. STEFANO VINTI, *Limiti...*, cit., p. 571; FRANCESCA CANGELLI, *Potere...*, cit., pp. 289 e ss..

[340] Dando igualmente relevância a este enunciado, cfr. AROSO DE ALMEIDA, "Contratos administrativos e regime...", cit., p. 833; ANA GOUVEIA MARTINS, "A modificação e os trabalhos a mais...", cit., p. 88.

[341] Neste mesmo sentido, cfr. AROSO DE ALMEIDA, "Contratos administrativos e poderes...", cit., pp. 14 e ss..

[342] Reconhecendo nesta norma alguma fonte de perplexidade, cfr. AROSO DE ALMEIDA, "Contratos e administrativos e regime...", "cit., p. 834.

lução prevista no artigo 335º do CCP). Não nos parece, portanto, que o artigo 330º provoque perturbação séria nas conclusões já tiradas.

69. Contra a autonomização da figura da resolução do contrato com fundamento em alteração das circunstâncias pelo contraente público, pronunciou-se já a doutrina, no âmbito ainda do Projecto do CCP, considerando que, mesmo que essa figura pudesse ter aplicação na situação em que se encontra o contraente público, essa modalidade de resolução seria consumida na figura da resolução por interesse público[343].

Independentemente de uma adesão a esta posição, certo é que tem de reconhecer-se-lhe o mérito de chamar a atenção para a distinção entre os dois institutos. É certo que onde se imponha uma resolução pelo contraente público com fundamento na alteração das circunstâncias há-de também o próprio interesse público exigir essa solução.

No direito alemão, as duas figuras são também tratadas autonomamente[344], embora a doutrina venha entendendo a resolução por interesse público em termos subsidiários em face da resolução com fundamento na alteração das circunstâncias, assim se protegendo, o mais possível e em conformidade com o princípio da proporcionalidade, o princípio da consensualidade e da força vinculativa dos contratos[345]. Esta solução parece-nos poder ser perfeitamente transposta para o ordenamento jurídico nacional, com claros ganhos em termos de proporcionalidade, tornando a resolução com fundamento em interesse público uma solução de *ultima ratio*. Ocorrendo efectivamente uma alteração das circunstâncias que exige uma modificação ou a resolução do contrato, é através desse instituto que o problema deve ser resolvido, relegando-se a modificação e a resolução por interesse público para as situações em que não exista outro instituto que acorra à

---

[343] Cfr. PEDRO GONÇALVES, "A relação...", cit., pp. 41 e 42. Manifestando expressamente o seu desacordo a esta posição, cfr. ANA GOUVEIA MARTINS, "A modificação...", cit., p. 88.

[344] Cfr. artigo 60º VwfG. De notar é que a resolução com fundamento na alteração das circunstâncias é expressamente reconhecida, nessa ordem jurídica, como subsidiária relativamente ao direito de modificação desse contrato com o mesmo fundamento, enquanto, à luz do CCP, havendo uma alteração das circunstâncias, o contraente público pode resolver o contrato (artigo 335º) *ou* modificá-lo (artigo 312º), não prevendo a lei expressamente qualquer preferência por um destes dois direitos. Defendendo solução semelhante à da lei alemã, cfr. ANA GOUVEIA MARTINS, "A modificação...", cit., p. 87. No mesmo sentido, embora a propósito da modificação e resolução por interesse público, com fundamento no princípio da proporcionalidade, cfr. CARLA AMADO GOMES, "A conformação...", cit., p. 555. No sentido de que a resolução sancionatória do contrato deve, em resultado do princípio da proporcionalidade, ser sempre uma opção de última *ratio*, cfr. PEDRO GONÇALVES, "Cumprimento e incumprimento...", cit., p. 611.

[345] Cfr. PAULA MACEDO WEISS, *Pacta sunt servanda*..., cit., pp. 72 e 93.

situação[346]. Dir-se-á mesmo que, no direito português, este modelo assume até maior acuidade do que no direito alemão, pois o desequilíbrio gerado por esses poderes é bem maior em Portugal do que na Alemanha, onde, como se viu, não existe a figura dos actos administrativos contratuais, actuando a Administração sempre através de declarações negociais, ainda que, como seria o caso na resolução por interesse público, a posição jurídica em causa corresponda a um direito potestativo[347]. Esta proposta, se traz vantagens em termos de privilegiar o funcionamento dos mecanismos civilísticos em detrimento da "lógica da função", afigura-se benéfica, do ponto de vista das finanças públicas, já que o instituto da alteração das circunstâncias atribui ao co-contratante direito a uma compensação financeira de acordo com a equidade, enquanto a modificação e a resolução por interesse público determinam a reposição do equilíbrio financeiro do contrato e o pagamento de justa indemnização por danos emergentes e lucros cessantes, respectivamente[348].

4.1.2.3. A resolução com fundamento no *factum principis*

70. Haverá, contudo, que ter em conta uma outra dificuldade que pode ainda colocar-se em face do instituto designado pela doutrina administrativista como *factum principis*[349] e que o CCP parece não autonomizar do instituto da alteração anormal e imprevisível das circunstâncias.

A questão coloca-se a propósito do nº 2 do artigo 335º onde se fala em «resolução do contrato com fundamento em alteração das circunstâncias imputada a decisão do contraente público tomada fora do exercício dos seus poderes de conformação contratual», havendo quem sustente que uma resolução pelo contraente público fundada em *facto do príncipe* deve assumir natureza de acto administrativo[350].

Quanto a nós, parece-nos, claramente, que a solução que emerge do texto do CCP aponta em sentido diferente.

---

[346] Corroborando esta posição, no direito italiano, cfr. STEFANO VINTI, *Limiti...*, cit., p. 571.
[347] Cfr. PAULA MACEDO WEISS, *Pacta sunt servanda...*, cit., p. 72.
[348] Cfr. artigos 334º e 335º do CCP.
[349] Sobre o *fait du prince* na doutrina francesa recente, cfr. CHARLES-ÉDOUARD BUCHER, *L'Inexécution du Contrat de Droit Privé et du Contrat Administratif, Étude de Droit Comparé Interne*, Nouvelle Bibliothèque de Thèses, Volume 102, Dalloz, Paris, 2011, pp. 37 e ss.
[350] Considerando justamente que a resolução com fundamento em *factum principis* é, de acordo com o CCP, um acto administrativo, embora criticando que o legislador tenha tratado esta hipótese como uma situação de alteração anormal e imprevisível das circunstâncias, cfr. VIEIRA DE ANDRADE, "A propósito...", in *ECP*, cit., pp. 17, 31 a 35. Defendendo tratar-se de um acto administrativo contratual, cfr. CARLA AMADO GOMES, "A conformação...", cit., pp. 561 e 562.

Na verdade, o *factum principis* constitui ainda, na economia do CCP, uma situação de alteração das circunstâncias. A decisão do contraente público que aí está em causa configura, ela própria, um fundamento para a própria resolução contratual, ocorrendo, portanto, num momento anterior a esta, e tanto pode legitimar a resolução do contrato pelo contraente público como pelo co-contratante[351]. Aliás, o Código apenas a autonomiza para efeitos de determinar a consequência que, em termos indemnizatórios, resulta dessa resolução, equiparando-a, como se sabe, para esse efeito, à resolução por interesse público[352]. Não deixa de ser verdade que esta situação se distingue da típica alteração das circunstâncias, precisamente porque não é verdadeiramente alheia às partes, mas antes imputável a decisão do contraente público. Verdadeiramente decisivo, a este respeito, é, a nosso ver, o facto de essa decisão não ser adoptada no âmbito dos poderes de conformação contratual, conforme explicita o nº 2 do artigo 335º, e, mais do que isso, não estar associada sequer à qualidade de parte contratante do contraente público, mas sim ao exercício de outras funções públicas[353], como é próprio do *factum principis*.

Independentemente de o contraente público ficar obrigado a indemnizar o co-contratante nos termos previstos para a resolução por interesse público, nos casos em que é o contraente público a avançar para a resolução do contrato na sequência da alteração das circunstâncias motivada por decisão sua tomada noutro contexto que não o contratual, não nos parece que essa decisão de resolução deva assumir a natureza de acto administrativo à semelhança da resolução por interesse público[354].

Não se ignora que o fundamento desta resolução reside numa decisão do próprio contraente público, a qual há-de ter sido tomada na prossecução de interesses próprios seus, que serão seguramente também interesses públicos – ainda que possam não ser exactamente os mesmos que determinaram a celebração do contrato, não estando com estes em relação directa –, havendo assim uma aproximação entre esta resolução e a resolução por interesse público. Mas a verdade é que, para além da já referida diferença estrutural entre as duas figuras, também em termos funcionais as diferenças são notórias. Enquanto na resolução por inte-

---

[351] Neste sentido também, cfr. AROSO DE ALMEIDA, "Contratos administrativos e regime...", cit., pp. 834 e 835.
[352] Em sentido favorável a esta solução, cfr. AROSO DE ALMEIDA, "Contratos administrativos e regime...", cit., p. 834; PEDRO GONÇALVES, "A relação...", cit., p. 41.
[353] Cfr. AROSO DE ALMEIDA, "Contratos administrativos e regime...", cit., p. 827.
[354] Semelhante conclusão pode ver-se, a propósito da contraposição entre a modificação unilateral e a modificação com fundamento em alteração das circunstâncias por facto do príncipe, em AROSO DE ALMEIDA, "Contratos administrativos e regime..., cit., pp. 824 e ss.".

resse público é o interesse público que desaconselha directamente a continuação da relação contratual, no *factum principis* não se trata de uma decisão exercida directamente sobre o contrato, nem a relação jurídico-contratual existente se perfila como o móbil daquela decisão.

Cremos, em suma, que as semelhanças entre as figuras são mais aparentes e circunstanciais do que propriamente substanciais.

4.2. A delimitação teleológica da base de incidência substantiva do regime da conformação contratual: os contratos "paritários"

71. Ficou já esclarecido que o CCP abriu caminho à doutrina para uma aplicação funcional e proporcionada do regime da conformação da relação contratual, em função da natureza do contrato em causa.

Muito embora a circunscrição do regime da conformação contratual por referência aos diferentes tipos de contratos deva ser feita ao nível casuístico, como se viu, seguro parece ser que o CCP apenas admite a atribuição dos poderes de conformação contratual ao contraente público e, consequentemente, o respectivo exercício mediante a forma acto administrativo, quando estejam em causa contratos cuja natureza se acomode a essa conformação contratual em termos de neles se justificar a supremacia do contraente público como instrumento de prossecução do interesse público.

72. Partindo, assim, do pressuposto de que o CCP exige a definição da base substantiva de incidência desses poderes em termos funcional e teleologicamente adequados e sendo certo que a correcta estabilização da base de incidência do regime da conformação contratual não pode fazer-se senão numa base casuística, dependendo a conclusão a tirar do regime de cada contrato, qualquer solução que se avance para uma determinada categoria de contrato corre o sério risco de revelar-se, em concreto, desajustada.

Sem a pretensão de resolver em termos definitivos o problema da base de incidência substantiva do regime de conformação contratual - tarefa que, repita--se, só o aplicador do direito estará em condições de realizar cabalmente –, os dados já trabalhados e conhecidos permitem, contudo, que se arrisque, mesmo em abstracto, uma aplicação funcionalmente adequada da primeira parte do nº 2 do artigo 302º do CCP, por referência aos contratos que mais dúvidas têm suscitado, precisamente os contratos de aquisição de bens e serviços e de locação de bens, qualificados como administrativos pelo próprio CCP, os contratos de atribuição, os contratos que são administrativos pelo facto de as partes os terem como tal qualificado e os contratos de execução instantânea. Em coerência com as conclusões já extraídas, a força iluminante desta tarefa deve passar por limitar o alcance desse regime «(...) que, pelos vistos, pressupõe a desigualdade jurídica, aos casos em que essa desigualdade caracteriza nuclearmente a relação entre as partes no contrato, ou, pelo menos, ter em conta essa diferença para admitir uma graduação na definição e aplicação do regime, designadamente no que respeita aos poderes do contraente público»[355] e por circunscrever a aplicação do regime aos casos em que o grau de funcionalização do contrato ao interesse público o justifique em termos de proporcionalidade.

73. Sendo essa a perspectiva de princípio, parece-nos seguro que os *contratos de execução instantânea* não devem estar abrangidos pelo regime da conformação contratual[356]. E a este respeito não cremos que restem muitas dúvidas. Se o contrato é executado num momento único, não há, por natureza, lugar à necessidade de poderes de supremacia do contraente público em vista da respectiva funcionalização ao interesse público.

Outro domínio que a doutrina vem referindo a este respeito é o dos *contratos de atribuição*[357], pelos quais, como se sabe, se conferem determinadas vantagens ao co-contratante quando desenvolve uma actividade que interessa à Administração[358]. Cremos que, não obstante não se fazer aqui sentir, à partida, a necessidade de uma supremacia do contraente público extensível a todo o contrato (não se justificando poderes como o de modificação unilateral ou o de direcção[359]), não deve olvidar-se o ensinamento de SÉRVULO CORREIA, já referido, de que existem também contratos de atribuição subordinada, admitindo-se, por isso, que a lógica da função exija ainda, consoante o conteúdo de cada contrato, a presença de alguns dos poderes de conformação contratual. Na hipótese de um contrato de financiamento de determinada actividade, será esse o caso, por exemplo, do poder de fiscalização, designadamente quanto ao modo de aplicação dos subsídios atribuídos pelo contrato[360], e do poder san-

---

[355] Cfr. VIEIRA DE ANDRADE, "A propósito...", in *ECP*..., cit., p. 12.
[356] Cfr., neste sentido, CARLA AMADO GOMES, "A conformação...", cit., p. 526; MARCELO REBELO DE SOUSA/ANDRÉ SALGADO DE MATOS, *Contratos Públicos*..., cit., p. 150; PEDRO GONÇALVES, *O Contrato*..., cit., p. 113, embora este Autor, pronunciando-se na vigência ainda do CPA, pareça considerar que este tipo de contratos não se acomoda a uma exclusão total dos poderes de conformação, mas apenas de alguns, adiantando, como exemplo, o poder de modificação unilateral.
[357] Cfr. MÁRIO ESTEVES DE OLIVEIRA (ET. AL.), *Código*..., cit., p. 813; FREITAS DO AMARAL, *Curso*..., cit., 2011, p. 619; também VIEIRA DE ANDRADE, "A propósito...", in *ECP*..., cit., p. 20, quando se refere a contratos relativos a actividades particulares de interesse público.
[358] Cfr. MÁRIO ESTEVES DE OLIVEIRA (ET. AL.), *Código*..., cit., p. 813.
[359] Manifestando-se no sentido de que a presença destes poderes nos contratos de atribuição apenas pode justificar-se numa base casuística, cfr. RODRIGO ESTEVES DE OLIVEIRA, *Autoridade*..., cit., p. 173.
[360] Neste mesmo sentido, cfr. MÁRIO ESTEVES DE OLIVEIRA (ET. AL.), *Código*..., cit., p. 822.

cionatório[361], em especial de resolução sancionatória em caso de incumprimento contratual, acautelando-se, desse modo, a satisfação do interesse público reconhecido na actividade subsidiada pelo contrato em causa.

74. O domínio que mais tem sido alvo de críticas na vigência do CCP e em que, por isso, mais se impõe averiguar o respectivo enquadramento na primeira parte do artigo 302º é o dos *contratos de aquisição de bens e serviços e de locação de bens*, que o CCP expressamente reconduz ao conceito de contrato administrativo, bem como o dos contratos cuja administratividade advém, por força da alínea *a*) do nº 6 do artigo 1º do CCP, da *vontade das partes*[362].

Deve, desde logo, chamar-se a atenção para que, na medida em que os contratos de aquisição de bens constituam contratos de execução instantânea[363], como sucederá em princípio em todos os que não tenham por objecto determinados bens que tenham de ser fabricados pelo vendedor (hoje expressamente qualificados como contratos de aquisição de bens pelo artigo 439º do CCP), deve considerar-se excluída a atribuição ao contraente público de poderes de conformação contratual nesses contratos[364].

Não sendo esse o caso, e quanto aos restantes contratos, deverá o intérprete averiguar, atendendo ao conteúdo do contrato, se nele está presente a marca de subordinação e se a satisfação do interesse público que determinou a celebração do contrato exige a atribuição de poderes de supremacia ao contraente público, o que remete para as referidas considerações de necessidade e de proporcionalidade em sentido estrito[365]. Não deve ignorar-se que é justamente no contexto

---

[361] Cfr. RODRIGO ESTEVES DE OLIVEIRA, *Autoridade...*, cit. p. 173.

[362] Cfr. MARK KIRKBY, "Conceito...", cit., p. 777, onde o Autor, expressando as suas dúvidas acerca do alargamento pelo CCP do conceito de contrato administrativo aos casos em que sejam as partes, *rectius*, o contraente público, a estipulá-lo, independentemente da ligação substantiva do contrato ao direito administrativo, deixa antever as suas dúvidas sobre a bondade de uma solução que, paralelamente, estende o regime das prerrogativas de autoridade da Administração na fase de execução contratual a todos os contratos administrativos. Recorde-se, com algum paralelismo neste contexto, o que se assinalou a respeito do direito alemão, onde se admite (artigo 61º da VwVfG) que as partes num contrato administrativo (como tal qualificado pela lei, contudo) declarem a sua sujeição, em determinadas matérias da relação contratual, à executividade das declarações da outra parte.

[363] À partida, os contratos de locação de bens e de aquisição de serviços são mais predispostos para vigências duradouras, embora, na medida em que não o sejam de facto, são igualmente válidas para eles as considerações agora referidas a propósito do contrato de aquisição de bens.

[364] Alertando para este aspecto, cfr. MARK KIRKBY, "Conceito...", cit., p. 795.

[365] Manifestando igualmente preocupações de proporcionalidade, mais directamente a respeito da qualificação dos contratos como administrativos, embora com impacto directo em termos de regime de conformação contratual, cfr. MARK KIRKBY, "Conceito...", cit., p. 795.

desse exercício que os sinais de alerta da doutrina, respeitantes à falibilidade prática da ressalva legislativa que nos ocupa, mais se devem ter presentes, devendo, pois, à luz da interpretação teleológica do regime de conformação contratual, evitar considerar-se a atribuição dos poderes como regra e anuir muito dificilmente na afirmação da excepção.

Atenta a coincidência ao nível da teleologia com a situação em apreço, podemos socorrer-nos de algumas propostas já avançadas pela doutrina *de iure condendum*, a respeito da administratividade dos contratos e da respectiva submissão ao regime substantivo desses contratos, e utilizá-las como critérios, embora não exclusivos, para efeitos do disposto na primeira parte do artigo 302º. Nessa base, tendemos a considerar que relevante há-de ser o objecto (mediato) do contrato, apenas se justificando a atribuição dos poderes nos casos em que o contrato tenha um objecto público[366] ou em que esteja em causa uma actividade de gestão pública[367]. VIEIRA DE ANDRADE avança com o exemplo, cuja transposição para este efeito se admite, de os contratos de locação e aquisição de móveis só deverem ser contratos administrativos, sujeitos ao regime substantivo da Parte III, «na medida em que se trate de um fornecimento contínuo, não se incluindo aí as locações e aquisições avulsas»[368]. Outro exemplo poderá ser, atendendo ao respectivo objecto, os contratos que incidam sobre material militar, atenta a sua especial funcionalização à prossecução de atribuições públicas. Em qualquer caso, afigura-se-nos que, no contrato de locação de bens, se justifica um tratamento específico, já que, atendendo a que o locatário que usa os bens é o contraente público, poderes como os de direcção e fiscalização, não parecem, à partida, justificar-se. Uma vez confirmada a verificação de qualquer destes critérios, o aplicador do direito deve averiguar, em concreto, em que medida se justifica, para a prossecução do interesse público, a existência de algum ou alguns dos poderes de supremacia do contraente público.

---

[366] Cfr. VIEIRA DE ANDRADE, "A propósito...", in *ECP*..., cit., p. 11. PEDRO GONÇALVES deixava a nota de que a lógica da função está inequivocamente presente nos contratos administrativos por natureza, isto é, "contratos com objecto público" (o poder público, o domínio público, o serviço público), considerando que «em todos os outros contratos da Administração, a exigência de disponibilidade permanente não existe, pelo que, sem grave prejuízo para o interesse público, a vida deles pode ser regulada nos termos gerais do direito dos contratos» – cfr. PEDRO GONÇALVES, *O Contrato...*, cit., pp. 104 e 105.

[367] Cfr. MARK KIRKBY, "Conceito...", cit., p. 795, utilizando, para se referir ao objecto do contrato, a dicotomia *gestão pública/gestão privada* associada à intensidade do interesse público prosseguido pelo contraente público no contrato. Sobre esta dicotomia, cfr. MARCELO REBELO DE SOUSA/ ANDRÉ SALGADO DE MATOS, *Direito Administrativo...*, III, cit., pp. 31 e 32.

[368] Cfr. VIEIRA DE ANDRADE, "A propósito...", in *ECP*..., cit., p. 11.

75. Problema delicado, a este respeito, é o que surge quando a administratividade de um contrato advenha do facto de as partes, nos termos do disposto na alínea *a*) do nº 6 do artigo 1º do CCP, terem expressa e especificadamente previsto que ao contraente público cabe um ou vários dos poderes de conformação contratual, sujeitando, portanto, o contrato ao regime da conformação contratual previsto no CCP[369].

O regime da conformação contratual é, como se disse, outorgado "sob condição", pelo que, caso a natureza do contrato se oponha à presença de poderes de conformação contratual, não é a vontade das partes que sobre isso deve prevalecer, em homenagem ao princípio da preferência de lei. Tendemos a considerar que, ao contrário do restante regime substantivo do contrato administrativo, ao qual as partes podem submeter um determinado contrato, bastando para tanto qualificá-lo, nos termos do nº 6 do artigo 1º do CCP, como um contrato administrativo, a sujeição de um contrato administrativo ao regime da conformação contratual não está na disponibilidade das partes.

No caso de a única conexão do contrato com o direito administrativo, à luz do disposto no nº 6 do artigo 1º do CCP, ser a referida remissão para o regime da conformação contratual, apurando-se que a aplicação desse regime não é consentida pela natureza do contrato, nos termos do disposto no artigo 302º do CCP, a pergunta que pode colocar-se é se o contrato mantém, ainda assim, a qualificação como administrativo para efeitos da aplicação do restante regime plasmado na parte III do CCP. Muito embora a dúvida mereça tratamento mais detido e aprofundado, tendemos a considerar, à luz do disposto na alínea a) do nº 6 do artigo 1º do CCP, que o contrato deve ainda assim considerar-se administrativo, pois que a vontade das partes de sujeição do contrato ao regime de conformação contratual (desde que inequívoca) parece, à luz da posição que aqui se adopta, pressupor a sua vontade de sujeição do contrato ao regime substantivo do contrato administrativo.

76. Uma derradeira palavra para os contratos tradicionalmente designados contratos de colaboração subordinada (os elencados no nº 2 do artigo 178º do

---

[369] Afigura-se-nos extremamente relevante, nestas hipóteses, a tarefa de interpretação da cláusula em questão, no sentido de apurar se a vontade das partes é efectivamente a de submeter o contrato ao regime de conformação contratual previsto no CCP. Sabendo-se que o conteúdo dos poderes em si mesmo não é incompatível com o direito privado, onde, aliás, existe máxima liberdade de estipulação contratual pelas partes, ressalvadas óbvias excepções de nulidade das cláusulas, a cláusula em questão não tem de ser vista necessariamente como uma remissão para o regime de conformação contratual constante do CCP. Neste sentido, AROSO DE ALMEIDA, "Apontamento sobre o contrato administrativo no Código dos Contratos Públicos", in *Revista dos Contratos Públicos*, nº 2 (Maio-Agosto 2011), pp. 23 e 24.

CPA). Se bem que tudo indique estarem nesses verificados os fundamentos materiais para a respectiva sujeição ao regime em apreço, não deve ainda assim prescindir-se, a nosso ver, de uma confirmação caso a caso, na medida em que não deve afastar-se liminarmente a hipótese de algum ou alguns dos poderes de conformação neles não fazer(em) sentido, em vista do respectivo clausulado concreto.

77. Em suma: o critério concreto que, sem prejuízo das insistentemente repetidas exigências de proporcionalidade, há-de, em última análise, resolver o problema deve corresponder à detecção de sinais de subordinação do co-contratante privado, subordinação esta que deve ser justificada à luz de um critério substantivo (e não apenas porque as partes ou a lei assim o digam). Esta conclusão redunda, de certo modo, em inferir – ao nível da conformação contratual, pelo menos[370] – do segmento normativo que temos vindo a interpretar o sentido que a doutrina tem sugerido que o CCP deveria acolher: isto é, restringir o regime substantivo dos contratos administrativos àqueles que, por razões substantivas, tenham merecido essa qualificação[371] ou, pelo menos, matizar e graduar esse regime consoante a diferente natureza do contrato administrativo em causa[372].

Certo é que, se a opção do legislador de relegar essa matização para o momento da aplicação do direito revela, por um lado, benefícios em termos de proporcionalidade[373], reconhece-se, por outro lado, que aporta um menor ganho em termos de segurança jurídica. Em face do quadro legislativo que temos, a segurança jurídica terá de alcançar-se através do entendimento que a doutrina e a jurisprudência forem paulatinamente construindo em torno da base substantiva de incidência do regime da conformação contratual.

---

[370] Efectivamente, o segmento normativo em análise apenas tem a virtualidade de introduzir no regime substantivo do contrato administrativo alguma matização ao nível da matéria da conformação contratual, mas já não para além dela. No domínio das restantes matérias que enformam o regime substantivo do contrato administrativo – onde aliás, como tem sido notado, se encontram marcas da lógica da função, ainda que não mediatizadas através da forma acto administrativo –, as críticas da doutrina não encontram, ao que cremos, resposta legislativa.
[371] Cfr. MARK KIRKBY, "Conceito...", cit., p. 795.
[372] Cfr. VIEIRA DE ANDRADE, "A propósito...", in ECP..., cit., p. 12.
[373] Não obstante as críticas da doutrina, afigura-se-nos que a outra solução possível, antecipando a determinação dos tipos contratuais excluídos da aplicação do regime da conformação contratual, correria, ela própria, atendendo à referida necessidade de avaliação concreta e casuística, o risco de se revelar excessiva e desproporcionada em alguns casos.

4.3. Tentativa de clarificação de alguns casos aparentemente nebulosos

78. O trabalho desenvolvido em torno do carácter excepcional do acto administrativo contratual levou-nos a um exercício de aplicação prática e a testar se algumas pronúncias do contraente público na fase de execução contratual, relativamente às quais têm sido aventadas algumas dúvidas, configuram, ou não, actos administrativos contratuais, à luz de uma construção sistemática, material e funcionalmente sustentada da figura.

4.3.1. Casos de actos administrativos contratuais
4.3.1.1. Pedidos de informação e marcação de inspecções e vistorias

79. O primeiro caso que suscita dúvidas é o pedido de informação dirigido pelo contraente público ao co-contratante, previsto no artigo 290º do CCP, sob a epígrafe "informação e sigilo". E na mesma situação se encontram os pedidos de marcação de inspecções e vistorias, designadamente a locais, equipamentos e registos informáticos. Não há dúvida de que, à luz do disposto no artigo 305º do CCP, se trata, em qualquer destes casos, do exercício de um poder de conformação contratual pelo contraente público. Crucial é apurar se tais pedidos de informação são exercidos através de actos administrativos à luz do disposto nº 2 do artigo 307º, que, como se viu, limita a natureza de acto administrativo às "ordens, directivas ou instruções" no exercício dos poderes de direcção e fiscalização, sem que daí resulte totalmente inequívoco a que pretende o legislador referir-se.

A letra do nº 2 do artigo 305º permite que dela se infira que o facto de o legislador aí se referir a *pedidos* de informação", e não a *ordens* para prestação de informação, significa que esses pedidos estão excluídos da hipótese normativa do nº 2 do artigo 307º, o mesmo se podendo dizer de qualquer pedido para marcação de inspecção ou vistorias. A favor do resultado desta leitura (literal) ainda se poderia argumentar que a mesma não implica esvaziar de conteúdo o disposto no nº 2 do artigo 307º na parte respeitante ao poder de fiscalização, na medida em que sempre ali caberiam as determinações para introdução de correcções no modo de execução do contrato – que, como vimos, o CCP enquadrou no poder de fiscalização –, as quais seriam inequivocamente *ordens*.

Propendemos, porém, para o entendimento de que estes pedidos de informação e de marcação de inspecções e vistorias configuram actos administrativos contratuais[374]. Desde logo, porque, se assim não for, tem de concluir-se que o acto administrativo contratual em matéria de poder de fiscalização fica limitado à função repressiva que esse poder desempenha (imposição de correcções em face de desvios

---

[374] Neste sentido também, cfr. RODRIGO ESTEVES DE OLIVEIRA, *Autoridade...*, cit., p. 156.

consumados ao cumprimento do contrato), não cobrindo a sua função de vigilância preventiva[375] (precisamente a que consiste em acompanhar permanentemente a execução do contrato para evitar desvios), a qual nos parece igualmente importante em termos de protecção do interesse público prosseguido. Em acréscimo, deve ter-se em conta que historicamente o poder de fiscalização sempre esteve, como se viu, mais associado a um poder de índole sobretudo passiva, que corresponderia à referida função preventiva, do que propriamente ao papel mais activo de determinar correcções ao contrato que o CCP parece ter-lhe cometido em termos inovatórios. E não nos parece que o legislador tenha querido promover essa função ao estatuto de função mais protectora do interesse público e desqualificar a função preventiva. Por fim, dir-se-á que este nosso entendimento encontra correspondência na letra da lei, por não ser absolutamente decisivo em sentido contrário o emprego da palavra *pedido* em vez de *ordem* ou o facto de o legislador não usar a palavra ordem em todas as situações exemplificativas de exercício do poder de fiscalização que refere no artigo 305º. Com efeito, um pedido de informação dirigido ao co-contratante pode perfeitamente consubstanciar uma ordem para a prestação das informações em causa e uma comunicação para marcação de uma inspecção ou vistoria pode ser entendida como uma ordem para a sua realização.

Certo é, em todo o caso, conforme tivemos já oportunidade de assinalar, que teria sido desejável que o legislador tivesse acompanhado a intenção clarificadora que preside ao artigo 307º, a respeito da natureza das pronúncias do contraente público na fase de execução contratual, de algum cuidado acrescido quanto à delimitação das hipóteses que configuram actos administrativos, em benefício da segurança jurídica que em geral se visou atingir.

4.3.1.2. Notificação para cumprir e realização coactiva da prestação de natureza fungível

80. Também a *realização coactiva da prestação*, a que se refere o nº 2 do artigo 325º, pode, em especial atendendo ao seu carácter inovatório, suscitar dúvidas de enquadramento.

Trata-se, como se sabe, de um remédio alternativo à resolução unilateral do contrato, não havendo dúvidas sobre a sua funcionalização ao interesse público prosseguido com o contrato. As dúvidas que podem colocar-se prendem-se antes com o seu enquadramento nos poderes de conformação contratual, com o modo de funcionamento do instituto e com a natureza da notificação para cumprir prevista no nº 1 do artigo 325º[376].

---

[375] Cfr. PEDRO GONÇALVES, "Cumprimento e incumprimento...", cit., p. 585.
[376] Cfr. SALVATORE BUSCEMA/ANGELO BUSCEMA, *Trattato*..., cit., p. 614. No direito italiano, existem figuras semelhantes a esta. Uma delas está regulada na lei de contencioso, e apenas pode ser exercida

A doutrina já se pronunciou no sentido de que em causa está um acto administrativo contratual. Mas veja-se a qual dos poderes de conformação contratual é reconduzida a decisão em causa. O poder de execução coactiva das prestações contratuais, previsto no nº 2 do artigo 325º, foi já autonomizado do poder de fiscalização, sendo este configurado como um poder instrumental àquele (à semelhança do que sucede entre o poder de fiscalização e o poder de aplicar sanções)[377]. O que para a doutrina está em causa nesta decisão é antes o poder sancionatório: trata-se de uma sanção, do tipo coercitiva (à semelhança do sequestro)[378], que apenas pode ter lugar em caso de incumprimento definitivo do contrato (isto é, persistindo o incumprimento após notificação para cumprir) e não de mera mora[379]. PEDRO GONÇALVES considera que se trata de um poder administrativo de autotutela executiva, em que o título executivo é o próprio contrato administrativo, o que leva o Autor a considerar que, com este novo poder, o CCP «estende ao cumprimento coactivo das obrigações contratuais (e não apenas das obrigações emergentes de actos administrativos de conformação da relação contratual)» a autotutela executiva da Administração[380]. Infere-se, portanto, da posição da doutrina que a notificação para cumprir constitui uma declaração negocial de interpelação do co-contratante com vista à sua colocação em situação de incumprimento definitivo (correspondente à interpelação admonitória prevista no artigo 808º do CC) e a decisão de execução coactiva da prestação constitui, ela sim, um acto administrativo de aplicação de sanção.

---

verificados que estejam dois pressupostos: *(i)* pendência de uma lide judicial relativa ao contrato e *(ii)* a urgência da administração na obtenção do resultado da prestação contratual em falta. A segunda, desligada da pendência de um processo judicial ("esecuzione d'ufficio"), mais semelhante ao instituto previsto no nº 2 do artigo 325º do CCP, foca-se unicamente na execução do contrato e permite à Administração, em alternatividade à resolução, subrogar-se ao co-contratante na realização da prestação em falta, não sem antes o haver notificado para apresentar a sua pronúncia sobre o invocado incumprimento pelo contraente público. A doutrina considera tratar-se de um "provvedimento do autotela esecutiva", ditado por razões de interesse público na realização da prestação contratual – cfr. SALVATORE BUSCEMA/ANGELO BUSCEMA, *Trattato...*, cit., pp. 603, 614 a 617.

[377] Cfr. PEDRO GONÇALVES, "Cumprimento e incumprimento...", cit., p. 585.

[378] Cfr. PEDRO GONÇALVES, "Cumprimento e incumprimento...", cit., pp. 605, 606 e 614. No mesmo sentido, cfr. GONÇALO GUERRA TAVARES/ NUNO MONTEIRO DENTE, *Código dos Contratos Públicos Comentado*, Volume II, 2011, Almedina, p. 115; JOSÉ EDUARDO FIGUEIREDO DIAS e FERNANDA PAULA OLIVEIRA, *Noções Fundamentais de Direito Administrativo*, Almedina, 2010, 2ª edição, p. 303, em nota.

[379] Cfr. PEDRO GONÇALVES, "Cumprimento e incumprimento...", cit., p. 617.

[380] Cfr. PEDRO GONÇALVES, "Cumprimento e incumprimento...", cit., p. 615. O CCP contrasta, portanto, nesse sentido, com o regime geral que decorria do artigo 187º do CPA, que estabelecia que «a execução forçada das prestações contratuais em falta só pode ser obtida através dos tribunais administrativos».

Não nos afastamos significativamente deste modo de ver as coisas, mas antecipamos, contudo, que possam vir a surgir algumas dificuldades que importa reconhecer desde já.

81. Sendo a decisão de realização coactiva das prestações configurada como uma sanção, aplicada em exercício do poder sancionatório do contraente público, essa decisão configura, nos termos do disposto no artigo 307º, um acto administrativo, sendo, por isso, enquadrável na figura que a doutrina já apelidou de responsabilidade administrativa[381]. Acresce que essa decisão configura ainda, de acordo com o nº 2 do artigo 325º, um acto administrativo executório, estando, pois, em causa um dos casos de executoriedade de actos administrativos contratuais previstos na lei e a que se refere a parte final do nº 2 do artigo 309º do CCP.

Não se pondo em dúvida que na execução desta sanção – realização coactiva das prestações contratuais – é o próprio contrato que, em última análise, está a ser executado, afigura-se-nos, no entanto, que invocar o próprio contrato como título executivo que serve de base à referida execução apresenta, num plano lógico-formal, algumas dificuldades em termos de coerência com a configuração da decisão de execução coactiva da prestação como acto administrativo sancionatório. E não nos parece que seja necessário recorrer a essa construção para encaixar o funcionamento desta figura no regime previsto nos artigos 308º e 309º e, em geral, na autotutela declarativa e executiva da Administração. É que pode, perfeitamente, perspectivar-se a própria decisão de realizar coactivamente a prestação – que é, ao fim e ao cabo, a decisão de aplicação da sanção – como título executivo, a qual, devendo referir e identificar a prestação em falta, é, ela própria, susceptível de ser executada.

82. Acresce que, sendo uma sanção, a decisão de realização coactiva da prestação em falta está, à semelhança da resolução sancionatória do contrato, sujeita ao dever de audiência prévia do co-contratante, imposto pelo nº 2 do artigo 308º do CCP.

Esta configuração impõe uma sucessão de momentos que, em determinados casos, pode suscitar reservas em termos da sua adequação à protecção do interesse público na execução exacta e pontual da prestação em causa: em face de um atraso no cumprimento da prestação ou de um cumprimento defeituoso da mesma, o contraente público deve notificar o co-contratante para cumprir, nos termos do disposto nº 1 do artigo 325º; decorrido o prazo sem que a prestação haja sido cumprida nos moldes ordenados, o contraente público pode decidir

---

[381] Cfr. PEDRO GONÇALVES, "Cumprimento e incumprimento...", cit., p. 614.

realizar coactivamente a prestação, decisão essa que configura uma sanção contratual; contudo, tal decisão mais não é, em rigor, do que um projecto de decisão, que deve ser submetido a audiência prévia do co-contratante e só depois de emitida a decisão final de aplicação da sanção pode o contraente público executar efectivamente a prestação de forma coactiva. Neste quadro, parece evidente que casos pode haver em que o interesse público em causa não se compadeça com esta *via-sacra* garantística do co-contratante, em que à fixação de um prazo para cumprir se segue a audiência prévia sobre a aplicação da sanção.

E, para esses casos, o CCP parece oferecer uma solução a partir do nº 2 do artigo 308º. Entendemos que a remissão constante do nº 2 do artigo 308º para o regime de audiência prévia previsto no CPA abrange, para além do próprio artigo 100º do CPA, os artigos seguintes que regulam ainda os termos da audiência prévia, incluindo, em especial, o artigo 103º, que prevêem os casos de inexistência e de dispensa da audiência prévia[382]. Daí resulta que o nº 1 do artigo 103º do CPA, quando prevê a urgência da decisão como uma das hipóteses em que inexiste o dever de audiência prévia, pode resolver o atraso que a audiência implicaria nos casos em que a urgência do interesse público não se compadeça com a demora desse procedimento. Não deve ignorar-se, todavia, que a doutrina tem entendido que as excepções previstas no nº 1 do artigo 103º do CPA (enquanto excepções à regra de realização de audiência prévia) não são aplicáveis em procedimentos sancionatórios, nos quais «não pode passar-se sem audiênciaprévia», ainda que haja lugar «à adopção de medidas cautelares ou provisórias»[383] nos termos previstos no artigo 84º do Código. Este entendimento, a aplicar-se no domínio das sanções contratuais (o que não se nos afigura isento de dúvidas), não libertaria o contraente público do ónus de audiência prévia mesmo em face de uma decisão urgente e com prejuízos para o interesse público.

Uma construção diferente – e que obviaria, à partida, à realização da audiência prévia, permitindo assim que o processo tendente à realização coactiva da prestação seja mais rápido[384] – consiste em configurar a notificação para cum-

---

[382] Neste sentido, cfr. MARCELO REBELO DE SOUSA /ANDRÉ SALGADO DE MATOS, *Contratos Públicos...*, cit., p. 152.

[383] Cfr. MÁRIO ESTEVES DE OLIVEIRA (ET. AL.), *Código...*, cit., p. 463.

[384] Saliente-se que esta hipótese de (re)construção da figura da realização coactiva da prestação que aqui se avança – que, em face do modelo que a configura como sanção, apresenta a vantagem de não sujeitar a decisão de realizar coactivamente a prestação a audiência prévia do co-contratante –, pode revelar-se inútil no caso de a norma contida no nº 1 do artigo 308º do CCP ser, na parte em que dispensa o cumprimento do dever de audiência prévia no domínio da prática de actos administrativos em exercício do poder de fiscalização, considerada inconstitucional, por violação do nº 5 do artigo 267º da CRP, conforme defende alguma doutrina. Sustentando que o nº 2 do artigo 308º do

prir, a que se refere o nº 1 do artigo 325º, como uma ordem para cumprir enquadrável, ela própria, no poder de fiscalização, antecipando-se, portanto, para esse momento o exercício do poder de conformação contratual. A ordem para cumprir configuraria, nesta hipótese, um acto administrativo que é, ele próprio, executivo[385] e a realização coactiva da prestação e a decisão que a concretiza traduziriam, de acordo com este esquema, a própria forma da executoriedade daquele acto administrativo em termos equivalentes ao regime previsto no artigo 157º do CPA, a propósito da execução para prestação de facto[386]. Nesta base, o nº 2 do artigo 325º seria um dos casos a que se refere a parte final do nº 2 do artigo 309º (sempre reportado ao acto administrativo que deu a ordem para cumprir) e a decisão de execução coactiva a que se refere o nº 2 do artigo 325º seria uma mera declaração de execução do acto anterior e não, autonomamente, uma decisão de aplicação de sanção com natureza de acto administrativo.

Em termos práticos, esta construção alternativa permite que, findo o prazo fixado na notificação, o contraente público possa logo decidir sobre a realização coactiva da prestação, apenas devendo notificar o co-contratante dessa decisão, mas não tendo já de o auscultar em sede de audiência prévia[387].

CCP não pode ser interpretado *a contrario sensu* no sentido de excluir a realização da audiência dos interessados previamente à prática dos actos em que se consubstancie o exercício dos restantes poderes administrativos, sob pena de inconstitucionalidade por violação do nº 5 do artigo 267º da Constituição, cfr. MARCELO REBELO DE SOUSA /ANDRÉ SALGADO DE MATOS, *Contratos Públicos...*, cit., p. 153. A nosso ver, o que, na perspectiva destes Autores, está em causa é a constitucionalidade do nº 1 do artigo 308º do CCP, na parte respeitante à não sujeição dos actos administrativos contratuais ao dever de audiência prévia, e não propriamente a constitucionalidade de uma interpretação normativa do nº 2 do artigo 308º do CCP.

[385] A ordem para cumprir, para além da fixação do prazo para o cumprimento, indica, necessariamente, as prestações contratuais executadas de modo inexacto e os termos da sua correcção, reunindo assim todos os elementos necessários à auto-executividade.

[386] Reconhecendo proximidades entre a nova figura da realização coactiva da prestação e a execução para prestação de facto imposto por acto administrativo, cfr. PEDRO GONÇALVES, "Cumprimento e incumprimento...", cit., p. 607.

[387] Deve salientar-se que a construção exposta, em substituição da configuração da decisão de realização coactiva da prestação como acto sancionatório, não é já susceptível, a nosso ver, de ser replicada para o âmbito da resolução sancionatória prevista no nº 2 do artigo 325º. Não sendo a resolução contratual uma forma de execução (isto é, de dar executoriedade) de uma ordem para realização das prestações contratuais de determinado modo, não é equacionável extrapolar a referida construção para o plano da resolução sancionatória, a qual configura sempre, autonomamente, um acto administrativo contratual sancionatório, sujeito a audiência prévia, nos termos previstos nos artigos 100º e seguintes do CPA.

4.3.2. Casos de declarações negociais
4.3.2.1. A execução da caução
(i) A função da caução

83. Um domínio propício ao surgimento de dúvidas em torno da natureza jurídica da posição assumida pela parte pública no contrato é o das cauções, cujas vicissitudes ao longo da fase de execução contratual se encontram reguladas nos artigos 294º a 296º (substituição, liberação e execução da caução), estando aí previstas diversas pronúncias do contraente público.

Deve começar por dizer-se que a caução a que o Código dos Contratos Públicos se refere, à semelhança do que ocorre também no direito das obrigações, deve ser entendida «[n]um sentido bastante genérico (...), identifica[ndo]-se praticamente com a garantia especial das obrigações»[388-389]. A palavra caução é, pois, ali usada no sentido genérico de garantia, a qual pode ter por objeto qualquer uma das três garantias previstas no artigo 90º.

Sabendo-se que o legislador nacional, diversamente do que sucede em outros ordenamentos jurídicos[390], optou por não exigir aos concorrentes uma garantia destinada a caucionar a manutenção das propostas na fase pré-contratual[391],

---

[388] Cfr. Luís MIGUEL PESTANA DE VASCONCELOS, *Direito das Garantias*, Almedina, Coimbra, 2010, pp. 73.

[389] No sentido de que a caução constitui uma garantia especial do cumprimento das obrigações, embora de cariz genérico, podendo ter como conteúdo outras garantias específicas, cfr. Luís MANUEL DE MENEZES LEITÃO, *Garantias das Obrigações*, Almedina, Coimbra, 2006, pp. 114 a 116; Luís MIGUEL PESTANA DE VASCONCELOS, *Direito...*, cit., pp. 73 a 75; PEDRO ROMANO MARTINEZ e PEDRO FUZETA DA PONTE, *Garantias de Cumprimento*, Almedina, Coimbra, 5ª edição, 2006, pp. 71 e ss.. Estes últimos Autores consideram a caução «uma garantia especial mista, um *tertium genus* entre as garantias pessoais e reais» (cfr. p. 74).

[390] O *Codice degli Appalti Pubblici* italiano (aprovado pelo Decreto Legislativo de 12 de Abril de 2006, nº 163) prevê a figura da caução, adoptando um duplo sistema de garantias, no qual, para além da caução definitiva, a vigorar na fase de execução, se exige ainda uma caução provisória, prestada pelos concorrentes, e que se mantém válida durante a fase pré-contratual. Sobre esse sistema, cfr. MAURIZIO ZOPPOLATO, "Le garanzie dell'offerta della progettazione e dell'esecuzione", in AA.VV. (Coordenação MARIA ALESSANDRA SANDULLI, ROSANNA DE NICTOLIS e ROBERTO GAROFOLI, *Trattato sui Contratti Pubblici*, Tomo V (I settori speciali; L'esecuzione), Giuffrè Editore, 2008, p. 3509. Sobre a caução provisória no direito italiano, cfr. BUSCEMA, SALVATORE/ANGELO BUSCEMA, *Trattato...*, cit., pp. 444 e ss.. Também a *Ley de Contratos del Sector Público* espanhola (aprovada pela Ley 30/2007, de 20 de outubro) exige não apenas uma caução definitiva (cfr. artigo 83º), mas também uma garantia provisional (cfr. artigo 91º).

[391] Deve notar-se que já o Decreto-Lei nº 59/99, de 2 de Março, e o Decreto-Lei nº 197/99, de 8 de Junho, exigiam a prestação de uma única caução, já após a adjudicação. O mesmo sucedia nos diplomas anteriores por este revogados (sobre esse regime, cfr. MÁRIO ESTEVES DE OLIVEIRA e RODRIGO ESTEVES DE OLIVEIRA, *Concursos e Outros Procedimentos de Adjudicação Administrativa*, Almedina, Fevereiro 2005, pp. 435 e ss.).

a caução exigida ao adjudicatário pelo Código destina-se, tal como expressamente prevê o artigo 88º, a garantir, por um lado, e antes de mais, a própria celebração do contrato e, por outro lado, o bom e pontual cumprimento das obrigações, legais e contratuais, que o co-contratante assume com aquela celebração[392].

84. Às duas obrigações garantidas pela caução – assim perspectivadas em termos gerais, equivalendo à obrigação de celebração do contrato e à obrigação do respectivo bom e pontual cumprimento – correspondem, nos termos do Código, dois modos distintos de efectivação dessa garantia, susceptíveis de, concomitantemente, inculcar leituras diferenciadas quanto à sua natureza.

Se o adjudicatário não cumprir a obrigação de celebrar o contrato (e, bem assim, se, em caso de agrupamento concorrente, se não associar na modalidade exigida pela entidade adjudicante até à data da outorga do contrato)[393], o legislador previu, no nº 1 do artigo 105º, a caducidade da adjudicação e, no nº 2 do mesmo preceito legal, a perda (integral) da caução pelo adjudicatário a favor da entidade adjudicante. Se assim é, a caução assume neste domínio a natureza de cláusula penal[394], já que a sua efectivação e a medida do respectivo accionamento correspondem a uma fixação antecipada do dano e não estão associadas à medida dos prejuízos efectivamente sofridos pela entidade adjudicante[395].

No que respeita à segunda função enunciada – justamente a que se centra na fase de execução contratual e a que mais interessa no âmbito do presente trabalho –, a norma que trata da efectivação da garantia é o artigo 296º, preceito com cariz verdadeiramente central na análise subsequente. Sendo a caução, nos termos previstos no nº 1 do artigo 88º, uma garantia de que dispõe o contraente público para o cumprimento de todas as obrigações legais e contratuais que o co-contratante assume com a celebração do contrato, a mesma pode ser executada, segundo o disposto no artigo 296º, para satisfação de quaisquer impor-

---

[392] Não nos debruçamos, nesta sede, sobre a caução prevista no âmbito de acordos-quadro, que assume alguma especialidade (cfr. artigo 254º).

[393] O nº 2 do artigo 105º opera, nesta medida, uma extensão das funções de caução referidas no artigo 88º, englobando, também, o cumprimento da obrigação a que se refere o nº 4 do artigo 54º.

[394] A cláusula penal pode ser definida como a convenção anterior à ocorrência do facto danoso, através da qual se procede a uma liquidação antecipada do montante do dano, ficando o credor dispensado da prova do dano e restando ao devedor, se pretender a redução equitativa da pena, provar a sua manifesta excessividade – cfr. ANTÓNIO PINTO MONTEIRO, *Cláusula Penal e Indemnização*, Almedina, Coimbra, 1999, pp. 29 e 30.

[395] MÁRIO ESTEVES DE OLIVEIRA e RODRIGO ESTEVES DE OLIVEIRA [cfr. *Concursos e outros Procedimentos de Contratação Pública* (com a colaboração de Miguel Neiva de Oliveira), Almedina, Coimbra, 2011, p. 1074] aproximam a perda da caução de uma sanção.

tâncias que se mostrem devidas por força do incumprimento daquelas obrigações pelo co-contratante, sem necessidade de prévia decisão judicial ou arbitral[396]. Esta disposição respeitante à execução da caução, bem como a possibilidade, expressamente prevista no nº 2 do mesmo artigo, de execução parcial da caução, deixa evidenciada a natureza diferenciada desta garantia na fase de execução contratual em face do que vimos ser a sua função na fase anterior à celebração do contrato: é que a medida da execução da caução pelo contraente público, após a celebração do contrato, varia na proporção directa do crédito do contraente público que a caução visa garantir, não traduzindo esta, portanto, uma liquidação antecipada do crédito a que tem direito o contraente público em caso de incumprimento contratual pelo co-contratante[397].

(ii) A execução da caução e a (hetero)tutela declarativa em sede de responsabilidade civil contratual do co-contratante

85. O regime da execução da caução estabelecido no artigo 296º pode prestar-se a algumas dúvidas a respeito da consagração, a favor do contraente público, de um poder/direito de declaração unilateral do incumprimento do co-contratante, o que, a afirmar-se, se posicionaria em contraciclo com a tradição nacional nessa matéria[398]. A dúvida coloca-se, evidentemente, apenas no plano externo ao domínio dos poderes de conformação contratual previstos no artigo 302º (isto é, no plano da responsabilidade contratual civil e não no plano da responsabilidade contratual administrativa[399]), uma vez que o exercício do poder sancionatório, a que se referem o artigo 302º e a alínea *a*) do nº 1 do artigo 296º, pressupõe,

---

[396] Para além da previsão deste princípio geral, o legislador avança, desde logo, no nº 1 do artigo 296º, e a título meramente exemplificativo, com algumas hipóteses em que é permitida a execução da caução: *(i)* não cumprimento de sanções pecuniárias aplicadas nos termos previstos no contrato; *(ii)* não pagamento dos prejuízos incorridos pelo contraente público como consequência do incumprimento do contrato e *(iii)* não pagamento de importâncias fixadas a título de cláusulas penais no contrato.

[397] Neste sentido, cfr. JORGE ANDRADE E SILVA, *Código dos Contratos Públicos Comentado e Anotado*, 2008, Almedina, p. 660.

[398] À luz do Código do Procedimento Administrativo, entendia-se, a partir do disposto nos artigos 180º e 187º, que o contraente público não detém poderes de autotutela declarativa em matéria de responsabilidade civil contratual, não podendo «declarar jurídico-publicamente o incumprimento (defeituoso cumprimento) das obrigações a que o seu co-contratante está adstrito, devendo todas as dúvidas que se suscitem nesse domínio ser decididas, a título primário, pelos tribunais» – cfr. RODRIGO ESTEVES DE OLIVEIRA, *Autoridade...*, cit., p. 101. No mesmo sentido, mas chamando a atenção para a possibilidade de a lei ou o contrato atribuírem à Administração nesse domínio poderes exorbitantes, cfr. MÁRIO ESTEVES DE OLIVEIRA (ET. AL.), *Código do Procedimento...*, cit., p. 853.

[399] Sobre a distinção entre estes dois tipos de responsabilidade, cfr. PEDRO GONÇALVES, "Cumprimento e incumprimento...", cit., pp. 597 e ss..

naturalmente, a declaração unilateral pelo contraente público do incumprimento contratual.

Em causa está, portanto, o facto de o artigo 296º permitir ao contraente público, *sem necessidade de prévia decisão judicial ou arbitral*, executar a caução para, no domínio da responsabilidade civil contratual, se ressarcir de prejuízos incorridos por força do incumprimento do contrato e para o pagamento de cláusulas penais previstas no contrato, conforme previsto nas alíneas *b)* e *c)* do nº 1 do artigo 296º. Este preceito legal, interpretado no sentido de que o contraente público não carece, em qualquer caso, de recorrer aos tribunais para a *declaração do seu direito de crédito sobre o co-contratante em razão do incumprimento por este do contrato*, equivale a reconhecer-lhe uma outra faculdade "exorbitante", não elencada no artigo 302º, mas que resultaria desse modo implícita no regime constante do artigo 296º: justamente, a possibilidade de declaração unilateral pelo contraente público de incumprimento contratual da contraparte e de fixação do *quantum* indemnizatório devido (pelo menos até ao limite do valor da caução prestada)[400].

A admitir-se essa interpretação, e independentemente da forma de exercício da declaração unilateral de incumprimento aí em causa, tem de reconhecer-se que esse regime denota evidentes proximidades não apenas com a autotutela executiva mas também com a autotutela declarativa, próprias do acto administrativo, atribuindo ao contraente público, em matéria de responsabilidade civil contratual (e, em especial, de liquidação do danos), o estatuto de "juiz em causa própria"[401], que o regime anterior não admitia.

86. Não parece ser essa, porém, a interpretação mais adequada do preceito legal em apreço.

Em primeiro lugar, nada há, a nosso ver, que indicie ter sido intenção do legislador ir tão longe em termos de tutela do interesse público (e até um ponto porventura desnecessário, atendendo a que em causa está apenas a arrecadação de receitas e não já, ao menos directamente, o próprio cumprimento da prestações contratuais[402]). Repare-se que é particularmente impressivo o facto de não existir

---

[400] Chamando a atenção para este aspeto, cfr. PEDRO GONÇALVES, "Cumprimento e incumprimento...", cit., pp. 587 e 588.

[401] Cfr. PEDRO GONÇALVES, "Cumprimento e incumprimento...", cit., p. 588. Essa é, aliás, a solução do direito francês, em que «a Administração, usando do "privilège du préalable", fixa ela própria o montante das indemnizações e põe-nas a cargo do co-contratante, sob o controlo do juiz» (cfr. CHRISTOPHE GUETTIER, *Droit des Contrats...*, cit., p. 454; no mesmo sentido, cfr. CHARLES-ÉDOUARD BUCHER, *L'Inexécution...*, cit., pp. 300 a 302).

[402] Vê-se, assim, que as considerações de proporcionalidade a que atrás se aludiu encontram também aqui um domínio adequado para a sua aplicação, muito embora nesta sede se trate da eleição do

qualquer previsão legal que atribua poderes de autotutela declarativa ao contraente público a esse respeito e de o artigo 302º, que teria sido o lugar mais apropriado para tanto, não fazer qualquer alusão a esta matéria.

Em segundo lugar, a própria letra do artigo 296º não se opõe a que dele se extraia o sentido normativo segundo o qual, para efeitos do pagamento de indemnizações ao contraente público, a execução da caução apenas pode ter lugar depois de a responsabilidade civil do co-contratante haver sido declarada e haver sido liquidado o montante do prejuízo a ressarcir – por acordo ou por declaração judicial, mas não unilateralmente pelo próprio contraente público. É verdade que a letra do artigo 296º se diferencia da opção acolhida no Decreto-Lei nº 59/99, de 2 de Março, uma vez que neste diploma a caução apenas podia ser executada para pagamento de obrigações *líquidas* e *certas* (cfr. nº 2 do artigo 112º e artigo 242º), solução que não se prestava às incertezas assinaladas em torno do artigo 296º[403]. Mas da alteração da formulação usada no diploma que estabelecia o regime jurídico das empreitadas de obras públicas não decorre, necessariamente, o abandono daquela solução.

Da expressão *"sem necessidade de prévia decisão judicial ou arbitral"* não deve inferir-se, a nosso ver, uma dispensa generalizada do recurso prévio aos tribunais para *obtenção de um título executivo*. O que ali está, primacialmente, em causa é uma dispensa generalizada do recurso aos tribunais em matéria de acção executiva, uma vez que através da possibilidade de execução da caução se confere ao contraente público autotutela executiva. Diferentemente, no que concerne à tutela declarativa, não deve ler-se na mesma expressão mais do que uma dispensa do recurso à acção declarativa *se e quando* seja essa a solução oferecida pelas normas legais competentes em matéria de tutela declarativa[404], assu-

---

conteúdo dos direitos/poderes a atribuir ao contraente público, que se situa em plano logicamente anterior ao da opção quanto à forma de exercício desse poder (declaração negocial ou acto administrativo), no qual se centrou a análise anterior em torno do princípio constitucional da proporcionalidade.
PEDRO GONÇALVES manifesta também as suas dúvidas sobre a conformidade constitucional de interpretação diversa, podendo depreender-se do seu pensamento a sustentação de uma interpretação do artigo 296º segundo a qual apenas admite a execução da caução para o ressarcimento de *certos* e *determinados* prejuízos previstos na lei – cfr. PEDRO GONÇALVES, "Cumprimento e incumprimento...", cit., p. 588.
[403] Algo diferente era a solução constante do artigo 69º do Decreto-Lei nº 197/99, de 8 de junho, que aludia simplesmente à perda da caução, independentemente de decisão judicial, nos casos de incumprimento das obrigações legais, contratuais ou pré-contratuais do adjudicatário.
[404] Esta ambivalência da expressão pode, de resto, explicar-se pelo facto de a execução da caução garantir o cumprimento tanto de importâncias devidas a título de responsabilidade civil administrativa (em que existe autotutela do contraente público) como de indemnizações a que a responsa-

mindo, portanto, o legislador neste preceito legal uma *posição de neutralidade em matéria de tutela declarativa*[405]. Assim, por esta ordem de ideias: existe *autotutela declarativa* nos casos em que a lei permita ao contraente público emitir um título executivo, como sucede em face de quantias devidas a título de sanções pecuniárias, aplicadas através de acto administrativo (conforme previsto nos artigos 302º e 307º); mas já não é esse o caso, à falta de norma legal que atribua autotutela ao contraente público, em matéria de responsabilidade civil contratual, domínio em que reina, ao invés, a *heterotutela declarativa*. Por outras palavras: o sentido normativo que se extrai do artigo 296º aponta para a dispensa do recurso aos tribunais para a execução, através da caução, *de um título executivo já existente* – seja ele o acto administrativo de aplicação de sanções pecuniárias, seja uma sentença judicial ou um documento particular que contenha o reconhecimento de dívida nos termos admitidos pela lei processual civil –, mas não habilita o contraente público a prescindir dos tribunais para a *obtenção desse título executivo*.

Pode, de resto, encontrar-se no mesmo preceito legal uma outra expressão que converge para o sentido hermenêutico que vimos sustentando. Na verdade, a circunstância de o legislador estabelecer que a caução pode ser executada para satisfação de quantias *que se mostrem devidas* por força do não cumprimento aponta para a necessidade de *demonstração* e *comprovação* do direito de crédito do contraente público para cujo pagamento a caução é executada. Se assim não fosse, bastaria ao legislador ter-se referido a quantias *devidas* ou a quantias que *considere devidas*.

---

bilidade civil contratual do contratante dá lugar (domínio no qual o Código não atribui autotutela declarativa ao contraente público), o que vem, aliás, explicitado nas várias alíneas do nº 1 do artigo 296º.

[405] Esta posição de neutralidade afigura-se, aliás, coerente com o próprio contexto normativo em causa, que trata justamente da *execução* da caução e da efectivação do papel de garantia que esta desempenha.
Repare-se, aliás, que, a nosso ver, uma interpretação da expressão *"sem necessidade de prévia decisão judicial ou arbitral"* no sentido de se reportar apenas à tutela executiva e sem qualquer refracção em matéria de tutela declarativa encontra uma única dificuldade na circunstância de ali se referir também a arbitragem (destituída, como se sabe, de competência em matéria executiva), o que pode conduzir ao argumento segundo o qual essa alusão estabelece a ligação com a tutela declarativa. Parece-nos, portanto, que teria sido preferível, em termos de técnica legislativa, e com inerentes ganhos de clareza, omitir a referência à arbitragem, com o que ficaria arredada qualquer associação daquela expressão à dispensa do recurso aos tribunais para a tutela declarativa. Em todo o caso, como referimos no texto, a aludida expressão não pode ser lida no sentido, radicalmente distinto, de ali se ver uma concessão generalizada de autotutela declarativa ao contraente público.

87. Não obstante a interpretação exposta do regime constante do artigo 296º, certo é que o tema deste trabalho se centra não no conteúdo dos poderes do contraente público na fase de execução contratual, mas sim no plano da forma dessa actuação. Coerentemente, mais do que saber se ao contraente público é atribuída a possibilidade de unilateralmente declarar o incumprimento do co-contratante e de fixar o *quantum* indemnizatório que lhe é devido, o que mais nos interessaria, em qualquer caso, seria apurar se essa declaração unilateral, a existir, reveste a forma de acto administrativo – o que, como se sabe, não seria consequência directa e necessária da eventual afirmação daquela prerrogativa e encontraria, de resto, obstáculos de relevo no facto de a mesma não se encontrar elencada no nº 2 do artigo 307º.

(iii) A execução da caução como declaração negocial de exercício de um direito potestativo

88. Como já se afirmou, o artigo 296º abre espaço para algumas hesitações quanto à natureza jurídica da declaração de execução da caução pelo contraente público. Particularmente, a circunstância de, nos termos da lei, a decisão de execução da caução não carecer de prévia decisão judicial ou arbitral aparenta, sem dúvida, uma proximidade com a executoriedade do acto administrativo.

Mas aquela disposição legal não deve ser vista, sem mais, como um dos casos a que se refere a parte final do nº 2 do artigo 309º, quando aí estabelece que serão ainda executórios os actos administrativos contratuais que como tal estejam previstos na lei[406], considerando-se, consequentemente, que a decisão de execução da caução é um acto administrativo contratual. Aos nossos olhos, não deve partir-se do regime jurídico do acto administrativo contratual para se discernir se determinada pronúncia contratual assume essa natureza. O método tem de ser, justamente, o inverso.

A resposta à pergunta sobre se as decisões do contraente público relacionadas com a caução são exercidas através de acto administrativo há-de, pois, encontrar-se no nº 2 do artigo 307º e tem, por conseguinte, de passar necessariamente – ainda que com isso possa não bastar-se, na medida em que se justifique, eventualmente, a aplicação analógica desse regime[407] – por indagar se tais pronúncias se reconduzem ao exercício de qualquer dos poderes de conformação contratual

---

[406] Referindo-se ao acto de execução da caução como um dos outros casos de executoriedade previstos na parte final do nº 2 do artigo 309º, CARLA AMADO GOMES parece pressupor que o acto que determina a execução da caução é um acto administrativo contratual – cfr. "A conformação...", cit., p. 559, em nota.
[407] Trata-se de analogia *legis* (e não de analogia *iuris*), como se viu.

listados no artigo 302º. Sabe-se que a decisão de execução da caução foi já considerada por alguma doutrina como um acto administrativo[408], sem que daí haja resultado esclarecido qual o poder de conformação contratual que é exercido através desse acto administrativo.

89. Conhecendo-se o esquema de funcionamento da caução e a função que desempenha no plano da execução contratual, arranca-se do pressuposto de que a mesma é uma garantia do cumprimento das obrigações do co-contratante e que apenas entra em cena em caso de incumprimento, isto é, quando o co-contratante não cumpre as «obrigações legais e contratuais» que sobre si impendem[409].

Atendendo à panóplia de poderes elencados nos artigos 302º e 307º, a execução da caução presta-se, de certo modo, a uma aproximação lógica ao poder de aplicar de sanções[410].

Contudo, à recondução da execução da caução ao poder sancionatório, enquanto poder de conformação contratual do contraente público, opõem-se duas linhas de argumentação, as quais, embora distintas, confluem no mesmo sentido.

a) Desde logo, não pode obnubilar-se que, num plano técnico-jurídico, a caução não é uma sanção contratual, mas sim, como se explicitou anteriormente, uma garantia especial de cumprimento das obrigações do credor. A garantia constitui, portanto, «um instrumento de tutela do direito do credor à realização da prestação»[411].

À caução não é, em geral, reconhecida uma função punitiva, como é próprio das sanções, mas unicamente a função de garantia do credor quanto à satisfação das obrigações pecuniárias que sobre o seu co-contratante impendam por força do não cumprimento por este das obrigações que, em razão da celebração do contrato, assumiu. A isto acresce que a execução da caução é um modo de extinção da obrigação que com ela se visa garantir, extinção essa que ocorre através do próprio cumprimento da obrigação, ainda que não voluntário, característica que não é detetável nas sanções contratuais, que acrescem ao dever de cumprimento.

---

[408] Cfr. CARLA AMADO GOMES, "A conformação...", cit., p. 559, em nota; PEDRO GONÇALVES, "Cumprimento e incumprimento...", cit., p. 587. Em "Gestão de contratos públicos em tempo de crise", in Estudos de Contratação Pública, III, Coimbra Editora, 2010, p. 24, PEDRO GONÇALVES alude já ao «direito potestativo de, em certas condições, executar a caução».
[409] Cfr. nº 1 do artigo 88º e nº 1 do artigo 296º.
[410] Dando nota de que as sanções contratuais, não sendo, num plano técnico-jurídico, garantias de cumprimento, desempenham, como estas, um papel relevante de incentivo ao cumprimento, cfr. PEDRO GONÇALVES, "Cumprimento e incumprimento...", cit., p. 589.
[411] Cfr. LUÍS MIGUEL PESTANA DE VASCONCELOS, Direito..., cit., p. 49.

E esta conclusão, válida no plano geral do direito das obrigações, não é desmentida quando perspectivada a caução à luz do Código, na sua vertente de garantia das obrigações legais ou contratuais que o co-contratante assume com a celebração do contrato.

Em primeiro lugar, o esquema de execução da caução desenhado pelo legislador no artigo 296º confirma, como se disse, que a caução prevista no Código para a fase de execução contratual assume a natureza de mera garantia do cumprimento das obrigações do co-contratante[412], justamente porque a medida da execução da caução deve depender da medida dessas obrigações de pagamento[413-414].

Em segundo lugar, nem deve sequer, a nosso ver, aproximar-se a caução de uma cláusula penal (a qual, como se sabe, desempenha também uma função ressarcitória[415]), uma vez que, ao contrário desta, a caução não traduz uma liquidação antecipada do dano. A caução só pode ser executada para pagamento das quantias que *se mostrem devidas* ao contraente público por força do incumprimento do co-contratante.

É certo que, tendo em conta que a execução da garantia pelo contraente público não está dependente de prévia decisão judicial ou arbitral (com o sentido atrás explicitado), a caução protagoniza ainda, para além de uma função estrita de garantia do cumprimento daquelas obrigações, um papel não despiciendo de incentivo a esse mesmo cumprimento, papel esse que é partilhado com as sanções e com as cláusulas penais, às quais não pode deixar de reconhecer-se também uma função coercitiva[416]. Mas a essa comunhão de funções não pode, evidente-

---

[412] Neste sentido também, cfr. PEDRO GONÇALVES, "Cumprimento e incumprimento...", cit., p. 586.

[413] Não aludimos, propositadamente, à *medida do dano*, uma vez que, como se sabe, a caução não serve apenas para garantir o cumprimento das obrigações de responsabilidade contratual civil do co-contratante (estas sim pressupõem a existência de danos), mas também outras obrigações que o não exigem (é o caso da obrigação de pagamento das sanções pecuniárias que lhe hajam sido aplicadas, que se enquadram na designada responsabilidade contratual administrativa).

[414] Idêntica solução foi adoptada no direito italiano, onde a caução definitiva representa uma garantia em sentido estrito, não operando como uma cláusula penal, podendo o contraente público executá-la apenas na medida do dano. A única excepção a essa regra encontra-se prevista no direito italiano, em matéria de empreitada de obras públicas, que prevê, em determinadas situações, a execução integral da caução. Sobre este aspecto, cfr. MAURIZIO ZOPPOLATO, "Le garanzie dell'offerta ...", cit., pp. 3532 e 3533.

[415] Cfr. ANTÓNIO PINTO MONTEIRO, *Cláusula Penal...*, cit., pp. 26 e ss.; JOÃO CALVÃO DA SILVA, *Cumprimento e Sanção Pecuniária Compulsória*, Almedina, Coimbra, 2007, pp 247 e ss.. Afastando expressamente a função sancionatória da cláusula penal, cfr. ANTÓNIO PINTO MONTEIRO, *Cláusula Penal...*, cit., pp. 26 e ss..

[416] Sobre a função coercitiva das sanções e da caução, cfr. PEDRO GONÇALVES, "Cumprimento e incumprimento...", cit., p. 585, 589 e 601. Sobre a função coercitiva da cláusula penal, cfr. ANTÓNIO PINTO MONTEIRO, *Cláusula Penal...*, cit., pp. 36 e ss..

mente, conferir-se a virtualidade de convolar a natureza da caução de garantia para sanção ou para cláusula penal[417].

b) Acresce que reconduzir a decisão de execução da caução ao poder sancionatório enfrenta ainda uma dificuldade de ordem diversa.

De acordo com o Código, o poder sancionatório apenas pode ser usado em caso de inexecução do contrato (os artigos 302º e 307º referem-se à aplicação de sanções previstas para a *inexecução do contrato*), o que pode ser entendido como correspondendo apenas às situações de não cumprimento das «*obrigações inscritas no contrato e relativas às prestações contratuais a cuja realização o co-contratante se vinculou*»[418]. Ora, destinando-se a caução à satisfação de valores pecuniários («importâncias») que sejam devidos por força do não cumprimento pelo co-contratante das obrigações legais e contratuais, designadamente sanções pecuniárias, indemnizações e cláusulas penais, vê-se que a caução não vai dirigida a garantir – ou, apelando ao raciocínio em curso, a sancionar – directamente o (in)cumprimento das prestações contratuais, operando apenas num *segundo nível de incumprimento*, justamente o incumprimento da obrigações pecuniárias nascidas, elas próprias, do incumprimento de obrigações legais ou contratuais[419].

Em face do que antecede, fica inviabilizado, à luz do disposto na alínea *d*) do artigo 302º e na alínea *c*) do nº 2 do artigo 307º, admitir a execução da caução ao abrigo do poder sancionatório e, consequentemente, através de acto administrativo[420].

---

[417] No sentido de que outras figuras, para além da cláusula penal, exercem uma função ressarcitória, sem deverem confundir-se com ela, dando como exemplo, a caução, cfr. ANTÓNIO PINTO MONTEIRO, *Cláusula Penal...*, *cit.*, pp. 61 e 62..

[418] Cfr. PEDRO GONÇALVES, "Cumprimento e incumprimento...", cit., p. 591 (itálico no original). Conferindo relevância a este aspecto, o Professor de Coimbra sustenta que o contrato não pode prever sanções para reagir ao incumprimento de obrigações impostas por actos administrativos ou por lei, justamente por o poder de aplicar sanções ser conferido, nos termos do disposto na alínea e) do artigo 302º, quando estejam em causa «sanções para a inexecução do contrato». Sobre o pensamento do Autor a este respeito e sobre as três espécies de obrigações que podem ser incumpridas no contexto do contrato administrativo, cfr. "Cumprimento e incumprimento...", cit., pp. 580, 581, 591, 592, 591, 597.

[419] Em rigor, a caução visa garantir o incumprimento pelo co-contratante de obrigações que, sendo geradas num contexto de incumprimento do próprio contrato, não decorrem necessariamente das próprias cláusulas contratuais. Por isso, o nº 1 do artigo 296º refere-se também expressamente, a esse propósito, a obrigações legais.

[420] Acrescente-se que o disposto no nº 3 do artigo 296º – que estabelece que a execução indevida da caução confere ao co-contratante o direito a indemnização pelos prejuízos daí advenientes – pode ver visto, em reforço de argumentação, como uma manifestação da opção legislativa de não dotar a execução da caução da forma acto administrativo, na medida em que aí se consagra uma *tutela indemnizatória* do co-contratante, por oposição à *tutela anulatória* de que beneficiaria em face de um acto administrativo.

90. Deve dizer-se, de resto, que não se vê outra hipótese para enquadrar a execução da caução nos poderes de conformação contratual previstos no artigo 302º – e, consequentemente, considerar que o seu exercício seja feito mediante acto administrativo – que não seja a de considerar estar ainda em causa uma sanção para o incumprimento contratual, uma vez que nenhum dos outros poderes ali elencados revela susceptibilidade de aplicação no domínio das cauções. Como é bom de ver, não se trata de modificar o contrato, nem de o resolver, e, evidentemente, em jogo não está também a direcção ou fiscalização do modo de execução das cauções.

Aqui chegados, tem de reconhecer-se que a consideração da decisão de execução da caução como um acto administrativo só pode assentar na seguinte alternatividade:

a) Ou se interpreta a alínea *d*) do artigo 302º e a alínea *c*) do nº 2 do artigo 307º no sentido de que a expressão aí usada de «inexecução do contrato» não deve ser lida no sentido estrito a que nos referimos, abrangendo o incumprimento de qualquer obrigação que mediatamente emerja do contrato para o co-contratante, entendendo também a expressão sanção num sentido lato, e não rigoroso do ponto de vista jurídico, permitindo perspectivar ainda a caução como uma «sanção», valorizando a sua vertente de incentivo ao cumprimento – o que equivaleria a uma interpretação extensiva dos referidos preceitos legais, ancorada, evidentemente, nessa leitura menos rígida da letra da lei[421-422];

b) Ou se considera que, apesar de não se enquadrar no poder sancionatório do contraente público, a execução da caução merece tratamento idêntico àquele que merecem as situações elencadas no nº 2 do artigo 307º – exercício que mais não é do que sustentar a aplicação analógica daquela norma a este caso.

Essencial, em qualquer dos casos (seja para considerar que a *ratio* do legislador justifica estender a letra da lei a situações nela não expressamente reguladas, seja para considerar a necessidade da analogia, enquanto manifestação do princípio da igualdade no tratamento de situações idênticas), é que, de um ponto de vista substancial e material, se possa asseverar que se justifica que o accionamento de uma garantia para pagamento de obrigações pecuniárias (geradas, elas pró-

---

[421] Como se sabe, a interpretação extensiva apenas é admitida, pelo nº 2 do artigo 9º do Código Civil, se a norma que dela se extraia encontrar na letra da lei um mínimo de correspondência legal.
[422] E redundaria, por força do nº 2 do artigo 308º, na sujeição da decisão de execução da caução ao dever de audiência prévia.

prias, pelo próprio incumprimento do contrato) seja feito através de uma decisão com força de acto administrativo. Vê-se, portanto, que as considerações de proporcionalidade têm aqui pleno cabimento, seja em sede de interpretação legal, como parâmetro auxiliar na determinação da *ratio* legislativa, seja em sede de aplicação analógica.

E é justamente para essa reflexão que procuraremos aqui deixar algumas pistas. Com importância central no desenvolvimento desse exercício, deve manter-se em mente o que anteriormente se disse sobre o que significa dotar uma determinada declaração da força de acto administrativo.

91. Uma primeira hipótese a considerar passaria por admitir a forma acto administrativo apenas quando a execução da caução sirva de garantia ao incumprimento de obrigações fixadas por acto administrativo, o que aconteceria sempre que esteja em causa o não pagamento de uma sanção pecuniária aplicada pelo contraente público ao abrigo do poder sancionatório previsto nos artigos 302º e 307º, por estar ainda em jogo o poder de aplicar sanções (como se fosse a *mesma* sanção, aplicada em dois níveis) e por se tratar ainda de uma garantia da designada responsabilidade administrativa de que fala a doutrina[423]. Já não seria esse o caso, à luz do mesmo critério, quando se tratasse de garantir o pagamento de cláusulas penais ou indemnizações, em sede de responsabilidade civil contratual do co-contratante (por não haver aí um acto administrativo prévio)[424]. Contudo, esta proposta perfila-se insatisfatória. Não pode perder-se de vista que está, afinal, a falar-se, em qualquer dos casos, de obrigações pecuniárias e não já do cumprimento das próprias obrigações de que estas são sucedâneo, não se vislumbrando razão para que o interesse público deva num caso ser mais tutelado do que no outro. Afigura-se-nos, portanto, que, em matéria de execução de caução, os dois tipos de responsabilidade contratual, civil e administrativa, devem beneficiar do mesmo tratamento. Mas falta ainda apurar qual.

92. Sendo certo que a forma e o regime do acto administrativo servem o interesse público, como se viu, não nos parece, desde logo, que a necessidade de protecção do interesse público que está subjacente a qualquer dos casos previstos no nº 2 do artigo 307º tenha a mesma intensidade na hipótese de execução da caução. Efectivamente, em qualquer dos poderes de conformação contratual está

---

[423] Cfr. PEDRO GONÇALVES, "Cumprimento e incumprimento...", cit., p. 597.
[424] De resto, se a caução garante o não cumprimento voluntário pelo co-contratante de obrigações emergentes da sua responsabilidade, nem faria sentido dotar esta garantia de mais força do que aquela que está subjacente ao próprio direito de crédito cujo cumprimento ela visa garantir.

directamente em causa o modo de execução das prestações contratuais objecto do contrato, o que não sucede na execução da caução, em que estão apenas em jogo obrigações pecuniárias que não integram, elas próprias, o núcleo das prestações contratuais, mas são, como se viu, uma consequência da sua violação pelo co-contratante. Não se negando a função de coerção ao cumprimento do contrato que a caução também desempenha, a verdade é que essa função opera por via indirecta, não estando, pois, imediatamente vocacionada para esse desiderato. Não se trata, aqui, portanto, de garantir, em primeira linha, que o contrato seja executado do modo mais conforme ao interesse público com ele prosseguido, mas apenas de garantir a entrada nos cofres do contraente público de quantias que lhe são devidas como consequência do incumprimento do contrato, plano em que o interesse público subjacente à sua celebração já se encontra lesado. Dir-se-á que, também aí, há um interesse público a tutelar, justamente o interesse na saúde financeira do Estado e na arrecadação de dinheiros. Mas, ao contrário do que sucede nas restantes situações previstas na lei, não se trata já da protecção do interesse público específico que determinou a celebração do contrato[425], mas sim do interesse público geral na arrecadação de dinheiros.

Não cremos existirem elementos para considerar que o legislador tivesse esta situação em mente quando prescreveu a natureza de acto administrativo de algumas declarações do contraente público nem para aceitar a analogia entre esta e aquelas situações (conclusão reforçada pela ponderação do princípio da proporcionalidade a que vimos que as opções legislativas devem em qualquer caso obediência, especialmente quando estejam em causa conflitos entre valores e bens constitucionalmente tutelados), justamente porque a protecção do interesse público não parece exigir, aqui, o emprego da forma acto administrativo.

93. Numa perspectiva diferente, centremo-nos no próprio regime legal da declaração negocial de execução da caução.

Facilmente se detecta que esse regime vai além do regime normal de operação dos direitos potestativos (que, como se viu, não beneficiam, por natureza, da autotutela declarativa e executiva), colocando o contraente público numa situação muito semelhante àquela em que estaria caso actuasse através de um acto administrativo e tornando desnecessário, em busca de maior protecção para o interesse público (e no pressuposto de que a mesma se justificaria), atribuir-lhe formalmente essa natureza (a qual, como se sabe, sujeitaria o co-contratante a um prazo curto de reacção judicial, sem a correspectiva vantagem para o interesse

---

[425] O legislador alude expressamente ao *interesse público visado pela decisão de contratar* no nº 1 do artigo 303º.

público). É que, como se disse, o contraente público pode obter, ele próprio, o pagamento das obrigações pecuniárias que lhe seja devido, justamente através da própria execução da caução[426], sem ter de recorrer a uma acção executiva para o efeito, o que gera no co-contratante um ónus de reacção contra essa decisão, caso com a mesma não se conforme, em vista da restituição do montante da caução indevidamente executado. Ora, este regime demonstra que a declaração de execução da caução oferece ao contraente público, de modo imediato, a satisfação do seu interesse.

Quando se trate de quantias cujo pagamento foi imposto por acto administrativo (o que apenas sucede para ressarcimento dos montantes resultantes do exercício do poder sancionatório), a execução da caução traduz-se, efectivamente, na própria executoriedade desse acto administrativo[427]. Isso quer dizer, portanto, que só nos casos em que a caução seja executada para "pagamento" de sanções pecuniárias aplicadas ao abrigo do poder sancionatório previsto no artigo 302º se poderá considerar que o regime previsto no artigo 296º é um dos casos a que se refere a parte final do nº 2 do artigo 309º.

Fora dessa hipótese, o regime da caução não apresenta qualquer ligação formal com o regime da conformação contratual e com o regime do acto administrativo. Mas isso não equivale à negação de uma aproximação *de facto* entre o regime da execução da caução e o regime do acto administrativo[428] – aproximação essa que é, aliás, responsável pelas dúvidas que a esse respeito podem suscitar-se. Como diferenças mais marcantes entre um e outro, restam apenas a inexistência de um prazo de caducidade para a "reacção" judicial contra a declaração de execução da caução (aspecto do regime da caução que se perfila, claramente, favorável ao co-contratante), a não sujeição dessa declaração a audiência prévia do co-contratante[429] e a inexistência do dever de fundamentação daquela decisão[430].

---

[426] Sobre a consistência e o imediatismo dos modos de prestação de caução admitidos pelo artigo 90º, cfr. Mário Esteves de Oliveira e Rodrigo Esteves de Oliveira, *Concursos...*, 2011, cit., p. 1070.
[427] Cfr., em sentido próximo, Pedro Gonçalves, "Cumprimento e incumprimento...", *cit.*, p. 602.
[428] Refira-se, aliás, que o regime da execução da caução vai mesmo para além do regime do acto administrativo, na medida em que, como se disse, a execução da caução não se reconduz sequer aos procedimentos próprios de executoriedade administrativa, para que remete o nº 2 do artigo 309º.
[429] Repare-se que, à luz do disposto no artigo 308º, essa sujeição só existe caso se esteja diante do exercício do poder sancionatório.
[430] Destas duas últimas diferenças não decorre sequer uma intolerável desprotecção do co-contratante, uma vez que este, tendo sido sempre ouvido no plano, lógica e cronologicamente anterior, da formação do próprio título executivo que encerra o dever de pagamento das importâncias pecuniárias em causa – seja no âmbito do procedimento de formação da decisão de aplicar a sanção, quando seja o caso, seja no domínio da controvérsia acerca do incumprimento contratual gerador da responsabilidade civil contratual –, só pode ver executada a caução prestada uma vez decorrido

94. Duas conclusões se retiram da análise empreendida. Num primeiro momento, concluiu-se que a declaração de execução da caução não se reconduz a qualquer das hipóteses expressamente previstas no nº 2 do artigo 307º como actuações através da forma acto administrativo. Logo depois constatou-se que, não obstante essa opção literal do Código, não se justifica estender a hipótese normativa constante do nº 2 do artigo 307º nem aplicá-la analogicamente à execução da caução, em vista de incluir esta actuação do contraente público na estatuição da norma, dotando-a da forma acto administrativo.

Mercê destas conclusões, advogamos que a decisão de execução da caução é uma declaração negocial de exercício de um direito potestativo e não um acto administrativo[431].

Note-se, aliás, que este era o entendimento jurisprudencial que, no domínio do direito anterior, vigorava nas situações em que a prestação da caução se encontrava legalmente prevista, como era o caso do regime jurídico da empreitada e concessão de obras públicas. Deve, no entanto, assinalar-se que a fundamentação avançada pela jurisprudência se focava na disposição do regime jurídico do contrato de empreitada e concessão de obras públicas que estabelecia que os litígios relativos à execução do contrato se resolvem por meio de acção – o que determinava que todas as pronúncias do dono de obra na execução do contrato fossem consideradas declarações negociais –, não podendo, por isso, extrapolar-se o mesmo entendimento para fora do enquadramento legal privativo daqueles contratos[432].

---

o prazo de pagamento voluntário para tanto fixado. Por outro lado, estando em causa o incumprimento do dever de pagamento voluntário de quantias pecuniárias, constante de título executivo, um dever de fundamentação da execução da caução sempre se afiguraria desnecessário.

[431] Idêntica solução nos parece merecer a decisão de renovação da caução a que se refere o nº 2 do artigo 296º, que surge como uma consequência da execução da caução pelo contraente público (PEDRO GONÇALVES considera a obrigação de renovação da caução como uma obrigação legal – cfr. PEDRO GONÇALVES, "Cumprimento e incumprimento...", cit., p. 588). Refira-se, aliás, que essa decisão não pode sequer ser reconduzida ao exercício do poder de fiscalização, por não estar em causa o modo como as prestações contratuais são executadas. O mesmo se diga a propósito da recusa da substituição da caução, a que se refere o artigo 294º, e do indeferimento do requerimento para liberação da caução, previsto no artigo 295º (sobre a liberação da caução, ainda que na vigência do direito anterior, cfr. RODRIGO ESTEVES DE OLIVEIRA, Autoridade..., cit., p. 101). Repete-se, também aqui, que não se trata de obrigações contratuais nem do modo de execução do contrato, pelo que a respectiva integração nos poderes de conformação contratual não se afigura possível.

[432] A decisão em causa consta do acórdão do Tribunal Central Administrativo do Sul de 03.04.2003 (Proc. 12237/03). Sobre o aludido entendimento no sentido de que todas as declarações do dono de obra no âmbito de um contrato de empreitada eram, à luz do Decreto-Lei nº 59/99, de 2 de Março, declarações negociais, cfr., por todos, acórdão do Pleno do Supremo Tribunal Administrativo de 15.05.2002 (Proc. 46 106).

Ainda com interesse, pode registar-se ser essa também a posição do direito transalpino acerca da decisão de *incameramento della cauzione*[433], a qual alinha com a posição de princípio do direito italiano, segundo a qual a regra, na execução dos contratos, é a de que a Administração não emite actos administrativos[434]. O legislador italiano refere-se expressamente ao «diritto» das «stazioni appaltanti» «di valersi della cauzione», aspecto que, ainda que não sendo, por si só, absolutamente decisivo, não deixa de poder ser invocado em termos de anuência do legislador à solução que decorre da aludida regra geral[435]. A jurisprudência vem igualmente acolhendo esse princípio geral a respeito da declaração de execução da caução, considerando que a execução da caução definitiva é uma mera declaração negocial de direito privado, fundada no incumprimento contratual do contraente privado (que ocorre, na maior parte das vezes, na sequência da resolução do contrato pelo ente público), estando o conhecimento do litígio atribuído ao "giudice ordinario"[436]. Salienta-se, no entanto, que a jurisprudência estende a natureza de *provvedimento amministrativo* à declaração de execução da caução definitiva sempre que tal acto tenha origem numa causa de invalidade da adjudicação ao privado, ingressando, nesses casos, no âmbito da jurisdição administrativa[437].

Curiosamente, nos antípodas desta solução posiciona-se o direito espanhol, a propósito da garantia definitiva, prevista no artigo 83º e seguintes da *Ley de Contratos del Sector Público*[438]. Apesar do contraste com os ordenamentos jurídico por-

---

[433] Cfr. nº 5 do artigo 113º do *Codice degli Appalti Pubblici* italiano (aprovado pelo Decreto Legislativo de 12 de abril de 2006, nº 163) e nº 2 do artigo 123º do *Regolamento di esecuzione dei Codice degli Appalti Pubblici*, aprovado pelo *Decreto del Presidente della Republica*, de 5 de Outubro de 2010, nº 207. Na doutrina, cfr. MASSIMO GIANNINI, *Diritto Amministrativo*, Giuffrè Editore, 1993, pp. 407 e 727; AA.VV. (coordenação de ROBERTO GAROFOLI e GIULIA FERRARI), *Codice degli Appalti Pubblici*, Tomo I, 4ª Edição, 2011, Nel Diritto Editore, p. 1195.
[434] Cfr. MASSIMO GIANNINI, *Diritto...*, cit., p. 429; VINCENZO CERULLI IRELLI, *Corso di Diritto Amministrativo*, G. Giappichelli Editores, Turim, 1997, pp. 686 e ss.; EUGENIO BRUTI LIBERATI, *Consenso...*, cit., pp. 163 a 165; FRANCESCA CANGELLI, *Potere...*, cit., pp. 280 e ss.; SÉRVULO CORREIA, *Legalidade...*, p. 518.
[435] Usando argumento semelhante, a partir do texto da lei, ainda que a propósito do poder de denúncia do contrato (*potestà di recesso*), cfr. STEFANO VINTI, *Limiti...*, cit., p. 563.
[436] Cfr. Cass. Civ., de 27 de Fevereiro de 2007, nº 4426; sentença do T.A.R. Campania, sede Napoli, I, 23 de Maio de 2005, nº 6845, referidos na sentença do T.A.R. Pescara de 28 de Novembro de 2005, nº 695, disponíveis em *http://www.giustizia-amministrativa.it*.
[437] Cfr. sentenças do T.A.R. Pescara de 28 de Novembro de 2005, nº 695 e do T.A.R. Brescia de 13 de Novembro de 2003, nº 1382, disponíveis em *http://www.giustizia-amministrativa.it*.
[438] Aprovada pela Lei 30/2007, de 30 de Outubro. Nos termos previstos no artigo 88º da *Ley de Contratos*, a garantia definitiva responde pelos danos e prejuízos que o co-contratante possa causar à Administração na execução do contrato, incluindo as despesas originadas pelo atraso no cumprimento das obrigações contratuais, e também pelas penalidades impostas ao co-contratante. Para

tuguês e italiano, a opção explica-se a partir da amplitude com que em Espanha são reconhecidas à Administração *potestades administrativas* na execução dos contratos, alargando-as a todas as decisões tomadas pela Administração, incluindo, para além dos poderes de resolução e determinar os seus efeitos, de modificação do contrato, de direcção e fiscalização e de aplicar sanções, os poderes de interpretar o contrato e de *resolver as dúvidas que ofereça o cumprimento do contrato*, as quais são exercidas mediante decisão unilateral e executória (cfr. artigo 194º da *Ley de Contratos del Sector Público*). Neste sentido, a doutrina nomeia a "apropriación o la devolución de la fianza" como um dos aspectos da execução contratual relativamente aos quais a Administração pode decidir executoriamente, isto é, através de decisão unilateral e executória, como é próprio dos actos administrativos[439-440].

4.3.2.2. Oposição à excepção de não cumprimento e ao direito de retenção invocados pelo co-contratante

95. Sendo certo que o contraente público pode opor-se ao exercício pelo co-contratante da excepção de não cumprimento do contrato – prevista a favor do co-contratante, com cariz inovatório, no artigo 327º do CCP –, através de resolução fundamentada que reconheça que a recusa em cumprir seria gravemente preju-

---

além disso, o artigo 88º prevê ainda a perda da caução a favor da Administração, em caso de resolução do contrato por culpa do co-contratante ("incautación de la garantía"). Esta figura da *incautación* da garantia tem suscitado diversas questões na ciência administrativista espanhola, em especial em torno da natureza jurídica dessa garantia. Sobre o tema, cfr. CONCEPCIÓN BARRERO RODRÍGUEZ, "La resolución del contrato por incumplimiento del contratista en la Ley 30/2007, de 30 de Octubre, de contratos del sector público, in *Revista de Administración Pública*, nº 176, Maio-Agosto (2008), p. 107. Em geral, sobre as garantias exigidas na *Ley de Contratos del Sector Público*, cfr. FEDERICO CASTILLO BLANCO, *Comentarios a la Ley de Contratos del Sector Público* (Directores: L. PAREJO ALFONSO e A. PALOMAR OLMED; Coordenador: J. VÁSQUEZ GARRANZO), anotação ao artigo 88º, Tomo II; Bosch, Barcelona, 2009, pp. 822 e ss..

[439] Cfr. EDUARDO GARCÍA DE ENTERRÍA e TOMÁS-RAMÓN FERNÁNDEZ, *Curso...*, cit., pp. 719 e 754. Também ERNESTO GARCIA-TREVIJANO GARNICA (cfr. *El Régimen de las Garantías en la Contratación Administrativa*, Civitas, 1ª edição, 1997, p. 135) reconhece «un amplio margen de maniobras a la Administración para determinar, en definitiva, el alcance concreto de la afección de la garantía definitiva», recordando, a este propósito, que «las decisiones de la Administración en el ámbito contractual también gozan de la presunción de validez y son ejecutivas».

[440] Não obstante este regime da execução contratual amplamente publicizado, deve registar-se que, em Espanha, o exercício das *potestades administrativas* na fase de execução contratual se encontra genericamente sujeito a audiência prévia do co-contratante, o que decorre tanto do regime procedimental previsto para o exercício das prerrogativas da Administração (artigo 195º da *Ley de Contratos*) como do artigo 97º do *Reglamento General de la Ley de Contratos del Sector Público* (aprovado pelo Real Decreto 1098/2001, de 12 de Outubro), que prevê o regime para a ultrapassagem de divergências que surjam entre as partes na execução do contrato.

dicial para o interesse público, a resposta à dúvida acerca da natureza jurídica da resolução fundamentada tem de passar pela descoberta nessa resolução fundamentada de marcas de um dos poderes de conformação previstos no artigo 302º do CCP[441].

A doutrina que já teve oportunidade de se pronunciar sobre este ponto sustenta, maioritariamente, que se trata de uma declaração negocial do contraente público, com fundamento na circunstância de o poder em causa não se enquadrar no elenco dos poderes de conformação contratual definido pelo CCP[442], pese embora as «evidentes ressonâncias autoritárias da formulação usada»[443].

Concordamos com esta posição. Efectivamente, uma exegese rigorosa do elenco dos poderes de conformação contratual previsto no artigo 302º do CCP afasta a subsunção em qualquer deles da resolução fundamentada a que se refere o nº 4 do artigo 327º. Mesmo o poder de fiscalização, relativamente ao qual poderia sustentar-se alguma aproximação com a resolução fundamentada, não consente uma extensão à situação em apreço. Apesar de uma coincidência em termos de objectivo almejado – por estar também em causa na resolução fundamentada assegurar a «funcionalidade da execução do contrato quanto à realização do interesse público visado pela decisão de contratar» (cfr. nº 1 do artigo 303º do CCP) –, as figuras distinguem-se pelo seu próprio objecto. Enquanto o objecto do poder de fiscalização é, como anteriormente se sublinhou e em linha com o que se tem vindo a insistir, *o modo de execução* das prestações contratuais, o que está em jogo na *exceptio*, e também na resolução fundamentada, é apurar se o co-contratante tem, ou não, de cumprir determinada prestação contratual a que se obrigou, e não o modo como deve fazê-lo. E esta diferença é, a nosso ver, absolutamente decisiva para a não recondução da resolução fundamentada do contraente público ao poder de fiscalização.

96. Assente que a resolução fundamentada não traduz o exercício de um poder de conformação contratual, a conclusão positiva que daí se infere é que a resolução é exercida mediante declaração negocial do contraente público, a qual

---

[441] As observações que se seguem são aplicáveis ao direito de retenção que, conforme estabelece o artigo 328º, beneficia, com as necessárias adaptações, do regime estabelecido para a excepção de não cumprimento do contrato invocável pelo co-contratante.
[442] Cfr. CARLA AMADO GOMES, "A conformação...", cit., p. 561 e MÁRIO AROSO DE ALMEIDA, "Contratos administrativos e poderes...", cit., pp. 15 e 16; GONÇALO GUERRA TAVARES/NUNO MONTEIRO DENTE, *Código dos Contratos Públicos Comentado*, Volume II, Almedina, 2011, p. 122. Em sentido divergente, defendendo a natureza de acto administrativo, cfr. JORGE ANDRADE E SILVA, *Código dos Contratos Públicos*, Almedina, 3ª edição, 2010, pp. 804 e 805.
[443] Cfr. MÁRIO AROSO DE ALMEIDA, "Contratos administrativos e poderes...", cit., p. 16.

constitui uma declaração negocial de exercício de um direito potestativo do contraente público.

Mas é oportuno averiguar, complementarmente, se se justifica estender a essa declaração negocial de exercício de direito potestativo a natureza de acto administrativo, por considerar-se que esta situação merece o mesmo tratamento de que são objecto aquelas que estão previstas no nº 2 do artigo 307º do CCP. Importa, para tanto, conhecer o esquema de funcionamento da resolução fundamentada e da *exceptio* gizado pelo legislador para se compreender de que serve ao contraente público o direito potestativo exercido através da resolução fundamentada (direito potestativo extintivo[444]), nos casos em que o co-contratante não se conforme com a posição tomada.

Como se viu, a regra é que, em caso de não conformação da outra parte com o exercício de um direito potestativo, é o titular do direito quem tem de recorrer aos tribunais para efectivar o seu direito e satisfazê-lo. Porém, há que ter em conta que, sendo efeito da resolução fundamentada extinguir o direito de exercer a *exceptio*[445], o não cumprimento da prestação contratual em causa pelo co-contratante (em exercício ilegal da *exceptio*) constitui, do ponto de vista jurídico, um incumprimento do contrato. Trata-se, pois, de um dos casos em que o contraente público não necessita de ir a tribunal para satisfazer o seu direito, que ficou satisfeito com a própria declaração negocial. Ademais, o contraente público pode desencadear os meios de reacção ao incumprimento previstos no CCP (cfr. artigo 325º do CCP) para reagir, se for o caso, contra o não cumprimento pelo co-contratante das prestações contratuais a que está obrigado[446].

---

[444] Efectivamente, o efeito produzido pela resolução fundamentada é o de extinguir o direito do co-contratante de invocar a excepção de não cumprimento do contrato, sem prejuízo de aquele poder ainda invocá-la, nos termos do disposto no nº 2 do artigo 327º, quando a realização das prestações em causa coloque manifestamente em causa a sua viabilidade económico-financeira. Sobre as diversas modalidades de direitos potestativos, entre as quais os direitos potestativos extintivos, cfr. MANUEL DE ANDRADE, *Teoria...*, cit., pp. 12 e ss..

[445] MÁRIO AROSO DE ALMEIDA refere-se, a este propósito, ao «alcance de obstar à imediata efectividade do direito da contraparte a recusar o cumprimento das prestações a que se obrigou» (cfr. MÁRIO AROSO DE ALMEIDA, "Contratos administrativos...", cit., p. 16).

[446] O incumprimento de uma prestação contratual, na sequência de uma tentativa frustrada (por força da resolução fundamentada emitida) de exercer a excepção de não cumprimento do contrato, não se encontra previsto no CCP como um motivo para a resolução sancionatória, nos termos do artigo 333º, sem prejuízo, naturalmente, de o contrato a poder prever. Não se ignorando as críticas da doutrina a algum "excesso desigualitário" na forma como o CCP protegeu os interesses dos contraentes públicos em matéria de cumprimento do contrato, também patente no regime da *exceptio* (cfr. PEDRO GONÇALVES, "Cumprimento e incumprimento...", cit. p. 626), temos, apesar de tudo, algumas dúvidas sobre se o mecanismo de reacção ao incumprimento previsto no artigo 325º (que se desenvolve, como se viu, em, pelo menos, três momentos) é adequado nas situações em que foi

Do lado do co-contratante, este, aceitando estar em causa um grave prejuízo para o interesse público, mas considerando contudo que a realização da prestação é para si excessivamente onerosa e que se justifica ainda, por isso, o exercício da *exceptio*, tem de «recorrer à via jurisdicional para que, no âmbito de uma acção administrativa comum, o tribunal competente proceda à "devida ponderação dos interesses públicos e privados em presença" e, em função disso, decida se pode ou não efectivar-se a recusa em cumprir»[447]. Do mesmo modo, caso o co-contratante não se conforme com a própria declaração de grave prejuízo para o interesse público e não queira suportar as consequências que o incumprimento da prestação contratual para si acarretam, é o co-contratante quem, em face de uma resolução fundamentada, tem de reagir judicialmente, atacando–a através da propositura de uma acção administrativa comum.

Nesta base, resulta demonstrado que as características de executividade e de executoriedade, próprias do acto administrativo, nada acrescentariam à posição do contraente público, que vê o seu direito e interesse tutelados com a prolação de uma mera declaração negocial.

4.3.2.3. Decisões acerca da prorrogação da vigência do contrato

97. O ponto que agora merece alguma detenção é o de saber como qualificar a declaração do contraente público que prorrogue a vigência de determinado contrato.

Muito embora a distinção entre prorrogação e renovação contratual não seja muito clara[448] e venha sendo tratada, inclusivamente pelo legislador, em termos pouco rigorosos[449], do que se trata na análise que se segue é simplesmente da

---

já reconhecido que a não realização da prestação no prazo convencionado ou no prazo em que a excepção produziria efeitos provoca grave prejuízo para o interesse público (n°s 2 e 4 do artigo 327º) – o que não será o caso em todas as situações de mora no cumprimento de prestações contratuais –, nas quais poderá considerar-se, portanto, que o incumprimento do co-contratante (e a sua insistência nesse incumprimento) adquire contornos *qualificados*. Neste quadro, a previsão no contrato da resolução sancionatória em caso de não cumprimento das prestações contratuais na sequência da resolução fundamentada a que se referem os n°s 2 e 4 do artigo 327º perfila-se como uma solução que permite ao contraente público evitar, se for da sua conveniência, o percurso previsto no artigo 325º do CCP.

[447] Cfr. Mário Aroso de Almeida, "Contratos administrativos e poderes...", cit., p. 16. No mesmo sentido, cfr. Carla Amado Gomes, "A conformação...", cit., p. 561.

[448] Sobre o tema, cfr. Lino Torgal, "Prorrogação do prazo de concessões de obras e serviços públicos", in *Revista dos Contratos Públicos*, nº 1, Cedipre, 2011, pp. 219 e ss., em especial, pp. 222 e 223; Laurent Richer, *Droit des Contrats*..., cit., p. 234; Hélène Hoepffner, *La Modification*..., cit., pp. 220 e ss..

[449] Neste sentido, referindo-se especialmente ao âmbito do direito público, cfr. Laurent Richer, *Droit des Contrats*..., cit., p. 234. Testemunhando a falta de rigor com que os dois institutos vêm sendo trata-

figura da prorrogação e vai pressuposto o seu entendimento enquanto prolongamento do período de vigência inicial de um contrato, traduzindo, portanto, uma modificação desse contrato (e não a celebração de um novo)[450].

Ainda em benefício da circunscrição da questão em apreciação, deve precisar-se que se trata aqui apenas de um dos tipos em que se desdobra a figura da prorrogação e que a doutrina já designou de prorrogação premial, por oposição à prorrogação correctora[451]. Na primeira, que aqui nos interessa, está em causa uma ponderação autónoma levada a cabo pela Administração acerca da existência de interesse em permitir ao co-contratante um exercício dos direitos outorgados pelo contrato por um período de tempo adicional, o que envolve, evidentemente, uma avaliação da prestação já consumada pelo co-contratante (daí advindo a escolha da designação "premial") e, concomitantemente, a apreciação sobre se essa prorrogação é conforme ao interesse público[452]. Na prorrogação correctora – pensada pela doutrina progenitora da designação para as relações contratuais concessórias e concebida como meio de reposição do equilíbrio financeiro dos contratos[453-454] –, do que se trata é do exercício de um dever jurídico de repor o equilíbrio do contrato original entretanto quebrado. Entre várias outras formas, essa reposição pode ocorrer através da prorrogação da vigência contratual e é sempre objecto de um acordo entre as duas partes contratantes[455], pelo que, em face da ausência de uma decisão unilateral do contraente público, não se coloca sequer, no plano deste tipo de prorrogação, a dúvida formulada acerca da natureza dessa pronúncia.

---

dos, cfr., a propósito da Lei do Orçamento de Estado para 2011, JOÃO AMARAL E ALMEIDA, "A lei do orçamento de Estado para 2011 e os contratos de aquisição de serviços: reduções remuneratórias e limitação da contratação", in *Revista dos Contratos Públicos*, nº 1, Cedipre, 2011, pp. 173 e ss., em especial, pp. 179 e 180, e, em matéria de concessões, LINO TORGAL, "Prorrogação...", cit., pp. 230 e 231, em nota.
[450] Cfr. PEDRO GONÇALVES, *A Concessão...*, cit., p. 328, em nota.
[451] Cfr. LINO TORGAL, "Prorrogação...", cit., pp. 229 e ss..
[452] É este o sentido atribuído à figura por LINO TORGAL (cfr. "Prorrogação...", cit., pp. 229 e 231). Sobre os pressupostos específicos da prorrogação premial, que aqui não podemos tratar, cfr. LINO TORGAL, "Prorrogação...", cit., pp. 236 e ss..
[453] Cfr. LINO TORGAL, "Prorrogação...", cit., p. 232.
[454] São ainda, a nosso ver, susceptíveis de enquadramento na figura da prorrogação correctora as seguintes figuras de prorrogação do prazo da vigência contratual expressamente referidas no CCP: *(i)* a prorrogação do prazo de execução da empreitada em consequência da realização de trabalhos a mais e de supriment o de erros e omissões, prevista nos artigos 374º e nº 2 do artigo 377º; *(ii)* a prorrogação a que se refere o artigo 298º do CCP, como consequência da suspensão da execução das prestações contratuais.
[455] No sentido de que a reposição do equilíbrio financeiro a que se refere o artigo 314º se corporiza na própria modificação do contrato, cfr. MÁRIO AROSO DE ALMEIDA, "Contratos administrativos e poderes....", cit., p. 14.

Ainda a título de delimitação do problema, sublinha-se, por último, que a matéria da prorrogação premial não assume relevância em todos os contratos administrativos, mas apenas naqueles em que o próprio objecto do contrato se acomoda a uma execução duradoura, por tempo mais ou menos indeterminado[456].

98. Disse-se já que a prorrogação da vigência de um contrato implica a sua modificação, sendo certo que a modificação contratual é, como se sabe, em regra consensualizada (a não ser que se trate de uma modificação unilateral imposta pelo contraente público com fundamento em imperativo de interesse público[457]).

Nesta base, a modificação de um contrato com vista ao prolongamento da sua vigência tem, portanto, de ser consensualizada com o co-contratante[458]. Contudo, esta exigência de consensualização não se basta com a mera convergência de vontades no momento da aproximação do termo da vigência inicial do contrato. Por razões que se prendem com a tutela do interesse da concorrência, a consensualização da prorrogação da vigência do contrato deve ocorrer no momento inicial da contratualização, isto é, no próprio contrato ou, como será a regra, nas próprias peças do procedimento pré-contratual que haja precedido o contrato[459], assim se explicando, precisamente, que a prorrogação da vigência contratual seja, ainda, uma execução do contrato inicial (especificamente da cláusula que habilita a prorrogação).

---

[456] De entre os contratos administrativos em especial, assim reconhecidos expressamente pelo CCP, será esse o caso das concessões de obras e serviços públicos, da aquisição de serviços e da locação de bens, mas já não dos contratos de empreitada de obras públicas (em que o objecto do contrato é a realização de uma obra que deve ser executada dentro de um determinado prazo, o qual só pode ser prorrogado nos casos previstos na lei) nem dos contratos de aquisição de bens.

[457] Na hipótese de modificação unilateral, poderá estar em causa, no âmbito do direito à reposição do equilíbrio financeiro do contrato que daí emerge para o co-contratante, uma prorrogação da vigência do contrato, mas trata-se aí de uma prorrogação correctora, que ocorre sempre num acordo de modificação contratual celebrado *ad hoc* para esse efeito, e não de uma prorrogação premial.

[458] Cfr. PEDRO GONÇALVES, *A Concessão...*, cit., p. 328, em nota; LINO TORGAL, "Prorrogação...", cit., p. 245.

[459] Cfr. PEDRO GONÇALVES, *A Concessão...*, cit., p. 328, em nota; PEDRO GONÇALVES, *Acórdão Pressetext: modificação de contrato vs. adjudicação de novo contrato*, CJA, nº 73, Janeiro/Fevereiro 2009, p. 17; LINO TORGAL, "Prorrogação...", cit., pp. 233 a 235; SUE ARROWSMITH, *The Law of Public and Utilities Procurement*, Sweet & Maxwell, London, 2005, p. 290. O TJCE defendeu, no acórdão *Succhi di Frutta* de 2004, de 29 de Abril de 2004 (Proc. nº C-496/99 P, nºs 118 e 119), que, quando tenha sido expressamente prevista a possibilidade de adaptação das condições do contrato, tal como as suas regras de execução, de modo que todas as empresas interessadas tenham desde o início conhecimento das mesmas e se encontrem assim em pé de igualdade no momento de formularem a sua proposta, a entidade adjudicante pode «afastar-se de uma das modalidades essenciais estipuladas, aplicando condições diferentes das inicialmente estipuladas».

Dito isto, compreende-se agora que a dúvida inicialmente formulada apenas se coloca verdadeiramente nos casos em que o contrato, admitindo a prorrogação da respectiva vigência, outorga ao contraente público o direito de, expressa ou tacitamente[460-461], decidir unilateralmente sobre essa possibilidade de prorrogação, sem que o co-contratante possa, na altura do exercício desse direito, opor-se[462].

99. No domínio da legislação anterior, a jurisprudência pronunciou-se no sentido de que essa decisão unilateral sobre a prorrogação contratual traduz uma mera declaração negocial, adoptando a solução do direito potestativo, por considerar que a Administração agiu ali ao abrigo de uma cláusula contratual[463] – posição que já foi reiterada pela doutrina, na vigência do CCP, em razão de não estar aí em jogo o exercício de qualquer dos poderes de conformação contratual que o legislador atribui ao contraente público[464-465].

---

[460] Pronunciando-se no sentido da ilegitimidade, salvo lei especial, de prorrogações tácitas nos contratos de concessão de obras e serviços públicos, mas já não nos outros contratos públicos, cfr. LINO TORGAL, "Prorrogação...", cit., pp. 242 e 243.

[461] Note-se que a admissibilidade legal de uma prorrogação tácita não resolve a dúvida colocada a favor da natureza de declaração negocial, uma vez que são perfeitamente admissíveis actos administrativos tácitos e declarações negociais tácitas – cfr. nº 1 do artigo 440º do CCP, nº 3 do artigo 108º do CPA e artigo 218º do CC.

[462] É esta, aliás, a situação hipotisada por JOÃO AMARAL E ALMEIDA, em "A lei do orçamento...", cit., p. 180.

[463] Cfr. acórdão do STA de 25.02.1993 (Procº 031215); acórdão do TCA do Sul de 05.05.2005 (Procº 11685/02); acórdão do STA de 25.02.1993 (Procº 031215). Em causa nestes acórdãos estava o conhecido critério da "fonte dos poderes".

[464] É essa a posição assumida por LINO TORGAL (cfr. "Prorrogação...", cit., pp. 240 e 244).

[465] Em contraste com esta solução, é interessante notar que, no direito italiano das concessões, a declaração da Administração de oposição à renovação automática do contrato (*disdetta*) é tradicionalmente concebida, a par da resolução por interesse público e da resolução sancionatória, como um *provvedimento* (acto administrativo autoritário) na execução do contrato, ainda que nos últimos anos comece a ouvir-se algumas vozes divergentes. O Conselho de Estado veio em 2000 (sez. V, 13 de Março de 2000) pronunciar-se no sentido de que se trata de um acto *non provvedimentale* e paritário, na medida em que, para além de estar em causa a execução de uma cláusula contratual, a decisão não é necessariamente fundada em motivos de interesse público, podendo ser determinada, em concreto, por outras razões, não representando, desse modo, o interesse público o fundamento dessa decisão, mas apenas um dos motivos que a determinaram – cfr. FRANCESCA CANGELLI, *Potere Discrezionale...*, cit., 2004, p. 299. Também GUIDO GRECO inclui os poderes de prorrogação, de resolução e de realização coactiva da prestação entre os poderes públicos existentes independentemente de previsão contratual, muito embora considere que estes poderes apenas devem poder ser exercidos em razão de exigências efectivamente supervenientes e já não de uma diversa valoração do interesse público ou de um sancionamento aplicado ao co-contratante – cfr. "Il regime degli accordi

Aderimos, à luz do CCP, à posição que advoga a natureza de mera declaração negocial, para o que releva a circunstância de não ser possível reconduzir essa decisão ao exercício de qualquer dos poderes a que se refere o nº 2 do artigo 307º.

Não estando sequer em causa o modo de execução das prestações contratuais, mas a própria duração do contrato, a razão para o não enquadramento desta declaração nos poderes de direcção e fiscalização e, bem assim, no poder de modificação unilateral, está à vista.

De resto, relativamente ao poder de modificação unilateral, deve notar-se que a prorrogação da vigência contratual nunca poderia ser imposta unilateralmente[466].

Ademais, afigura-se conveniente, neste contexto, não confundir a *resolução por interesse público* e a decisão de não prorrogação contratual. Sendo certo que, ao contrário daquela, esta tem fundamento numa cláusula contratual, sendo igualmente inequívoco que as duas figuras geram consequências bem distintas, a verdade é que entre ambas existem algumas semelhanças que devem ser reconhecidas e trazidas à luz do dia a bem de uma rigorosa aplicação do direito. Depõem a favor de uma aproximação entre as duas figuras as circunstâncias de ambas permitirem ao contraente público produzir o efeito de extinção do contrato e de lhes estarem associadas ponderações de interesse público. Efectivamente, viu-se já, a não prorrogação é decidida pelo contraente público tendo em conta não só o histórico de cumprimento ou incumprimento do contrato pelo co-contratante, mas também o interesse público em causa, que aconselha ou desaconselha a continuação daquela relação contratual[467]. Porém, não pode esquecer-se que a decisão de não prorrogação não é necessariamente motivada por razões de interesse público, podendo perfeitamente suceder que a má avaliação da prestação anterior do co-contratante justifique, autonomamente, a decisão ou que para ela concorra a par de razões de interesse público. Mesmo nos casos em que, no momento de accionamento da cláusula da prorrogação, coexistam motivos suficientes para determinar uma resolução por interesse público,

---

pubblicistici", in *Autorità e Consenso nell'Attività Amministrativa, XLVII Convegno di Studi di Scienza Dell' Amministrazione*, Giuffrè Editore, Milão, 2002, p. 175. No sentido de que em causa está um mero direito potestativo, sendo as controvérsias em torno do seu exercício reconductíveis à jurisdição ordinária, cfr. ROBERTO GAROFOLI, "La giurisdizione", in AA.VV. (Coordenação MARIA ALESSANDRA SANDULLI, ROSANNA DE NICTOLIS e ROBERTO GAROFOLI), *Trattato sui Contratti Pubblici*, Tomo VI (Il Contenzioso), Giuffrè Editore, 2008, p. 3886.

[466] Neste sentido também, cfr. LINO TORGAL, "Prorrogação...", cit., p. 246.

[467] Julgamos ser esta similitude que levou a que se sustentasse que a não prorrogação da concessão é um acto administrativo de exercício de poder autoritário quando se fundamenta em interesse público e já é uma declaração negocial, enquadrada na lógica privatística quando se fundamenta no incumprimento do concessionário – cfr. FRANCESCA CANGELLI, *Potere Discrezionale....*, cit., p. 300.

defendemos que, havendo oportunidade para fazer extinguir o contrato através do accionamento dessa cláusula, é dever da Administração accioná-la em vez de exercer o seu poder de conformação contratual, opção que, como intuitivamente se percebe, apresenta claras vantagens, seja em termos de custos financeiros associados para o erário público, seja em termos de equilíbrio da relação contratual[468].

Finalmente, impõe-se uma breve palavra a propósito do não enquadramento de uma decisão de não prorrogação no *poder sancionatório*, também previsto nos artigos 302º e 307º. Ainda que exista uma aproximação nítida entre as duas figuras, em virtude de, aquando da tomada de decisão, a Administração dever ponderar a *performance* anterior do co-contratante, essa não é contudo uma associação necessariamente rigorosa. Em primeiro lugar, porque pode perfeitamente admitir-se que, não obstante uma avaliação positiva do trabalho realizado pelo co-contratante, a Administração conclua que, nas circunstâncias concretas, é mais favorável ao interesse público submeter a celebração do contrato ao jogo da concorrência, precisamente por não ocorrerem circunstâncias que excepcionalmente aconselhem a retardar essa sujeição e a manter as condições contratuais vigentes. Em segundo lugar, a verdade é que as cláusulas contratuais em causa não estabelecem, em regra, qualquer relação entre o cumprimento do contrato e a decisão que venha a ser tomada acerca da prorrogação, não especificando, como é exigível no poder sancionatório, as concretas violações contratuais que legitimarão que o contraente público, na data prevista para a prorrogação, decida extinguir o contrato. Ora, sem prejuízo de uma análise concreta de cada contrato, não pode negar-se, em geral, que é de cláusulas deste tipo que está, afinal, a falar-se e não da previsão contratual de sanções. Parece-nos ainda que, ao contrário do poder sancionatório, o juízo sobre a actuação anterior do co-contratante que leve a uma decisão de não prorrogação não tem de assentar na demonstração de um incumprimento especificado de cláusulas contratuais pelo co-contratante, como sucede, necessária e compreensivelmente, no âmbito do exercício do poder sancionatório. Uma ponderação geral, sem necessidade de demonstração por-

---

[468] Esta solução não põe em causa a tese da irrenunciabilidade e indisponibilidade dos poderes de conformação contratual, na medida em que *(i)* se revela, ela própria, igualmente adequada à consecução do interesse público que com aqueles se visa atingir, que assim não é posto em causa, e, por outro lado, *(ii)* aponta para uma maximização do interesse público em geral, ao garantir menores custos financeiros para o contraente público. Sobre a irrenunciabilidade e indisponibilidade dos poderes de conformação contratual, cfr. PEDRO GONÇALVES, *A Concessão...*, cit., p. 240, nota 228; PEDRO GONÇALVES, "A relação...", cit., pp. 39-40; MARK KIRKBY, "Conceito e critérios...", cit., p. 778; PEDRO MACHETE, *Estado de direito...*, cit., pp. 550 e 554; PAULO OTERO, *Legalidade...*, cit., p. 837 e ss.; CARLA AMADO GOMES, "A conformação...", cit., p. 526; MÁRIO ESTEVES DE OLIVEIRA (et alli), *Código do Procedimento...*, cit., p. 823; cfr., ainda, ac. do STA de 30 de Setembro de 1999, in Ap DR de 9 de Setembro de 2002, pp. 5315 e ss. (sobre a irrenunciabilidade dos poderes de direcção e fiscalização).

menorizada e detalhada de incumprimentos sucessivos pelo co-contratante[469], no caso de uma decisão de não prorrogação, será suficiente. Com base nestas considerações, não nos parece que uma decisão de não prorrogação possa ou deva ser reconduzida ao poder sancionatório do contraente público, nem tão pouco que se justifique um tratamento diferenciado das possíveis decisões de não prorrogação, consoante o fundamento seja, ou não, o incumprimento do co-contratante.

100. Afastado o enquadramento da prorrogação premial no âmbito dos poderes de conformação contratual, é oportuno perguntar, todavia, se, atendendo à ponderação de interesse público que a decisão de prorrogação ou não prorrogação envolve, não deverá considerar-se que esta decisão merece o mesmo tratamento que o elenco de situações previstas no nº 2 do artigo 307º do CCP.

Efectivamente, não deve perder-se de vista que a Administração, quando leva a cabo o exercício ponderativo sobre se prorroga ou não a vigência contratual, não tem unicamente em mente a avaliação da prestação já executada pelo co-contratante. Sobretudo nas situações em que a avaliação do período contratual até então decorrido seja positiva, o elemento mais relevante dessa ponderação, como sublinha a doutrina, reside na justificação da decisão à luz do interesse público[470], estando designadamente em causa um confronto, em termos de uma avaliação das vantagens e desvantagens, com a opção alternativa à prorrogação, que seria deixar extinguir esse contrato e celebrar um novo. Avançou-se já, a este respeito, que a decisão de prorrogação, ao menos nos casos de contratos de concessão, deverá ser apenas admissível quando ocorram circunstâncias excepcionais que legitimem a postergação dos princípios da publicidade e da concorrência[471].

Em reflexão sobre a questão da analogia entre esta situação e qualquer uma das descritas nos artigos 302º e 307º do CCP, tudo nos leva a crer que a tutela do interesse público em jogo na decisão sobre a prorrogação não exige que esta tenha a força de acto administrativo[472], embora a situação possa assumir contor-

---

[469] Cremos que esta posição não sai beliscada pelo dever de fundamentação da declaração negocial do contraente público, sustentado por LINO TORGAL (cfr. "Prorrogação...", cit., p. 240), o qual acreditamos dever valer, nos termos propostos pelo Autor, apenas no âmbito de uma decisão de prorrogação, e não já nos casos de não prorrogação – única situação que o Autor analisa –, pois só ali se justifica a tutela dos terceiros interessados em aceder às actividades objecto do contrato em que o Autor fundamenta esse dever.
[470] Cfr. LINO TORGAL, "Prorrogação...", cit., pp. 237 e 238.
[471] Cfr. LINO TORGAL, "Prorrogação...", cit., p. 238.
[472] A favor da natureza de acto administrativo poderia mesmo invocar-se a necessidade, já defendida pela doutrina em benefício da protecção dos interesses de terceiros (cfr. LINO TORGAL, "Prorrogação

nos diversos consoante se trate de uma decisão de prorrogação ou de uma decisão de não prorrogação. Hipotise-se, por isso, cada uma dessas diferentes situações.

a) Emitida uma *decisão de prorrogação* pelo contraente público, o que o interesse público exige, ao fim e ao cabo, é que o co-contratante execute o contrato (prorrogado). Precisamente porque em causa está a execução das prestações contratuais assumidas no contrato, e não novas prestações que o contraente público lhe imponha[473], o palco é ainda o do cumprimento contratual, pelo que, caso não execute as prestações devidas, o co-contratante incorre em incumprimento, havendo lugar aos meios de reacção ao incumprimento ao dispor do contraente público, previstos no CCP, como o poder sancionatório e a resolução sancionatória. Fica, pois, por esta via, assegurada a satisfação do interesse público visado, podendo até o contraente público munir-se, desse modo, de um acto administrativo que poderá executar caso haja necessidade.

A esta conclusão poder-se-á, no entanto, contrapor que, atendendo às motivações excepcionais que levam o contraente público a preferir a prorrogação daquele contrato em detrimento da celebração de um novo após nova abertura à concorrência, a continuação da execução daquele contrato corresponde a um interesse público qualificado, que não se basta com o mero resultado da própria execução das prestações contratuais, mas exige a sua execução *naquelas* condições (reputadas mais vantajosas), reclamando, por isso, uma tutela igualmente qualificada.

Mas o certo é que, dogmaticamente, está-se ainda no plano do cumprimento das obrigações contratualmente assumidas, mesmo que tal cumprimento haja adquirido, por força da ponderação realizada pelo contraente público e subjacente à decisão de prorrogação, uma importância acrescida para a Administração. O que, aos nossos olhos, é fundamental é que não se justifica a atribuição da natureza de acto administrativo a essa decisão para que o interesse público seja tutelado, pois os mecanismos de reacção ao incumprimento permitem acutelar o interesse público subjacente à decisão de contratar. Em boa verdade, é o co-contratante quem, não se conformando com a decisão de prorrogação do contrato e não querendo sujeitar-se às consequências do incumprimento, tem de impugnar a decisão, uma vez que o direito do contraente público de prolongar a vigência do contrato se satisfaz com o seu mero exercício através de declaração negocial unilateral receptícia (cfr. nº 1 do artigo 224º do CC). Assim se alcança a conclusão

---

do prazo...", cit., p. 240), de a decisão da Administração ter de ser fundamentada, espelhando a ponderação que lhe está subjacente, o que, como se sabe, é uma exigência que decorre do regime do acto administrativo (artigo 125º do CPA).

[473] Não se ignora que a exigência, agora por um novo período, dessas obrigações já inscritas no contrato decorre da decisão de prorrogação, mas não deve igualmente perder-se de vista que esta decisão de prorrogação tem a sua origem numa habilitação contratual.

de que a configuração da decisão de prorrogação como direito potestativo é suficiente para tutelar o direito e o interesse do contraente público. De resto, a satisfação desse interesse, na sequência da prorrogação, não se perfila, as mais das vezes, minimamente problemática, já que é de esperar, à partida, que o co-contratante perspective a prorrogação como uma decisão favorável, que recebe o seu acordo[474].

b) Focando-nos na opção contrária, isto é, numa *decisão de não prorrogar* o contrato, deve assentar-se desde logo que aqui não existe seguramente um interesse público qualificado na aceitação da decisão pelo co-contratante. Em face de uma decisão de não prorrogação, o contraente público fica, a partir da respectiva eficácia, desvinculado de realizar as prestações que lhe incumbem (sendo a mais comum a de proceder aos pagamentos devidos ao co-contratante), pelo que não se antecipa que o co-contratante continue a executar as prestações contratuais que são da sua responsabilidade. Não se conformando com a decisão de não prorrogação, deve reagir judicialmente contra a decisão em causa[475].

4.3.2.4. Recusa de autorização à subcontratação e à cessão de posição contratual

101. Outro domínio em que o terreno é pantanoso é o da subcontratação e cessão da posição contratual na fase da execução contratual.

Também a respeito desta temática, como se intui, a resposta à pergunta sobre se a autorização da subcontratação, da subempreitada e da cessão da posição contratual e a oposição à subempreitada configuram actos administrativos do contraente público ou antes meras declarações negociais obriga, num primeiro momento, a testar se em causa está o exercício de algum dos poderes de conformação contratual do contraente público.

Embora a liberdade de decisão que o CCP outorga ao contraente público varie consoante a espécie de modificação subjectiva em causa[476], em qualquer desses casos – seja a autorização ou a não autorização, a que se referem o nº 2 do artigo

---

[474] Como se sabe, a relevância da distinção entre acto administrativo e direito potestativo revela-se com especial acuidade nos casos em que a outra parte não se conforma com a decisão tomada.

[475] Pode haver, contudo, uma situação em que o interesse público carecesse de mais ampla protecção: é o caso de o co-contratante ter na sua posse bens que, no termo do contrato, devesse entregar à Administração, seja a título de reversão, seja como obrigação de transferência, e não o faça de livre vontade (para mais desenvolvimentos, cfr. PEDRO GONÇALVES, *A Concessão...*, cit., pp. 329 e ss.). Trata-se, contudo, de uma contingência a que o contraente público se vê igualmente exposto nos casos de sequestro e resgate de concessões, bem como em qualquer situação de extinção do contrato, sem que esteja sempre munido de um acto administrativo executivo ou mesmo executório.

[476] Cfr. artigos 317º, 320º, 383º e 386º do CCP.

319º e o nº 1 do artigo 386º, seja a oposição ou não oposição à subempreitada nos termos do nº 1 do artigo 386º – é dado ao contraente público levar a cabo um controlo sobre a verificação dos requisitos legalmente exigidos para a operação em causa, bem como sobre a conformidade dessa operação ao interesse público, aspecto que, evidentemente, não é irrelevante na apreciação a fazer acerca da natureza dessas decisões.

O princípio de que se parte é o de que as modificações subjectivas na fase de execução do contrato representam um *vulnus* ao princípio da concorrência e aos interesses públicos por ela tutelados[477]. Mesmo não estando em causa um comprometimento da avaliação objectiva levada a cabo na fase prévia ao contrato – uma vez que a proposta adjudicada integra o contrato e é esse contrato que o cessionário/subcontratado terá de executar –, a verdade é que não pode dizer-se que o interesse público seja totalmente indiferente às qualidades e capacidades subjectivas da entidade que executa o contrato[478], as quais foram também, em maior ou menor medida, tidas em conta nesse procedimento pré-contratual. Mas não pode deixar de reconhecer-se também que os institutos em apreço são, muitas vezes, portadores de vantagens não apenas para os interesses privados envolvidos, mas também para o próprio interesse público, sobretudo se pensarmos na hipótese de subcontratação[479]. É justamente uma ponderação entre todos esses interesses, públicos e privados, que, a nosso ver, justifica o princípio, estabelecido no CCP, da admissibilidade dessas modificações na fase posterior à celebração do contrato e, em contraciclo, a respectiva atenuação, através dos limites e do regime imperativamente imposto pelo legislador nesta matéria[480].

102. Traçado este breve enquadramento percebe-se que a atribuição da natureza de acto administrativo a essas decisões depende da sua eventual recondução ao âmbito dos poderes de fiscalização e de direcção, já que a dúvida nem sequer é susceptível de colocar-se se pensarmos em qualquer um dos restantes poderes.

---

[477] Cfr. STEFANO VINTI, *Limiti* ..., cit., p. 520.

[478] Mesmo que não possa dizer-se rigorosamente que se está sempre diante de uma relação *intuitu personae*, trata-se, sem dúvida, de um negócio jurídico no qual são muito relevantes as qualidades pessoais do co-contratante – neste sentido, cfr. CARLOS PADROS REIG, "Modificaciones subjectivas en la ejecución de contratos de concesión de servicios públicos: entre dogmática administrativa y realidad práctica", in REDA, nº 135/2007, p. 461. Sobre este ponto, cfr., desenvolvidamente, HÉLÈNE HOEPFFNER, *La Modification*..., cit., pp. 115 e ss..

[479] Sobre os vários interesses envolvidos na subempreitada de obras públicas, cfr. JOSÉ LUÍS ESQUÍVEL, *A Subempreitada de Obra Pública*, Almedina, 2002, pp. 43 e 44.

[480] Cfr., em especial, os limites elencados no nº 1 do artigo 317º cuja funcionalização à protecção da concorrência é evidente.

Viu-se já que não é o facto de tais pronúncias terem um sentido permissivo, e não imediatamente impositivo, que impede que as mesmas sejam consideradas, para efeitos da alínea a) do nº 2 do artigo 307º, como ordens, directivas ou instruções.

Na vigência do CPA, a respeito da cessão da posição contratual, embora em termos que admitimos extensíveis à subcontratação, a doutrina considerava que o poder de fiscalização do contraente público se estendia a uma fiscalização técnica (em causa estava o cumprimento das obrigações contratuais em geral), a uma fiscalização financeira (abrangendo as contas da empresa) e, finalmente, a uma fiscalização jurídica, incluindo nesta última a fiscalização do «cumprimento dos deveres do contratante diante de terceiros e de actos jurídicos que ele pratica, como por ex., a cessão da posição contratual, regras que ele aprova, etc.»[481]. Adoptando-se esta doutrina, conclui-se que a autorização da cessão da posição contratual e da subcontratação é exercida ao abrigo do poder de fiscalização e, por conseguinte, tem natureza de acto administrativo.

Este modo de ver as coisas não acolhe, porém, a nossa adesão.

Como temos vindo a repetir ao longo do presente trabalho, o que está em causa nos poderes de direcção e fiscalização é *o modo* de execução do contrato, isto é, o modo de execução das obrigações contratualmente assumidas. Ora, admitindo que pudesse, com esforço, dizer-se que nas decisões sobre a cessão da posição contratual e sobre a subcontratação se trata ainda do *modo* de execução do contrato, por estar em jogo *quem* o vai executar, não nos parece rigorosa uma tal assimilação entre o objecto do contrato e o sujeito que o executa. De resto, não pode negar-se que o modo de execução do contrato pode perfeitamente ser o mesmo, independentemente de quem o executa. É que o que verdadeiramente está em causa nas decisões que nos ocupam é uma modificação subjectiva (total ou parcial) da entidade que realiza as prestações contratuais objecto do contrato e não, como é próprio dos poderes de direcção e fiscalização, o modo da sua execução.

Aprofundando o ponto até um nível mais elementar, foquemo-nos no poder de fiscalização. Trata-se aí, conforme decorre do disposto nos nºs 1 e 2 do artigo 305º do CCP, dos poderes de fiscalização técnica, financeira e jurídica do modo de execução do contrato «por forma a determinar as necessárias correcções e aplicar as devidas sanções», devendo a fiscalização «limitar-se a aspectos que se prendam imediatamente com o modo de execução do contrato». Como se viu,

---

[481] Cfr. PEDRO GONÇALVES, *O Contrato...*, cit., p. 110 e, a propósito da concessão de serviços públicos, cfr. PEDRO GONÇALVES, A *Concessão...*, cit., p. 248. No mesmo sentido, RODRIGO ESTEVES DE OLIVEIRA, *Autoridade...*, cit., p. 156, referindo-se expressamente à autorização da cessão da posição contratual e da subcontratação.

era na vertente jurídica da fiscalização, agora expressamente acolhida no CCP, que a doutrina produzida na vigência do CPA integrava as autorizações em causa. Mas o facto de o CCP referir a vertente jurídica do poder de fiscalização não abala o nosso entendimento de que aí não cabe a matéria em apreço. É que, no nosso modo de ver, as três vertentes da fiscalização a que o legislador alude não podem ser desligadas do *modo* de execução do contrato e, nesse sentido, o que está em jogo na aludida vertente jurídica são sempre aspectos jurídicos associados a esse modo de execução, como é o caso do cumprimento de deveres e responsabilidades assumidos para com terceiros, dos instrumentos jurídicos empregues e das regras aprovadas relativas ao serviço objecto do contrato, mas já não a alteração do *sujeito* que o executa.

E esta posição não fica, a nosso ver, comprometida pela letra do CCP quando distingue entre *modo de execução das prestações* e *modo de execução do contrato*, a propósito, respectivamente, dos poderes de direcção e de fiscalização. Efectivamente, cremos que essa diferença de formulação, ainda que não passe despercebida, não tem qualquer impacto em termos de interpretação das normas em apreço, ao menos para o efeito que aqui se discute. Nota-se, aliás, que a aludida redacção remonta já ao artigo 180º do CPA, sem que daí a doutrina ou a jurisprudência hajam retirado, que se saiba, qualquer relevância hermenêutica a este propósito[482]. Relevante é que em causa está, em qualquer caso, *o modo de execução* – seja do contrato, seja das prestações do co-contratante –, proposição que, aplicada à situação em análise, determina a sua exclusão do âmbito de aplicação dos dois poderes referidos.

Ainda em favor da tese que se advoga, um último argumento pode ser aduzido. É que as obrigações que decorrem do CCP em matéria de subcontratação e cessão da posição contratual não configuram verdadeiras obrigações contratuais, no sentido de obrigações inscritas no clausulado do contrato[483], mas sim

---

[482] Afigura-se-nos, aliás, que a razão que terá estado na origem da diferente formulação – introduzida, como se disse, pelo legislador no CPA – se prende com a intenção de fazer valer, ao nível do poder de direcção, a limitação que se reconhecia ao poder de modificação unilateral, imposta pela intangibilidade do objecto contratual. Numa altura em que, como se viu, o poder de direcção era configurado como um poder geral de orientação da execução da actividade contratual – em termos diferentes da opção acolhida, como se viu, no CCP –, o legislador teve o cuidado de, paralelamente ao que fez ao nível do poder de modificação unilateral, limitar esse poder às *prestações* contratuais (o designado objecto imediato do contrato), deixando incólume o *objecto* contratual (o objecto mediato, referindo-se aos principais tipos de prestações acordados entre as partes, como já salientou a doutrina). Tal paralelismo entre o poder de direcção e o poder de modificação unilateral é, aliás, ainda hoje visível nas alíneas *a*) e *c*) do artigo 302º do CCP.

[483] Não se ignora que o contrato pode, ao abrigo do disposto no artigo 316º do CCP, estabelecer regras nestas matérias que acresçam às que decorrem do CCP.

obrigações legais, cujo cumprimento não corresponde ao cumprimento ou à execução do contrato[484] – muito embora, é certo, o seu não cumprimento tenha repercussão contratual, desde logo porque constitui um dos motivos que permite ao contraente público resolver o contrato a título sancionatório[485]. E, também em reforço da posição aqui assumida, não deixa de ser significativa a autonomização pelo legislador, no nº 1 do artigo 333º, da cessão da posição contratual e da subcontratação não autorizadas relativamente ao incumprimento das ordens, instruções e directivas emanadas ao abrigo do poder de direcção e da oposição reiterada ao exercício dos poderes de fiscalização.

Julgamos, enfim, que estas observações são bastantes para fundamentar o nosso entendimento sobre a não recondutibilidade das decisões do contraente público em apreço aos poderes de direcção e fiscalização e para, consequentemente, afastar, à luz do disposto no nº 2 do artigo 307º do CCP, a natureza de acto administrativo dessas mesmas decisões[486].

---

[484] Cfr. Pedro Gonçalves, "Cumprimento e incumprimento...", cit., p. 581. O Autor enumera como exemplo de uma obrigação legal as obrigações que decorrem para o co-contratante em matéria de cessão da posição contratual.

[485] Cfr. alínea *d*) do nº 1 do artigo 333º do CCP. Essa resolução sancionatória pelo contraente público está, todavia, condicionada pela verificação do requisito de que a exigência pelo co-contratante da manutenção das obrigações assumidas pelo contraente público contrarie o princípio da boa fé. Pretende-se com esta condição, crê-se, afastar a possibilidade de resolução nos casos em que o subcontratado e o cessionário cumpram os requisitos materiais legalmente previstos e em que o incumprimento do regime legal aplicável à cessão e à subcontratação se haja cifrado na inobservância de mero formalismo, sem implicação no conteúdo material da autorização do contraente público que devesse ter sido emitida.

[486] No direito italiano, em matéria de obras públicas – apesar de inicialmente alguma doutrina sustentar que se trata de um acto com natureza negocial, semelhante ao que é exercido no âmbito do direito privado –, actualmente a tendência prevalecente, ainda que não totalmente unânime, é para considerar que a autorização à subempreitada é um *provvedimento*, atendendo aos rigorosos pressupostos de que depende a autorização e em presença dos quais não pode ser negada (cfr. Stefano Vinti, *Limiti*..., cit., pp. 540 e 541). Já em matéria de cessão da posição contratual, o direito italiano apresenta, a respeito do contrato de obras públicas, uma absoluta impossibilidade de cessão da posição contratual, justificada pela precedência de um procedimento pré-contratual (cfr. Stefano Vinti, *Limiti*..., cit., p. 545). Apesar da proibição da cessão da posição contratual, começou a aceitar-se que as situações de mera alteração societária ou de trespasse do co-contratante não podiam ser assimiladas à figura da cessão. Neste quadro, a legislação actual prevê um mecanismo de controlo da Administração sobre as transformações na empresa do empreiteiro (transformação, cisão, fusão), as quais estão, de resto, limitadas aos requisitos previstos na lei (como o cumprimento dos requisitos de capacidade exigidos no concurso e dos requisitos da normativa antimafia). A natureza do direito de a Administração se pronunciar, opondo-se a tais alterações, é, contudo, controversa (cfr. Stefano Vinti, *Limiti*..., cit., pp. 524 e ss.).

No direito francês a doutrina considerou já a autorização da cessão de posição contratual como um acto administrativo - cfr. Hélène Hoepffner, *La Modification*..., cit., pp. 124 e ss..

103. Em linha com o esquema metodológico que vimos adoptando neste trabalho, é hora de reflectir sobre se, não obstante a conclusão tirada de não enquadramento das decisões do contraente público em matéria de cessão de posição contratual e subcontratação nos poderes de conformação contratual, deve considerar-se que tais decisões devem ser objecto de tratamento idêntico aos casos elencados no nº 2 do artigo 307º do CCP. O que nessa reflexão interessa apurar é se a tutela do interesse público prosseguido com as referidas decisões exige que as mesmas sejam formalizadas através de actos administrativos.

E para tanto deve ponderar-se – porque é justamente nesse cenário que a força do acto administrativo se faz sentir – que meios estão ao dispor do contraente público no caso de o co-contratante não se conformar com a recusa de autorização ou com a oposição pelo contraente público e, ainda assim, celebrar os aludidos contratos com terceiros e dar início à respectiva execução. Uma vez que o direito do contraente público se satisfaz com a recepção da declaração negocial pelo co-contratante, é o co-contratante quem, nesse cenário, comete uma violação de uma obrigação legal (constante do artigo 288º do CCP, que impõe a execução pessoal dos contratos, e do nº 1 do artigo 319º, que condiciona a cessão da posição contratual e a subcontratação à autorização do contraente público) e, eventualmente, no caso de o contrato conter regulação dos termos de autorização da subcontratação e cessão da posição contratual, poderá estar também em causa uma violação do próprio contrato[487]. Perante tal atitude, quer esteja em causa apenas a violação pelo co-contratante da obrigação legal, quer também ocorra a violação de uma cláusula contratual, o contraente público tem ao seu dispor um mecanismo de reacção que é a resolução sancionatória, prevista na alínea d) do nº 1 do artigo 333º[488], que, para além de desempenhar um papel de coerção ao cumprimento, permite munir o contraente público de um acto administrativo, dotado de força executiva e executória nos termos do disposto no artigo 309º. Não querendo sujeitar-se às consequências sancionatórias advenientes da celebração de um contrato de subcontratação ou de cessão de posição contratual ilegal ou em violação do próprio contrato, e não se conformando com

---

[487] Só neste caso, aliás, poderia o contraente público recorrer aos meios de reacção ao incumprimento previstos no artigo 325º, pois, como a doutrina já assinalou, tais meios não são mobilizáveis pelo contraente público quando esteja em causa a violação pelo co-contratante de obrigações legais ou de obrigações para si emergentes de actos administrativos contratuais – cfr. PEDRO GONÇALVES, "Cumprimento e incumprimento...", cit., p. 592.

[488] No nosso entender, num caso como o que se analisa, em que a autorização foi recusada, não podem restar grandes dúvidas sobre o cumprimento da condição imposta na alínea d) do nº 1 do artigo 333º, pois parece-nos pacífico que, numa tal hipótese, a exigência pelo co-contratante da manutenção das obrigações assumidas pelo contraente público contraria o princípio da boa fé.

a decisão tomada, o co-contratante tem o ónus de reagir contra a posição do contraente público através da acção administrativa comum.

A situação não seria significativamente diferente caso a decisão em causa configurasse um acto administrativo. A violação das obrigações dele emergentes também não daria lugar à possibilidade de accionamento pelo contraente público dos meios de reacção ao incumprimento previstos no artigo 325º do CCP[489]. Aplicar-se-ia antes, como se sabe, o regime do acto administrativo. Não se conformando com ele, o co-contratante teria de impugná-lo, efeito que se consegue também, como se viu, através do exercício do direito potestativo. No caso de o co-contratante optar por, não obstante a recusa de autorização, celebrar e executar o subcontrato ou o contrato de cessão de posição contratual, é certo que o contraente público poderia, sendo o acto administrativo um título executivo, propor, de imediato, uma acção executiva nos termos do CPC[490], com vista a conseguir o efeito pretendido, isto é, que seja o co-contratante a executar as prestações contratuais. Contudo, como facilmente se alcança, este efeito não é possível de obter sem a colaboração do co-contratante, pelo que a execução redundaria na realização das prestações contratuais por terceiro.

Fica, pois, demonstrado que a melhor salvaguarda do interesse público em causa, quando o co-contratante não se conforma com a recusa de autorização de subcontratação e de cessão da posição contratual, é a atribuição ao contraente público do poder de resolver o contrato. E com isto se conclui inevitavelmente que a forma acto administrativo nada acrescentaria neste caso à tutela do interesse público, pelo que não se justificaria sequer, desse ponto de vista, estender a natureza de acto administrativo prevista no nº 2 do artigo 307º a esta situação.

104. Questão diferente – que aqui não podemos, com pena, tratar – é a de saber se esta decisão não deve ser perspectivada como acto administrativo apenas em vista de uma adequada tutela jurisdicional dos interesses protegidos de terceiros que sejam por ela lesados[491]. Efectivamente, não damos como excluída a

---

[489] Cfr. PEDRO GONÇALVES, "Cumprimento e incumprimento...", cit., p. 592. Não teria, pois, o contraente público ao seu dispor o instrumento da realização coactiva da prestação, a qual, de resto, pouco préstimo teria neste caso, sendo provável que o contraente público optasse de imediato pela resolução do contrato, verificada a respectiva condição.

[490] Cfr. MÁRIO AROSO DE ALMEIDA/CARLOS ALBERTO FERNANDES CADILHA, *Comentário ao Código do Processo nos Tribunais Administrativos*, Coimbra, Almedina, 3ª edição revista, 2010, pp. 1030 e ss.; CARLA AMADO GOMES, "A conformação...", cit., p. 564.

[491] Em França, a recusa de aceitação de um sub-contratado foi já implicitamente aceite pela jurisprudência como um *acto destacável*, com o sentido, já anteriormente explicitado, atribuído pelo direito francês à destacabilidade (o respectivo contencioso é atribuído ao "juge administratif") – cfr. CAA Nantes, 30 de Dezembro de 1999, *Société Biwater*, Lebon T. 882, Conclusões sobre a decisão

insuficiência do artigo 40º do CPTA, que regula a legitimidade para efeitos da propositura de uma acção administrativa comum, para permitir que os terceiros lesados pela decisão de não autorização ou oposição referidas, isto é, subcontratados e cessionários da posição contratual do co-contratante[492], possam reagir judicialmente contra a mesma. A dúvida reside, como se intui, na interpretação da alínea *b*) do nº 2 do artigo 40º do CPTA, uma vez que não se nos afigura líquido, no caso em apreço, que os direitos ou interesses legalmente protegidos dos eventuais subcontratados ou cessionários sejam o alvo da protecção das regras legais a que se aludiu.

4.3.3. Breve apreciação conclusiva

105. Na análise que antecede – em torno de alguns casos, no domínio da execução contratual, relativamente aos quais, a nosso ver, poderiam suscitar-se dúvidas sobre se em causa está o exercício de poderes de conformação contratual e, consequentemente, o domínio do acto administrativo contratual, e sobre se, não sendo essa a solução que directamente emerge do CCP, não deveria sê-lo em face dos interesses em presença e em homenagem ao princípio da igualdade de tratamento de situações iguais – concluiu-se, em grande parte dos exemplos analisados, que o legislador não abrangeu esses casos no âmbito do acto administrativo contratual e que, a nosso ver, não se justificaria que o tivesse feito, pelo que não advogámos a aplicação analógica da norma constante do nº 2 do artigo 307º a qualquer dessas hipóteses.

As considerações que tecemos nos pontos anteriores servem igualmente para ilustrar que, a nosso ver, a solução cunhada pelo legislador em praticamente todos aos casos analisados se atém dentro dos limites político-constitucionais que lhe são impostos pela CRP para efeitos da solução do conflito de bens e interesses que, como vimos, se joga no domínio da actividade contratual administrativa. Dito de outro modo, o que nos parece é que os exemplos de declarações negociais analisados patenteiam uma solução de observância do princípio da proporcionalidade na ponderação dos bens em jogo, a qual, na maior parte dos casos, se resolveu ao nível do sub-princípio da necessidade. Num exercício de recons-

---

Département du Gard et Société d'aménagement et d'équipement du département du Gard, *in RFDA*, 2008, pp. 277 e 281, nota de F. MODERNE, *apud* Conclusões do Promotor Público MICHAEL REVERT, Tribunal administrativo de Toulon, 20 de Março de 2009, Procº nº 0606850 (SARL *Travaux Publics du Soleil*), "L'acte spécial de sous-traitance qui s'analyse comme un acte administratif unilatéral est susceptible d'annulation pour excès de pouvoir", *in AJDA*, nº 24/2009, 6 de Junho de 2009, p. 1316. No mesmo sentido, cfr. HÉLÈNE HOEPFFNER, *La Modification...*, cit., p. 124.

[492] Estas pessoas, singulares ou colectivas, são terceiros relativamente ao contraente público – cfr. LAURENT RICHER, *Droit des Contrats...*, cit., p. 489.

trução do raciocínio do legislador, cremos que o legislador concluiu – ao que julgamos, bem – que a solução de atribuir a natureza de acto administrativo às decisões do contraente público em cada uma das situações analisadas, sendo embora adequada à tutela do interesse público em causa (sub-princípio da adequação), não era, todavia, necessária, por haver outros meios menos onerosos para os interesses em jogo e, em especial, para a posição jurídica do co-contratante, que também garantem a almejada tutela do interesse público.

106. Os meios pelos quais se consegue satisfazer as preocupações de tutela do interesse público (patentes mesmo quando a Administração recorre à via contratual, em substituição da figura típica da actuação administrativa, isto é, o acto administrativo) mais não são do que os instrumentos próprios do regime civilístico do direito dos contratos, cunhados no direito civil como garantia do cumprimento dos contratos e como reacção ao respectivo incumprimento.

Contudo, ficou igualmente evidenciado que, em alguns casos, o legislador, partindo desses institutos talhados na óptica do direito privado, optou por moldá-los com algumas especificidades que garantem, em face de situações de incumprimento, uma maior tutela do interesse público. Esta faceta do CCP ilustra que, também no domínio da designada lógica do contrato, o contraente público detém verdadeiros poderes que vão para além dos mecanismos comuns civilísticos do regime do incumprimento contratual, não autorizando, pois, que, com inteiro rigor, se *acantone* hoje a "lógica da função" na actividade administrativa contratual aos poderes de conformação contratual do contraente público nem à figura do acto administrativo contratual.

5. A Fechar

107. O nosso percurso iniciou-se com a constatação de que o legislador configura o acto administrativo contratual como excepção. Logo se verificou, porém, que o CCP encerra alguns tópicos de matização material dessa afirmação de princípio.

Em face dessa ambivalência, propusemo-nos descobrir alguns tópicos que fornecessem a base adequada para uma reconstrução sistemática, material e dogmaticamente sustentada, do âmbito do acto administrativo contratual.

Com esse propósito, esclareceu-se que, não obstante a tipicidade das situações em que o legislador admite, excepcionalmente, a presença de actos administrativos na relação contratual administrativa, a norma que as prevê poderá ser objecto de interpretação extensiva e restritiva, de acordo com as regras gerais de hermenêutica e poderá, bem assim, admitir aplicação analógica (embora apenas *analogia legis*), no sentido de a estatuição da natureza de acto administrativo contratual poder ser aplicada a outras situações merecedoras de tratamento idêntico.

Seguidamente, identificaram-se os comandos que a CRP irradia para o problema da delimitação do âmbito do acto administrativo contratual, assumiu-se que os mesmos se apresentam em relação dialéctica e balizaram-se os termos da operação necessária à superação do conflito. Ficou patente, na análise realizada, que a chave da resolução do conflito – que, no âmbito da relação contratual administrativa, opõe o princípio da prossecução do interesse público e o princípio da boa administração e da eficiência, de um lado, e os princípios da autonomia contratual, da igualdade das partes e da participação democrática dos cidadãos nas decisões que lhes digam respeito, do outro – reside no princípio da proporcionalidade em sentido amplo, do qual se infere, qual princípio iluminante da aplicação do Direito, que a figura do acto administrativo contratual apenas deve existir nos casos em que a satisfação do interesse público visado com a relação contratual não possa ser lograda através de outro meio menos restritivo para os direitos do co-contratante e desde que as vantagens que para o interesse público daí decorrem sejam proporcionadas às lesões que, do mesmo passo, são perpetradas ao co-contratante. Demonstrou-se, em suma, que o intérprete e o aplicador do direito não devem, em cada caso concreto, alhear-se das preocupações de proporcionalidade que subjazem à opção legislativa, seja na interpretação do alcance do sentido normativo, seja na eventual detecção de situações lacunares.

Assentes estas coordenadas gerais, partiu-se para a interpretação do nº 2 do artigo 307º, daí tendo resultado que a matização material do carácter excepcional do acto administrativo contratual que cedo se constatou pode, e deve, ser calibrada mediante uma hermenêutica sistemática e teleologicamente sustentada. Nesse exercício, circunscreveu-se o espaço ocupado pela figura do acto administrativo contratual em dois planos distintos.

Em primeiro lugar, afirmou-se que apenas cabem na estatuição normativa plasmada no nº 2 do artigo 307º as pronúncias do contraente público que devam ser consideradas actos administrativos à luz do artigo 120º do CPA, tendo-se partido do pressuposto de que este preceito consagra um conceito relativamente restrito de acto administrativo (isto é, nele se abrangendo apenas as decisões conformadoras, independentemente de os efeitos produzidos serem externos ou meramente internos).

O segundo plano de reajustamento do carácter excepcional do acto administrativo contratual tem que ver com o palco em que a figura do acto administrativo é autorizada a actuar. Surpreendeu-se aí que o conceito de contrato administrativo representa hoje, não obstante o carácter tipológico dos critérios em que assenta, um domínio muito vasto, no qual cabem contratos sem outra ligação substantiva ao direito administrativo que não seja a qualidade de contraente público de uma das suas partes. Em face dessa aparente amplitude da base substantiva de incidência dos poderes de conformação contratual, descobriu-se no próprio texto legislativo uma "válvula de escape" que permite sujeitar ao regime da conformação contratual apenas os contratos cuja funcionalização à satisfação do interesse público recomende uma posição de supremacia do contraente público sobre a relação contratual. Não ignorando que a verificação da natureza dos contratos com o intuito de descortinar se aos mesmos se aplica, ou não, o regime da conformação contratual apenas pode assentar numa análise casuística, a qual importa um não despiciendo prejuízo em termos de segurança jurídica, cremos ser este, por ora, o único caminho a tomar pelo intérprete e aplicador do direito em homenagem à própria norma contida no artigo 302º do CCP e aos comandos constitucionais explicitados.

Enfim, testámos, em alguns casos concretos que considerámos propensos a algumas dúvidas, a construção que elaborámos para uma delimitação sistemática, material e dogmaticamente sustentada, do âmbito do acto administrativo contratual. Constatámos, em grande parte dos exemplos analisados, que o legislador não abrangeu esses casos no âmbito do acto administrativo contratual e que, a nosso ver, não se justificaria que o tivesse feito, pelo que não advogámos a aplicação analógica da norma constante do nº 2 do artigo 307º às hipóteses analisadas. Ficou, de resto, demonstrado que o regime do cumprimento do contrato administrativo, previsto no CCP, confere ao contraente público, também no domínio da designada "lógica do contrato", verdadeiros poderes que vão para além dos mecanismos comuns civilísticos do regime do cumprimento contratual, assim se assegurando, por essa via também, a "lógica da função", sem que seja necessário recorrer sempre à figura do acto administrativo contratual. Assente esta realidade, pode afirmar-se que o CCP recorta uma complementaridade entre o regime do acto administrativo contratual e o regime do cumprimento contratual em vista a uma adequada tutela do interesse público subjacente à decisão de contratar, ao ponto de poder dizer-se que, na economia do CCP, também o regime do cumprimento do contrato se encontra, de certo modo, como que apanhado num processo de osmose, adstrito à "lógica da função". Questão que ficou por tratar é a de saber se as especialidades que o legislador outorgou ao regime do cumprimento do contrato administrativo não são de algum modo excessivas, conforme já assinalou alguma doutrina. Mas esse não era propriamente o âmbito deste nosso trabalho.

BIBLIOGRAFIA

AA. VV. – *Comentarios a la Ley de Contratos del Sector Público* (Directores: L. PAREJO ALFONSO e A. PALOMAR OLMED; Coordenador: J. VÁSQUEZ GARRANZO), Tomos I e II, Bosch, Barcelona, 2009

– *Trattato sui Contratti Pubblici* (Coordenação MARIA ALESSANDRA SANDULLI, ROSANNA DE NICTOLIS e ROBERTO GAROFOLI), Tomo V (I settori speciali; L'esecuzione), Giuffrè Editore, 2008

AFONSO VAZ, Manuel – *Lei e Reserva de Lei. A Causa da Lei na Constituição Portuguesa de 1976*, Universidade Católica, Porto, 1996

AICARDI, Nicola – "La disciplina generale e i principi degli accordi amministrativi: fondamento e caratteri", in *Rivista Trimestrale di Diritto Pubblico*, nº 1, 1997, pp. 1 e ss.

AMADO GOMES, Carla – "A conformação da relação contratual", in *Estudos de Contratação Pública - I*, Cedipre, Coimbra Editora, Coimbra, 2008, pp. 519 e ss.

ALMEIDA COSTA, Mário Júlio de – *Direito das Obrigações*, 11ª edição, revista e actualizada, Almedina, Coimbra, 2008

AMARAL E ALMEIDA, João – "A lei do Orçamento de Estado para 2011 e os contratos de aquisição de serviços: reduções remuneratórias e limitação da contratação", in *Revista dos Contratos Públicos*, nº 1, Cedipre, 2001, pp. 173 e ss.

ANDRADE, Manuel de – *Teoria da Relação Jurídica, Sujeitos e Objecto*, Vol. I, Almedina, Coimbra, 1974

ANDRADE E SILVA, Jorge – *Regime Jurídico da Empreitada de Obras Públicas*, 7ª edição, Almedina, Coimbra, 2001

– *Código dos Contratos Públicos Comentado e Anotado*, 3ª edição, Almedina, Coimbra, 2010

ANTUNES VARELA, João – *Direito das Obrigações*, Vol. I, 10ª edição, revista e actualizada, Almedina, 2008

ARANA, Jaime Rodríguez – "Las prerrogativas de la administración en los contratos de las Administraciones Publicas", in *Anuario da Facultade de Dereito da Universitade da Coruña*, nº 12, 2008, pp. 795 a 812

ARIÑO ORTIZ, Gaspar – "El Enigma del Contrato Administrativo", in *Revista de Administración Publica*, nº 172, Janeiro-Abril, 2007, pp. 79 e ss.

AROSO DE ALMEIDA, Mário – *Sobre a Autoridade do Caso Julgado das Sentenças de Anulação de Actos Administrativos*, Almedina, Coimbra, 1994

– *Anulação de Actos Administrativos e Relações Jurídicas Emergentes*, Almedina, Coimbra, 2002

– "Implicações de direito substantivo", in *Cadernos de Justiça Administrativa*, nº 34, Julho-Agosto, 2002, pp. 69 e ss.

– "Considerações em torno do conceito de acto administrativo impugnável", in *Estudos de Homenagem ao Professor Doutor Marcello Caetano*, Vol. II, Coimbra Editora, Coimbra, 2006, pp. 259 e ss.
– *O Novo Regime do Processo nos Tribunais Administrativos*, 4ª edição, Almedina, Coimbra, 2005
– "Contratos administrativos e poderes de conformação do contraente público no novo Código dos Contratos Públicos", in *Cadernos de Justiça Administrativa*, nº 66, pp. 3 e ss.
– "Contratos administrativos e regime da sua modificação no novo Código dos Contratos Públicos", in *Estudos de Homenagem ao Prof. Doutor Sérvulo Correia*, Vol. II, Faculdade de Direito da Universidade de Lisboa, Coimbra Editora, 2010, pp. 811 e ss.
– "Apontamento sobre o contrato administrativo no Código dos Contratos Públicos", in *Revista dos Contratos Públicos*, nº 2 (Maio-Agosto 2011), Cedipre, Coimbra Editora, pp. 5 e ss.
– "A execução das decisões administrativas no direito francês", in *O Poder de Execução Coerciva das Decisões Administrativas nos Sistemas de Tipo Francês e Inglês e em Portugal* (coord. Freitas do Amaral), Almedina, Coimbra, 2011, p. 45

AROSO DE ALMEIDA, Mário /Carlos Alberto FERNANDES CADILHA – *Comentário ao Código do Processo nos Tribunais Administrativos*, Coimbra, 2005

ARROWSMITH, Sue – *The Law of Public and Utilities Procurement*, Sweet & Maxwell, London, 2005

ASCENSÃO, José de Oliveira – *O Direito, Introdução e Teoria Geral*, 13ª edição, refundida, Almedina, Coimbra, 2010
– *A Tipicidade dos Direitos Reais*, Lisboa, 1968

ATHAYDE, Augusto de – *Poderes Unilaterais da Administração Sobre o Contrato Administrativo*, Editora da Fundação Getúlio Vargas, Rio de Janeiro, 1981

BAPTISTA MACHADO, João – *Participação e Descentralização; Democratização e Neutralidade na Constituição de 76*, Almedina, Coimbra, 1982
– *Introdução ao Direito e ao Discurso Legitimador*, 13ª reimpressão, Almedina, Coimbra, 2002

BAUER, Hartmut – "Verwaltungsvertrage", in *Grundlagen des Verwaltungsrechts*, band II, (coord. Hoffmann-Riem/Schmidt-Assmann), Beck, Munchen, 2008, pp. 1155 e ss.

BECHILLON, Denys de – "Le contrat comme norme dans le droit public positif", in *Révue Française de Droit Administratif*, nº 8, Janeiro-Fevereiro, 1992, pp. 15 e ss.

BLANCO, Federico A. Castello – "Las prerrogativas de la Administración Pública en la contratación pública", in *Estudios Sobre la Contratación en las Administraciones Públicas* (coord. Federico Blanco), Editorial Comares, Granada, 1996
– "Consideraciones generales en torno a la ejecución del contrato administrativo en la reciente ley de contratos de las Administraciones Públicas", in *Estudios Sobre la Contratación en las Administraciones Públicas* (coord. Federico Blanco), Editorial Comares, Granada, 1996

BOCANEGRA SIERRA, Raúl – *Lecciones Sobre el Acto Administrativo*, Civitas, Madrid, 2002
– "La teoría general del acto administrativo, in *Lecciones y Materiales para el Estudio del Derecho Administrativo*" (coord. Tomás Cano Campos), tomo III, La Actividad de las Administraciones Públicas, Vol. I, La Forma, Iustel, Madrid, 2009, pp. 153 e ss.
– "La coación administrativa. Ejecutoriedad y ejecución forzosa de los actos administrativos. La coacción directa", in *Lecciones y Materiales para el Estudio del Derecho Administrativo* (coord. Tomás Cano Cam-

pos), tomo III, La Actividad de las Administraciones Públicas, Vol. I, La Forma, Iustel, Madrid, 2009, pp. 215 e ss.

BOCANEGRA SIERRA, Raúl /J. GARCÍA LUENGO – "La potestad de dictar actos administrativos como intromisión en la libertad", in Revista de Administración Publica, nº 172, Janeiro-Abril, 2007, Madrid, pp. 103 e ss.

– "La eficacia y la validez de los actos administrativos", in Lecciones y Materiales para el Estudio del Derecho Administrativo (coord. Tomás Cano Campos), tomo III, La Actividad de las Administraciones Públicas, Vol. I, La Forma, Iustel, Madrid, 2009, pp. 183 e ss.

BORGES, Alice Gonzales – "Considerações sobre o futuro das cláusulas exorbitantes nos contratos administrativos", in Revista do Advogado, nº 107, 2009, pp. 16 e ss.

BRENET, François – "La théorie du contrat administratif", in Actualité Juridique, Droit Administratif, nº 18, 2003

BRUÈRE, Jean Christophe – "Le consensualisme dans les contrats administratifs", in Revue du Droit Public, nº 6, 1996, pp. 1715 e ss.

BRUTI LIBERATI, Eugenio – Consenso e Funzione nei Contratti di Diritto Pubblico, tra Amministrazioni e Privati, Giuffrè Editore, Milão, 1996

BURGI, Martin – "Von der zweistufenlehre zur dreiteilung des rechtsschutzes im vergaberecht", in Neues Verwaltungszeitschrift, Beck, Munchen und Frankfurt, 2007

BUSCEMA, Salvatore/Angelo BUSCEMA – Trattato di Diritto Amministrativo, I Contratti della Pubblica Amministrazione, Vol. setimo, 3ª edição, CEDAM, Milão, 2008

CAETANO, Marcello – Manual de Direito Administrativo I, 10º edição, 3ª reimpressão Almedina, Coimbra, 1984

– Princípios Fundamentais do Direito Administrativo, 3ª reimpressão portuguesa, Almedina, Coimbra, 2010

CALVÃO DA SILVA, João – Cumprimento e Sanção Pecuniária Compulsória, Almedina, Coimbra, 2007

CANARIS, Claus-Wilhelm – Pensamento Sistemático e Conceito de Sistema na Ciência do Direito, trad. de Menezes Cordeiro, Fundação Calouste Gulbenkian, Lisboa, 1989
– Die Feststellung von Lücken im Gesetz, Dunckler & Humboldt, 2ª edição, Berlim, 1983

CANGELLI, Francesca – Potere Discrezionale e Fattispecie Consensuali, Università degli Studi di Foggia, Facoltá di Giurisprudenza, Giuffrè Editores, Milão, 2004
– "La dimensione attuale del vincolo teleologico nell'attività amministrativa consensuale", in Autorità e Consenso nell'Attivitá Amministrativa, XLVII Convegno di Studi di Scienza Dell'Amministrazione, Giuffrè Editore, Milão, 2002, pp. 261 e ss.

CANOTILHO, J. J. Gomes – Direito Constitucional e Teoria da Constituição, 7ª edição, Almedina, Coimbra, 2003

CANOTILHO, J. J. Gomes/Vital MOREIRA – Constituição da República Portuguesa Anotada, 4ª edição, revista, Coimbra Editora, Coimbra, 2007

CARVALHO FERNANDES, Luís A. – Teoria Geral do Direito Civil, II, 4ª edição, Universidade Católica Editora, Lisboa, 2007

CARVALHO, Orlando de – "Contrato administrativo e acto jurídico-público, contributo para uma teoria do contrato administrativo", in Escritos, Páginas de Direito, I, reimpressão, Coimbra, 1998, pp. 165 e ss.

CASSESE, Sabino – "Lo stato presente del diritto amministrativo italiano", in Rivista Trimestrale di Diritto Pubblico, nº 1, 1997, pp. 389 e ss.

– "Quattro paradossi sui rapporti tra poteri pubblici ed autonomie private", in Rivista Trimestrale di Diritto Pubblico, nº 2, 2000, pp. 389 e ss.

CASTANHEIRA NEVES, António – Metodologia Jurídica, Problemas Fundamentais, Studia

Iuridica, 1, *in Boletim da Faculdade de Direito da Universidade de Coimbra*, Coimbra Editora, Coimbra, 1993
– *O Actual Problema Metodológico. Da Interpretação Jurídica – I*, reimpressão, Coimbra Editora, Lisboa, 2010

CERULLI IRELLI, Vincenzo – *Corso di Diritto Amministrativo*, Giappicheli Editore, Turim, 1997

CHAPUS, René – *Droit Administratif General*, tome 1, Montschrestien, 15ª edição, Paris, 2001

CLOUZOT, Ludivine – "La théorie de l'imprévision en droit des contrats administratifs: une improbabile désuétude", *in Révue Française de Droit Administratif*, Setembro-Outubro, 2010, pp. 937 e ss.

CORREIA, Sérvulo – "Os princípios constitucionais da Administração Pública", *in Estudos sobre a Constituição*, *III*, Livraria Petrony, Lisboa, 1979
– *Noções de Direito administrativo*, I, Editora Danúbio, Lisboa, 1982
– *Legalidade e Autonomia Contratual nos Contratos Administrativos*, reimpressão da edição de 1987, Almedina, Coimbra, 2003
– "O Direito à informação e os direitos de participação dos particulares no procedimento e, em especial, na formação da decisão administrativa", *in Comunicações Portuguesas ao Colóquio Luso-espanhol sobre "Codificação do Procedimento Administrativo"*, Separata de Legislação, Cadernos de Ciência de Legislação, INA, nºs 9/10, Janeiro-Junho, 1994
– *Acto Administrativo e Âmbito da Jurisdição Administrativa*, in Estudos em Homenagem ao Prof. Doutor Rogério Soares, Studia Iuridica, 61, Coimbra Editora, Coimbra, 2001, pp. 115 e ss.
– *Direito do Contencioso Administrativo*, *I*, Lex, Lisboa, 2005

CUNHA RODRIGUES, José – "Sobre o princípio da igualdade de armas", *in Revista Portuguesa de Ciência Criminal*, ano 1, nº 1, Janeiro-Março, Lisboa, 1991, pp. 77 e ss.

DELGADO PIQUERAS, Francisco – *La Terminación Convencional del Procedimiento Administrativo*, Arazandi, Pamplona, 1995

DEWAILY, Stéphane – *Quand un Tier Peut Demander l'Annulation d'un Contrat*, anotação ao acórdão do Tribunal Administratif de Melun, de 22 de Dezembro de 2006, *in Actualité Juridique, Droit Administratif*, nº 13, 2007, p. 696

DIAZ LEMA, José Manuel – "Contratos públicos *versus* contratos administrativos: es conveniente mantener la duplicidad de la ley de contratos del sector público?", *in Revista Española de Derecho Administrativo*, nº 141, 2009, pp. 18 e ss., em especial pp. 46 e ss.

DINIS DE AYALA, Bernardo – *O (Défice de) Controlo Judicial da Margem de Livre Decisão Administrativa (Considerações Sobre a Reserva de Administração, as Componentes, os Limites e os Vícios Típicos da Margem de Livre Decisão Administrativa)*, Lisboa, Lex, 1995

DREYFUS, Jean-David – "Le contrôle par le juge du contrat, de la résiliation unilatérale d'une délégation de service public", anotação ao acórdão do Tribunal Administratif de Lille, de 14 de Maio de 2003, *in Actualité Juridique, Droit Administratif*, nº 34, 2003, pp. 1825
– "Le refus d'intenter une action en déclaration de nullité d'un contrat constitue-t-il un acte détachable?", anotação ao acórdão do Conseil d'État de 17 de Dezembro de 2008 (*Association pour la Protection de L'environnement du Lunellois*), *in Actualité Juridique, Droit Administratif*, nº 10, 2009, p. 543
– "Le juge du contrat administratif dispose d'un pouvoir de modération des clauses pénales", anotação ao acórdão da Cour Administrative d'Appel de Paris, de 23 de Junho de 2006, *in Actualité Juridique*,

Droit Administratif, nº 44, 2006, pp. 2461 e ss.
– "Les pouvoirs du juge des référés en matière contractuelle", anotação ao acórdão do Conseil d'Etat, de 29 de Julho de 2002, in *Actualité Juridique, Droit Administratif*, nº 23, 2002, Dalloz, pp. 1451 e ss.
DRUSCHEL, Christoph – *Die Verwaltungsaktbefugnis*, band 776, Duncker & Humblot, Berlin, 1999
DUARTE, David – *Procedimentalização, Participação e Fundamentação: Para uma Concretização do Princípio da Imparcialidade Administrativa como Parâmetro Decisório*, Almedina, Coimbra, 1997
DUGATO, Marco – *Attipicità e Funzionalizzazione nell'Attività Amministrativa per Contratti*, Seminário Giuridico della Università di Bologna, CLXII, Giuffrè Editore, Milão, 1996
DUPUIS, George/Marie-José GUÉDON/Patrice CHRÉTIEN – *Droit Administratif*, Armand Colin, Paris, 2002
EBERHARD, Harald – *Der Verwaltungsrechtliche Vertrag*, Springer, Wien, 2005
EHRHARDT SOARES, Rogério – *Interesse Público, Legalidade e Mérito*, Coimbra, 1955
– *Direito Administrativo*, Lições ao Curso Complementar de Ciências Jurídico-Políticas da Faculdade de Direito da Universidade de Coimbra no Ano Lectivo 1977/78, Coimbra, 1978
– "Acto administrativo", in *Polis*, 1, Verbo, pp. 102 e ss.
– "O acto administrativo", in Scientia Iuridica, tomo XXXIV, nº 223-228, 1990
– "Princípio da legalidade e Administração constitutiva", in *Separata do BFDUC*, Vol. LVII, 1982
ENGISCH, Karl – *Introdução ao Pensamento Jurídico*, trad. Baptista Machado, 10ª edição, Fundação Calouste Gulbenkian, Lisboa, 2008
ESQUÍVEL, José Luís – *A Subempreitada de Obra Pública*, Almedina, Coimbra, 2002

ESTEVES DE OLIVEIRA, Mário – *Direito Administrativo*, Vol. I, 2ª reimpressão, Almedina, Coimbra, 1984
– "A necessidade de distinção entre contratos administrativos e privados da Administração Pública no projecto do CCP", in *Cadernos de Justiça Administrativa*, nº 64, Julho-Agosto, 2007
ESTEVES DE OLIVEIRA, Mário/J. PACHECO DE AMORIM/Pedro GONÇALVES – *Código do Procedimento Administrativo Comentado*, reimpressão da 2ª edição de 1997, Almedina, Coimbra, 2005
ESTEVES DE OLIVEIRA, Mário/Rodrigo ESTEVES DE OLIVEIRA – *Concursos e outros Procedimentos de Contratação pública* (com a colaboração de Miguel Neiva de Oliveira), Almedina, Coimbra, 2011
ESTEVES DE OLIVEIRA, Rodrigo – "O acto administrativo contratual", in *Cadernos de Justiça Administrativa*, nº 63, Maio-Junho, 2007, p. 14.
– *Autoridade e Consenso no Contrato Administrativo*, dissertação para a obtenção do grau de Mestre em Ciências Jurídico-Políticas, Faculdade de Direito da Universidade de Coimbra, policopiado, Coimbra, 2001
ESTORNINHO, Maria João – *Requiem pelo Contrato Administrativo*, reimpressão da edição de 1988, Almedina, Coimbra, 2003
– *Direito Europeu dos Contratos Públicos*, Almedina, Coimbra, 2006
– "A transposição das Directivas nºs 2004/ /17/CE e 2004/18/CE, de 31 de Março, e a elaboração de um Código dos Contratos Públicos", in *Cadernos de Justiça Administrativa*, nº 58, pp. 10 e ss.
FABER, Heiko – *Verwaltungsrecht*, 4ª edição, J.C.B., Mohr (Paul Siebeck), Tubingen, 1995
FÁBRICA, Luís – "Contrato Administrativo", parágrafo 7º do estudo colectivo *Procedimento Administrativo* (coord. Fausto de

Quadros), *in Dicionário Jurídico da Administração Pública*, Vol. VI, 1994, pp. 325 e ss.
– *Reconhecimento de Direitos e Reintegração da Esfera Jurídica*, dissertação de Doutoramento, Vol. I e II, Universidade Católica Portuguesa, 2003
– "Acto definitivo e recurso de mera anulação no pensamento de Marcello Caetano", *in Estudos em Homenagem ao Professor Doutor Marcello Caetano*, Vol. II, Coimbra Editora, Coimbra, 2006

FARDET, Christophe – "La clause esorbitante et la réalisation de l'intérêt général", comentário ao acórdão du Tribunal des Conflits, de 5 de Julho de 1999, *in Actualité Juridique, Droit Administratif*, nº 2, 2000, pp. 115 e ss.

FELIÙ, José Maria Gimeno – *El Derecho de Los Contratos del Sector Público*, Monografias de la Revista Aragonesa de Administración Pública, Gobierno de Aragon, Zaragoza, 2008

FIGUEIREDO DIAS, José Eduardo/Fernanda Paula OLIVEIRA – *Noções Fundamentais de Direito Administrativo*, 2ª edição, Almedina, Coimbra, 2010

FILHO, Romeu Filipe Bacelar – "O contrato administrativo no Brasil", *in Revista do Advogado*, nº 107, Dezembro, 2009, pp. 155 e ss.

FREITAS DO AMARAL, Diogo – "O novo Código do Procedimento Administrativo", *in O Código do Procedimento Administrativo, Seminário*, Organização e Coordenação Científica da Faculdade de Direito da Universidade de Lisboa e do Instituto Nacional de Administração, 18 e 19 de Março de 1992
– "O regime do acto administrativo", *in O Código do Procedimento Administrativo, Seminário*, Organização e Coordenação Científica da Faculdade de Direito da Universidade de Lisboa e do Instituto Nacional de Administração, 18 e 19 de Março de 1992

– *Curso de Direito Administrativo* (com a colaboração de Lino Torgal), 2ª reimpressão, Vol. II, Almedina, Coimbra, 2003
– *Curso de Direito Administrativo* (com a colaboração de Pedro Machete e de Lino Torgal), 2ª edição, Vol. II, Almedina, Coimbra, 2011
– *Apreciação da Dissertação de Doutoramento do Mestre Vasco Pereira da Silva: Em Busca do Acto Administrativo Perdido, Direito e Justiça*, Vol. X, Lisboa, 1995
– "O caso do Tamariz", *in O Direito*, 1964, pp. 178 e ss.

FREITAS DO AMARAL, Diogo /Fausto de QUADROS/José Carlos VIEIRA DE ANDRADE – *Aspectos Jurídicos da Empreitada de Obras Públicas*, Almedina, Coimbra, 2002

GARCIA, Maria da Glória Ferreira Pinto Dias – *Da Justiça Administrativa em Portugal. Sua Origem e Evolução*, Universidade Católica, Lisboa, 1994
– *Breve Reflexão sobre a Execução Coactiva dos Actos Administrativos*, separata de "Estudos", DGCI, Lisboa, 1983
– *Estudos Sobre o Princípio da Igualdade*, Almedina, Coimbra, 2005
– *Princípio da Igualdade – Fórmula Vazia ou Fórmula Carregada de Sentido?*, Separata do BMJ, nº 358, 1987, p. 26
– "A execução das decisões administrativas no direito alemão", in AA.VV., *O Poder de Execução Coerciva das Decisões Administrativas* (Coord. Diogo Freitas do Amaral), Almedina, 2011, pp. 67 e ss.

GARCIA DE ENTERRÍA, Eduardo/Tomás-Ramón FERNANDEZ – *Curso de Derecho Administrativo, I*, 15ª edição, Civitas, Madrid, 2011

GARCÍA-TRAVIJANO GARNICA, José António – "Paradojas y sorpresas de la ley 30/2007, de 30 de Octubre, de contratos del sector público", *in Revista Española de Derecho Administrativo*, Junho, 2009, pp. 289 e ss.

GARRIDO FALLA, Fernando – *Tratado de Derecho Administrativo, Parte Geral*, Vol. I, com

a colaboração de Alberto Palomar Olmeda e Hermínio Losada Gonsález, 15ª edição, Tecnos, Madrid, 2010
GIANNINI, Massimo – *Diritto Amministrativo*, Vol. II, 3ª edição, Giuffrè Editore, Milão, 1993
GIMENO FELIU, José Maria – *El Derecho de Los Contratos del Sector Público*, Monografias de la Revista Aragonesa de Administración Pública, Gobierno de Aragon, Zaragoza, 2008
GONÇALVES, Pedro – "O acto administrativo informático", in *Scientia Iuridica*, tomo XLVI Janeiro-Junho, 1997, nºs 265 e 267, pp. 47 e ss.
– *Entidades Privadas com Poderes Públicos. O Exercício de Poderes Públicos de Autoridade por Entidades Privadas com Funções Administrativas*, reimpressão da edição de 2005 Almedina, Coimbra, 2008
– "Entidades privadas com poderes administrativos, in *Cadernos de Justiça Administrativa*, nº 58, pp. 50 e ss.
– "A relação jurídica fundada em contrato administrativo", in *Cadernos de Justiça Administrativa*, nº 64, pp. 36 e ss.
– *O Contrato Administrativo. Uma Instituição do Direito Administrativo do Nosso Tempo*, reimpressão da 1ª edição de Janeiro de 2003, Almedina, Coimbra, 2004
– *A Concessão de Serviços Públicos*, Almedina, Coimbra, 1999
– "Acórdão Pressetext: modificação de contrato vs. adjudicação de novo contrato", in *Cadernos de Justiça Administrativa*, nº 73, Janeiro-Fevereiro, 2009, pp. 3 e ss.
– "Gestão de contratos em tempo de crise", in *Estudos de Contratação Pública, III*, Cedipre, Coimbra Editora, Coimbra, 2010, pp. 5 e ss.
– "Cumprimento e incumprimento do contrato administrativo", in *Estudos de Contratação Pública I*, Cedipre, Coimbra Editora, Coimbra, 2008, pp. 569 e ss.

GONÇALVES PEREIRA, André – *Erro e Ilegalidade no Acto Administrativo*, Edições Ática, Lisboa, 1962
GRECO, Guido – "Il regime degli accordi pubblicistici", in *Autorità e Consenso nell'Attivitá Amministrativa, XLVII Convegno di Studi di Scienza Dell'Amministrazione*, Giuffrè Editore, Milão, 2002, pp. 161 e ss.
GUERRA TAVARES, Gonçalo /Nuno MONTEIRO DENTE – *Código dos Contratos Públicos Comentado*, Vol. II, Almedina, Coimbra, 2011
GUETTIER Christophe – *Droit des Contrats Administratifs*, Thémis Droit, Paris, 3ª edição, 2011
HERZMANN, Karsten – "Monitoring als Verwaltungaufgabe", in *Deutsches Verwaltungsblatt*, nº 1, Junho, 2007
HOEPFFNER, Hélène – *La Modification du Contrat Administratif*, Bibliothèque de Droit Publique, tome 260, L.G.D.J., Paris, 2009
HUERGO LORA, Alejandro – *Los Contratos Sobre Los Actos y Las Potestades Administrativas*, Universidad de Oviedo, Civitas, 1998
IBÁÑEZ, Santiago González-Varas – *Tratado de Derecho Administrativo, El Contrato Administrativo*, tomo IV, Aranzadi, Cizur Menor (Navarra), 2008
JIMÉNEZ APARÍCIO, Emílio (coord.) – *Comentários a La Legislación de Contratación Pública*, tomo II, Arazandi, Cizur Menor (Navarra), 2009
KIRKBY, Mark – *Contratos Administrativos de Subordinação – Natureza, Função e Limites*, AAFDL, Lisboa, 2002
– "Poderes sancionatórios no contrato administrativo: um caso de usurpação de poderes", anotação ao acórdão do Supremo Tribunal Administrativo, de 22 de Abril de 2004, processo nº 2925/02, in *Cadernos de Justiça Administrativa*, nº 78, Novembro-Dezembro, 2009, pp. 47 e ss.
– *Contratos Sobre o Exercício de Poderes Públicos, o Exercício Contratualizado do Poder*

Administrativo de Decisão Unilateral, Coimbra Editora, Coimbra, 2011
– "Conceito e critérios de qualificação do contrato administrativo: um debate académico com e em homenagem ao Senhor Professor Sérvulo Correia, do artigo 178º do CPA ao artigo 1º, nº 6, do CCP – uma alteração do paradigma de qualificação?", *in Estudos de Homenagem ao Prof. Doutor Sérvulo Correia*, Vol. II, Faculdade de Direito da Universidade de Lisboa, Coimbra Editora, Coimbra, 2010, pp. 759 e ss.

Kokott, Juliane – "Entschadigungsfragen bei der Ausübung des einseitigen Kündigungsrechts der Behörde beim öffentlichrechtlichen Vertrag", *in Verwaltungs – Archiv*, band 83, Outubro, 1992, pp. 503 e ss.

Kopp/Ramsauer – *Verwaltungsverfahrensgesetzt*, 7ª edição, Beck, Munique, 2000

Lamelas, Víctor Almonacid – "Efectos, cumplimiento y extinción de los contratos administrativos", *in Contratación Administrativa* (coord. Hilário Llavador Cisternes), 2ª edição, Aranzadi, Cizur Menor (Navarra), 2009, pp. 279 e ss.

Larenz, Karl – *Metodologia da Ciência do Direito*, trad. José Lamego, 5ª edição, Fundação Calouste Gulbenkian, Lisboa, 2009

Laubadère, André de/Franck Moderne/ /Pierre Devolvè – *Traité des Contrats Administratifs*, Vol. I, L.G.D.J., 2ª edição, Paris, 1983

Laubadère, André de/Jean-Claude Venezia/ /Yves Gaudemet – *Droit Administratif*, tomo 2, L.G.D.J., 10ª edição, 1995

Lebre de Freitas, José – "A igualdade de armas no direito processual civil português", *in O Direito*, ano 124º, 1992, I-II, pp. 617 e ss.

Leitão, Alexandra – *A Protecção Judicial dos Terceiros nos Contratos da Administração Pública*, Almedina, Coimbra, 2002

– "Da natureza jurídica dos actos praticados pela Administração no âmbito da execução dos contratos", *in Cadernos de Justiça Administrativa*, nº 25, pp. 15 e ss.
– "Os contratos interadministrativos", *in Estudos de Contratação Pública I*, Cedipre, Coimbra Editora, Coimbra, 2008, pp. 733 e ss.
– *Contratos Interadministrativos*, Almedina, Coimbra, 2011

Lima, Pires de/Antunes Varela – *Código Civil Anotado*, Vol. I, 4ª edição, revista e actualizada, Coimbra Editora, Coimbra, 2010

Lombard, Martine – *Droit Administratif*, 4ª edição, Dalloz, Paris, 2001

Lopes, Licínio – "Alguns aspectos sobre a empreitada de obra pública", *in Estudos de Contratação Pública*, II, Coimbra Editora, Coimbra, 2010, pp. 345 e ss.

Lora, Huergo – *Los Contratos sobre los Actos e Potestades Administrativas*, Universidad de Oviedo, Civitas, 1998

Lorenz, Dieter – "Der wegfall der geschaftsgrundlage beim verwaltungsrechtlichen vertrag", *in Deutsches Verwaltungsblatt*, nº 14, 1997, Carl Heymanns Verlag, Koln, Berlin, Bonn, Munchen, 1997, pp. 865 e ss.

Macedo Weiss, Paula – *Pacta Sunt Servanda in Verwaltungsvertrag*, Peter Lang, Frankfurt, 1999

Machete, Pedro – *A Audiência dos Interessados no Procedimento Administrativo*, 2ª edição, Universidade Católica Portuguesa, Lisboa, 1996
– *Estado de Direito Democrático e Administração Paritária*, Almedina, Coimbra, 2007
– "A subordinação da Administração Pública ao Direito e a dogmática do Direito Administrativo no âmbito do Estado de Direito democrático", in *Em Homenagem ao Professor Doutor Freitas do Amaral*, Almedina, Coimbra, 2010, pp. 191 a 238

MACHETE, Rui – "O privilégio da execução prévia", in Dicionário Jurídico da Administração Pública, Vol. VI, Lisboa, 1994, pp. 448 e ss.
– Estudos de Direito Público, Coimbra Editora, Lisboa, 2004

MADIOT, Yves – Aux Frontiéres du Contract et de l'Acte Administratif Unilatéral: Recherches Sur La Notino d'Acte Mixte en Droit Public Français, Librairie Générale de Droit et de Jurisprudence, Paris, 1971

MARCUS, Laure – L'Unité des Contrats Publics, Dalloz, Paris, 2010

MARTINS, Ana Gouveia – "A modificação e os trabalhos a mais nos contratos de empreitada de obras públicas", in Estudos de Homenagem ao Professor Sérvulo Correia, Vol. IV, Coimbra Editora, Coimbra, 2010, pp. 39 e ss.

MATTARELLA, Bernardo – "Il rapporto autorità-libertà e il diritto amministrativo europeo", in Rivista Trimestrale di Diritto Pubblico, nº 4, 2006, pp. 909 e ss.

MATIAS PEREIRA, Pedro Miguel – Os Poderes do Contraente Público no Código dos Contratos Públicos, Coimbra Editora, Coimbra, 2011

MAURER, Hartmut – Allgemeines Verwaltungsrecht, 17ª edição, Beck, Munique, 2009
– "Der Verwaltungsvertrag – Probleme und Moglichkeiten", in Deutsches Verwaltungsblatt, 1989

MEDAUAR, Odete – "O florescimento de novas figuras contratuais", in Revista do Advogado, nº 107, Dezembro, 2009, pp. 150 e ss.

MEDEIROS, Rui – "A contratação pública nos sectores com regime especial, água, energia, transportes e telecomunicações", in La Contratación Pública en el Horizonte de la Integración Europea, V Congreso Luso-Hispano de Profesores de Derecho Administrativo, Instituto Nacional de Administraciones Públicas, Madrid, 1994, pp. 137 e ss.
– A Decisão de Inconstitucionalidade, Universidade Católica Editora, Lisboa, 1999

– "O controlo de custos nas empreitadas de obras públicas através do novo regime de trabalhos de suprimento de erros e omissões e de trabalhos a mais", in Estudos de Contratação Pública, II, Coimbra Editora, Coimbra, 2010, pp. 417 e ss.
– "Âmbito do novo regime da contratação pública à luz do princípio da concorrência", in Cadernos de Justiça Administrativa, nº 69, pp. 3 e ss.

MEIRIM, José Manuel – Como Pesquisar e Referir em Direito, Coimbra Editora, Coimbra, 2008

MENEZES CORDEIRO, António – Tratado de Direito Civil Português, I, 2ª edição, Almedina, 2000

MENEZES LEITÃO, Luís Manuel Teles de – Garantias das Obrigações, Almedina, Coimbra, 2006

MIRANDA, Jorge – Manual de Direito Constitucional, tomo IV, 3ª edição, Coimbra Editora, Coimbra, 2000
– Manual de Direito Constitucional, tomo II, 6ª edição, Coimbra Editora, Coimbra, 2007

MIRANDA, Jorge /Rui MEDEIROS – Constituição Portuguesa Anotada, tomo I, 2ª edição, Coimbra Editora, Coimbra, 2010

MOTA PINTO, Carlos Alberto da – Teoria Geral do Direito Civil, Coimbra Editora, Coimbra, 1983

MULLER, Friedrich – Discours de la Méthode Juridique, Léviathan, 1996, tradução francesa de Olivier Jouanjan, de Juristische Methodik, Dunckler & Humboldt, Berlim, 1993

NETO, Floriano de Azevedo Marques – "Do contrato administrativo à administração contratual", in Revista do Advogado, nº 107, Dezembro, 2009, pp. 74 e ss.

OLIVEIRA ASCENSÃO, José de – A Tipicidade dos Direitos Reais, Lisboa, 1968
– O Direito. Introdução e Teoria Geral, 13ª edição, refundida, Almedina, Coimbra, 2010

OLIVER, José Maria Boquera – "Los contratos de la administración desde 1950 a hoy", *in Revista de Administración Publica*, nº 150, Setembro-Dezembro, 1999, Centro de Estudios Constitucionales

OTERO, Paulo – "O acto administrativo", parágrafo 4º do estudo colectivo *Procedimento Administrativo, Dicionário Jurídico da Administração Pública*, Vol. VI, p. 490 e ss.
– *Legalidade e Administração Pública. O Sentido da Vinculação Administrativa à Juridicidade*, reimpressão da edição de Maio de 2003, Almedina, Coimbra, 2007
– "Estabilidade contratual, modificação unilateral e equilíbrio financeiro em contrato de empreitada de obras públicas", *in Revista da Ordem dos Advogados*, nº 2, Dezembro, 1996, pp. 913 e ss.
– *Direito Administrativo. Relatório de uma Disciplina Apresentado no Concurso para Professor Associado na Faculdade de Direito da Universidade de Lisboa*, Lisboa, 1998

PAJNO, Alessandro – "Partecipazione e accordi ex art. 11 della legge 241/90", *in Autorità e Consenso nell'Attivitá Amministrativa, XLVII Convegno di Studi di Scienza Dell' Amministrazione*, Giuffrè Editore, Milão, 2002, pp. 101 e ss.

PARADA, Ramón – *Derecho Administrativo I, Parte General*, 18ª edição, Marcial Pons, Madrid, 2010

PEREIRA DA SILVA, Vasco – *Em Busca do Acto Administrativo Perdido*, Almedina, Coimbra, 2003
– "Viagem pela Europa das formas de actuação administrativa", *in Cadernos de Justiça Administrativa*, nº 58, pp. 60 e ss.

PINTO MONTEIRO, António – *Cláusula Penal e Indemnização*, Almedina, Coimbra, 1999

POUYAUD, Dominique – *La Nullité des Contrats Administratifs*, Bibliothèque de Droit Public, Paris, LGDF, 1991

RAINAUD, Jean-Marie – "Le contrat administratif: volonté des parties ou loi de service public?", *in Revue du Droit Public*, nº 5, 1985, pp. 1183 e ss.

REBELO DE SOUSA, Marcelo – "O acto administrativo no ensino de Marcello Caetano", *in Estudos de Homenagem ao Professor Doutor Marcello Caetano*, Vol. II, Coimbra Editora, Coimbra, 2006, p. 191
– *Regime do Acto Administrativo, Direito e Justiça*, Vol. VI, 1992, p. 38

REBELO DE SOUSA, Marcelo/André SALGADO DE MATOS – *Contratos Públicos, Direito Administrativo Geral*, tomo III, Dom Quixote, Lisboa, 2008
– *Direito Administrativo Geral*, tomo I, 3ª edição, Dom Quixote, Lisboa, 2004
– *Direito Administrativo Geral*, tomo III, Dom Quixote, Lisboa, 2007

REBOLLO PUIG, Manuel – "Principio de la legalidad y autonomia de la voluntad en la contratación pública", *in La Contratación Pública en el Horizonte de la Integración Europea, V Congreso Luso-Hispano de Profesores de Derecho Administrativo*, p. 41

REIG, Carlos Padros – "Modificaciones subjectivas en la ejecución de contratos de concesión de servicios públicos: entre dogmática administrativa y realidad práctica", in Revista Española de Derecho Administrativo, nº 135/2007, pp. 459 a 503

REIS NOVAIS, Jorge – *Os Princípios Estruturantes da República Portuguesa*, Coimbra Editora, Coimbra, 2004
– *As Restrições aos Direitos Fundamentais não Expressamente Autorizadas pela Constituição*, Coimbra Editora, Coimbra, 2003

RETORTILLO BAQUER, Sebastián M. – "La institución contractual en el derecho administrativo: en torno al problema de la igualdad de las partes", *in Revista de Administración Publica*, nº 29, Maio-Agosto, 1959

RICHER, Laurent – *Droit des Contrats Administratifs*, 7ª edição, LGDJ, 2010
– "La contractualisation comme technique de gestion des affaires publiques", *in*

Actualité Juridique, Droit Administratif, nº 19, 2009, pp. 973 e ss.
– "Contrat administratif et compétence des autorités de concurrence; captare du service public par les usagers: une entente entre usagers d'un service public délégué", in *Actualité Juridique, Droit Administratif*, nº 44, 2006, pp. 2437 e ss.

RODRIGUES SILVA, DUARTE – *A Negociação do Acto Administrativo. Os Acordos Procedimentais da Administração Pública* (no prelo)

RODRÍGUEZ, María Concepción Barrero – "La suspensión de la ejecución del contrato de obra pública", in *Revista de Administración Publica*, nº 142, Janeiro-Abril, 1997, Centro de Estudios Constitucionales, pp. 111 e ss.
– *La Resolución de los Contratos Administrativos por Incumplimiento del Contratista*, Colección Público, Editorial Lex Nova
– "La extinción de los contratos administrativos", in *Estudios Sobre la Contratación en las Administraciones Públicas* (coord. Federico Blanco), Editorial Comares, Granada, 1996, pp. 319 e ss.
– "La resolución del contrato por incumplimiento del contratista en la ley 30//2007, de 30 de Octubre, de contratos del sector público", in *Revista de Administración Publica*, nº 176, Maio-Agosto, Madrid, 2008, pp. 89 e ss

ROMANO MARTINEZ, Pedro/Pedro FUZETA DA PONTE – *Garantias de Cumprimento*, 5ª edição, Almedina, Coimbra, 2006

SANDEN, Joachim – "Die Anpassung und Kündigung öffentlich-rechtlicher Verträge am Beispiel des Altlastensanierungsvertrags", in *Neues Verwaltungszeitschrift*, Beck, Munchen unt Frankfurt, 2009, pp. 491 e ss.

SAZ, Sílvia del – "La nueva ley de contratos del sector público. Un nuevo traje con las mismas rayas?", in *Revista de Administración Publica*, nº 174, Setembro-Dezembro, 2007, Madrid, pp. 335 e ss.

SCHIMPF, Christian – *Der Verwaltungsrechtliche Vertrag unter Besonderer Berucksichtigung seiner Rechtswidrigkeit*, band 434, Duncker & Humblot, Berlin, 1982

SCHMIDT-ASSMAN, Eberhard – *Das allgemeine Verwaltungsrecht als Ordnungsidee, Grundlagen und Aufgaben der verwaltungsrechtlichen Systembildung*, in Enzyklopädie der Rechts – uns Staatswissenschaft Abteilung Rechtswissenschaft, Springer, Berlin, Heidelberg, 2004

SCHMITZ, Heribert – "Die Verträge sollen sicherer werden – Zur Novellierung der Vorschriften uber den öffentlich-rechtlichen Vertrag", in *Deutsches Verwaltungsblatt*, Koln, 2005, pp. 17 e ss.

SCOCA, Franco Gaetano – "Autorità e Consenso", in *Autorità e Consenso nell'Attività Amministrativa*, XLVII Convegno di Studi di Scienza Dell' Amministrazione, Giuffrè Editore, Milão, 2002, pp. 21 e ss.

SELLMANN, Christian – "Privatisierung mit oder ohne gesetzliche Ermächtigung", in *Neues Verwaltungszeitschrift*, Beck, Munchen und Frankfurt, 2008, pp. 817 e ss.

SIRENA, Pietro – "Effeti e vincolo", in *Trattato del Contrato* (Vincenzo Roppo), III, Effetti, a cura di Maria Constanza, Giuffrè Editore, Milão, 2006

TORGAL, Lino – "A empreitada de obras públicas no Código dos Contratos Públicos", in *Cadernos de Justiça Administrativa*, nº 64, Julho-Agosto, 2007, pp. 55 e ss.
– "Prorrogação do prazo de concessões de obras e serviços públicos", *Revista dos Contratos Públicos*, nº 1, Cedipre, 2001, pp. 219 e ss.

URBANO CALVÃO, Filipa – *Revogação dos Actos Administrativos no Contexto da Reforma do Código do Procedimento Administrativo*, in *Cadernos de Justiça Administrativa*, nº 54, Novembro-Dezembro, 2005, pp. 33 e ss.
– *Os Actos Precários e os Actos Provisórios no Direito Administrativo*, Universidade Católica Portuguesa, Porto, 1998

– "Contratos sobre o exercício de poderes públicos", *in Estudos de Contratação Pública, I*, Cedipre, Coimbra Editora, Coimbra, pp. 327 e ss.

– *Cláusulas Acessórias em Direito Administrativo: da sua Aposição aos Actos Administrativos e Contratos Administrativos sobre o Exercício de Poderes Públicos*, dissertação de Doutoramento em Ciências Jurídico-Políticas, Faculdade de Direito da Universidade de Coimbra, policopiado, Coimbra, 2008

VASCONCELOS, L. Miguel Pestana de – *Direito das Garantias*, Almedina, Coimbra, 2010

VERSOS, Rodrigo Semeão – *Das Decisões de Extinção nos Contratos Administrativos por Iniciativa da Administração*, dissertação de Mestrado em Ciências Jurídico-Políticas, Faculdade de Direito da Universidade de Lisboa, policopiado, Lisboa, 2002

VIDAL, Laurent – "Le juge administratif, l'économie et le contrat: réflexions à propos de deux arrêts du Conseil d'Etat", *in Révue Française de Droit Administratif*, nº 15, Novembre-Dezembro, 1999, pp. 1147 e ss.

VIEIRA DE ANDRADE, José Carlos – *Os Direitos Fundamentais na Constituição Portuguesa de 1976*, 2ª edição, Almedina, Coimbra, 2001

– *O Dever de Fundamentação dos Actos Administrativos*, Almedina, Coimbra, 2003

– "Algumas reflexões a propósito da sobrevivência do conceito de acto administrativo no nosso tempo", *in Estudos de Homenagem ao Professor Doutor Rogério Soares*, Coimbra, 2001, pp. 1189 e ss.

– "Principio de la legalidad y autonomia de la voluntad en la contratación pública", *in La Contratación Pública en el Horizonte de La Integración Europea, V Congreso Luso-Hispano de Profesores de Derecho Administrativo*, Instituto Nacional de Administraciones Públicas, Madrid, 1994, pp. 61 e ss.

– *A Justiça Administrativa*, 7ª edição, Almedina, Coimbra, 2005

– "Relatório de síntese I", *in Cadernos de Justiça Administrativa*, nº 28, pp. 59 e ss.

– "A propósito do regime do contrato administrativo", *in Estudos Comemorativos dos 10 anos da Faculdade de Direito da Universidade Nova*, Vol. I, Almedina, Coimbra, 2008, pp. 339 e ss.

– "A propósito do regime do contrato administrativo", *in Estudos de Contratação Pública*, II, Coimbra Editora, 2010, pp. 7 e ss.

VILHENA DE FREITAS, Lourenço – *O Poder de Modificação Unilateral do Contrato Administrativo pela Administração*, AAFDUL, Lisboa, 2007

VINCENT-LEGOUX, Marie-Caroline – "Quand l'annulation de l'acte détachable demeure platonique", comentário ao acórdão da Cour Administrative d'Appel de Marseille, de 12 de Setembro de 2002, *in Actualité Juridique, Droit Administratif*, nº 30, 2003, pp. 1615 e ss.

VINTI, Stefano – *Limiti Funzionali all'Autonomia Negoziale della Pubblica Amministrazione nell'Applato di Opere Pubbliche*, Università degli Studi di Roma "La Sapienza", Dipartimento di Diritto dell'Economia, CEDAM, 2008

WEIL, Prosper – "Le renouveau de la théorie du contrat administratif et ses difficultés", *in Mélanges, en l'Honneur du Professor Michel Stassinopoulos*, Librairie Générale de Droit et de Jurisprudence, Paris, 1974, pp. 7 e ss.

ÍNDICE

PLANO	11
LISTA DE ABREVIATURAS	13
CAPÍTULO I Introdução e posicionamento do problema	15
1. O problema e a delimitação do tema	15
2. A "exorbitância" da forma acto administrativo	20
CAPÍTULO II O acto administrativo contratual no direito português e no direito comparado	29
1. Evolução do tratamento do acto administrativo contratual em Portugal até ao CCP	29
2. O CCP	33
2.1. A opção fundamental	33
2.2. O seu confronto com as tendências mais recentes nos direitos estrangeiros	35
2.3. Traços de continuidade e de rompimento com o passado	42
2.3.1. Em geral	42
2.3.2. No domínio das empreitadas e concessões de obras públicas	45
CAPÍTULO III O carácter excepcional do acto administrativo contratual à luz do CCP	49
1. A afirmação formal de princípio: o acto administrativo como excepção	49
2. A matização material do carácter excepcional do acto administrativo contratual	51
2.1. A amplitude dos poderes cujo exercício se consubstancia na prática de actos administrativos contratuais	51

	2.1.1. A faculdade de densificação no contrato	52
	2.1.2. As múltiplas referências expressas na lei	53
2.2.	O carácter genérico da solução (o conceito amplo de contrato administrativo)	54
3.	Tópicos para uma reconstrução sistemática, material e dogmaticamente sustentada do âmbito do acto administrativo contratual	58
3.1.	Uma tentação a evitar: a aplicação acrítica do disposto no artigo 11º do Código Civil	58
3.2.	Os comandos constitucionais e a necessidade da sua harmonização à luz de parâmetros constitucionalmente fundados	65
	3.2.1. A *dialéctica* entre exigências opostas	65
	3.2.2. Síntese: a ponderação de bens e o princípio da proporcionalidade	70
	3.2.3. O acto administrativo contratual e a reserva de lei	76
3.3.	A interpretação sistemática do artigo 307º do CCP à luz do disposto no artigo 120º do CPA	79
3.4.	A importante ressalva que se extrai do artigo 302º do CCP	87
4.	Algumas concretizações para a delimitação do âmbito do acto administrativo contratual	94
4.1.	A delimitação dos poderes de conformação contratual – alguns exemplos	94
	4.1.1. Poderes de direcção e fiscalização	94
	4.1.2. Poder de resolução unilateral	105
	4.1.2.1. Em geral	105
	4.1.2.2. A resolução com fundamento em alteração anormal e imprevisível das circunstâncias	106
	4.1.2.3. A resolução com fundamento em *factum principis*	111
4.2.	A delimitação teleológica da base de incidência substantiva do regime da conformação contratual: os contratos "paritários"	113
4.3.	Tentativa de clarificação de alguns casos aparentemente nebulosos	119
	4.3.1. Casos de actos administrativos contratuais	119
	4.3.1.1. Pedidos de informação e marcação de inspecções e vistorias	119
	4.3.1.2. Notificação para cumprir e realização coactiva da prestação de natureza fungível	120
	4.3.2. Casos de declarações negociais	125
	4.3.2.1. Decisão de execução da caução	125
	4.3.2.2. Oposição à excepção de não cumprimento e ao direito de retenção invocados pelo co-contratante	141

4.3.2.3. Decisões acerca da prorrogação da vigência do contrato	144
4.3.2.4. Recusa de autorização à subcontratação e à cessão de posição contratual	152
4.3.3. Breve apreciação conclusiva	159
5. A Fechar	160
BIBLIOGRAFIA	163
ÍNDICE	175